Gerd Ronning

Mikro-
ökonometrie

Mit 14 Abbildungen

Springer-Verlag
Berlin Heidelberg New York
London Paris Tokyo
Hong Kong Barcelona

Professor Dr. Gerd Ronning
Universität Konstanz
Fakultät für Wirtschaftswissenschaften
und Statistik
Universitätsstraße 10
D-7750 Konstanz 1

ISBN 3-540-53804-6 Springer-Verlag Berlin Heidelberg New York Tokyo

Dieses Werk ist urheberrechtlich geschützt. Die dadurch begründeten Rechte, insbesondere die der Übersetzung, des Nachdrucks, des Vortrags, der Entnahme von Abbildungen und Tabellen, der Funksendung, der Mikroverfilmung oder der Vervielfältigung auf anderen Wegen und der Speicherung in Datenverarbeitungsanlagen, bleiben, auch bei nur auszugsweiser Verwertung, vorbehalten. Eine Vervielfältigung dieses Werkes oder von Teilen dieses Werkes ist auch im Einzelfall nur in den Grenzen der gesetzlichen Bestimmungen des Urheberrechtsgesetzes der Bundesrepublik Deutschland vom 9. September 1965 in der Fassung vom 24. Juni 1985 zulässig. Sie ist grundsätzlich vergütungspflichtig. Zuwiderhandlungen unterliegen den Strafbestimmungen des Urheberrechtsgesetzes.

© Springer-Verlag Berlin Heidelberg 1991

Die Wiedergabe von Gebrauchsnamen, Handelsnamen, Warenbezeichnungen usw. in diesem Werk berechtigt auch ohne besondere Kennzeichnung nicht zu der Annahme, daß solche Namen im Sinne der Warenzeichen- und Markenschutz-Gesetzgebung als frei zu betrachten wären und daher von jedermann benutzt werden dürften.

FÜR MOSES UND EUSEBIO UND IHRE FREUNDE

Vorwort

Seit etwa 15 Jahren werden in der empirischen Wirtschaftsforschung in zunehmendem Maße *Individualdaten* von Personen und Firmen ausgewertet, nachdem bis dahin *Aggregate* dominiert hatten. Beispielsweise tritt an die Stelle "der" Arbeitslosenquote die Information darüber, ob eine bestimmte Person beschäftigt ist oder nicht. Darüberhinaus ist von Interesse, wieviele Stunden eine - beschäftigte - Person pro Monat arbeitet. Ferner will man gern etwas über die Dauer der Arbeitslosigkeit erfahren. Wenn man die Arbeitslosigkeit der einzelnen Personen, die Dauer der Arbeitslosigkeit oder das Arbeitsangebot erklären möchte, dann sind dafür die traditionellen ökonometrischen Methoden der (linearen) Regressionsmodellenicht angemessen. Vielmehr müssen Methoden verwendet werden, die die qualitative Natur der Variable "Arbeitslosigkeit" mit den beiden Ausprägungen "beschäftigt" und "arbeitslos" oder die Nichtnegativität der Variablen "Dauer" bzw. "Arbeitsangebot" berücksichtigen. Zur Analyse dieser Art von Information haben sich in der Ökonometrie in den letzten zehn Jahren drei Spezial-Gebiete etabliert:

a) Modelle für qualitative abhängige Variable

b) Modelle für beschränkt abhängige Variable

c) Modelle zur Analyse von Verweildauern und Zähldaten

Zum Teilgebiet a) gehören vor allem Probit- und Logit-Modelle, zum Teilgebiet b) Tobit-Modelle und zum Teilgebiet c) das Poisson-Modell und Hazard-Raten-Modelle. Alle drei Teilgebiete werden unter dem Begriff *"Mikroökonometrie"* zusammengefaßt.

Mit den Büchern von Maddala (1983), Amemiya (1985) und Pudney (1989) stehen inzwischen drei umfangreiche englischsprachige Lehrbücher für dieses Gebiet zur Verfügung. Die Stoffvielfalt bringt es mit sich, daß die einzelnen Methoden oft nur kurz skizziert werden. Mit dem vorliegenden Lehrbuch sollen statt dessen nur einige wesentliche Grundkonzepte - dafür ausführlich - dargestellt werden. Für speziellere Probleme wird auf die Literatur, vor allem auf die drei genannten Lehrbücher verwiesen. Vom Leser werden die heute in den Wirtschaftswissenschaften üblichen Kenntnisse der schließenden Statistik sowie Kenntnisse der grundlegenden ökonometrischen Methoden erwartet, wie sie in einer ersten ökonometrischen Veranstaltung vermittelt werden. Die Übungsaufgaben am Ende jedes Kapitels fordern den Leser auf, einige Probleme selbst zu lösen oder nachzuvollziehen. In den meisten Fällen handelt es sich dabei um Modifikationen dessen, was bereits im Text behandelt wurde und dessen ausführliche Darstellung zum großen Teil nur eine Wiederholung bedeuten würde. Einige Übungsaufgaben sind jedoch auch Ergänzungen. Ein Anhang gibt einige nützliche Resultate an, auf die im Text vielfach zurückgegriffen wird: Neben den wichtigsten statistischen Verteilungen wird das in der Maximum-Likelihood-Schätzung wichtige Newton-Raphson-Verfahren erörtert. Ferner werden einige Ergebnisse für die Gammafunktion und die Summe von Matrizen angegeben.

Die Beschränkung des Umfangs dieses Lehrbuchs hat dazu geführt, daß vorrangig Modellspezifikationen behandelt werden. Die üblichen Test- und Schätzverfahren, insbesondere das Maximum-Likelihoodprinzip, werden im einleitenden Kapitel 1 kurz dargestellt, während in den übrigen Kapiteln Schätz- und Testverfahren nur dann behandelt werden, wenn sie für ein bestimmtes Modell besondere Bedeutung besitzen. Bei der Auswahl der Schwerpunkte haben eigene Forschungsinteressen mitgewirkt, was an vielen Stellen durch die betreffenden Literaturhinweise deutlich wird. Im Vordergrund stand stets das Bemühen, die Modelle und Methoden, die präsentiert werden, ausführlich und verständlich darzustellen. Teilweise werden auch numerische Aspekte der Schätz-Algorithmen behandelt. Die Beispiele sind, soweit sie nicht aus der Literatur übernommen wurden, in GAUSS programmiert. Bewußt wurde jedoch darauf verzichtet, Beispiele in einer bestimmten Programmiersprache anzuführen, da die modernen Programmiersprachen erfahrungsgemäß sehr ähnlich und stark problemorientiert sind, was dem Leser erlaubt, die Beispiele in einer beliebigen Sprache nachzuvollziehen. Entsprechendes gilt für die Lösung einiger Übungsaufgaben, bei denen die Benutzung eines Computers vorausgesetzt wird.

VORWORT

Beim Schreiben dieses Buches habe ich von Hinweisen und kritischen Anmerkungen profitiert, die ich von vielen Seiten zu vorläufigen Fassungen erhielt. Besonders erwähnen möchte ich Beiträge meiner Kollegen Gerhard Arminger, Hans Wolfgang Brachinger, Wolfgang Franz, Alfred Hamerle, Heinz König, Winfried Pohlmeier, Viktor Steiner, Jürgen Wolters und Klaus F. Zimmermann. Bei "Probeläufen" habe ich außerdem wertvolle Hinweise von Angelika Eymann, Bernd Fitzenberger, Robert Jung, Martin Kukuk, Martin Sinemus und Friederike Spiecker erhalten. Martin Sinemus bin ich darüberhinaus für die Erstellung des druckfertigen Manuskripts zu großem Dank verpflichtet. Für das Beispiel, das die Schätzung von Modellen für Zähldaten illustriert, haben mir Joachim Schwalbach und Klaus F. Zimmermann freundlicherweise einen Datensatz zur Verfügung gestellt.

Konstanz, im Januar 1991

Gerd Ronning

Inhaltsverzeichnis

1 Was ist Mikroökonometrie ?   **1**
  1.1 Ein Rückblick auf fünfzig Jahre Ökonometrie 1
  1.2 Mikroökonometrische Modelle 4
      1.2.1 Prinzipien der Modellierung 4
      1.2.2 Latente Variable in der Mikroökonometrie 8
      1.2.3 Gestutzte Verteilungen und zensierte Stichproben 11
      1.2.4 Univariate und multivariate Modelle 14
  1.3 Schätz- und Testmethoden 15
      1.3.1 Allgemeine Bemerkungen 15
      1.3.2 Die Maximum-Likelihood-Methode 16
      1.3.3 Berechnung der Maximum-Likelihood-Schätzung (Ein Beispiel) 19
      1.3.4 Testen von Hypothesen 23
      1.3.5 Computerprogramme 25
  1.4 Übungsaufgaben 27

2 Modelle für qualitative abhängige Variablen   **29**
  2.1 Logit-Modelle für ungeordnete Kategorien 29
      2.1.1 Binäres Logit-Modell 29
      2.1.2 Binäres Logit-Modell mit mehreren Einflußvariablen 37
      2.1.3 Multinomiales Logit-Modell 38
  2.2 Probit-Modelle für ungeordnete Kategorien 44
      2.2.1 Binäres Probit-Modell 44
      2.2.2 Ein Beispiel (Vergleich von Probit- und Logit-Modell) . . . 48
      2.2.3 Multinomiales Probit-Modell 51
  2.3 Logit-Modelle für geordnete Kategorien 55
  2.4 Probit-Modelle für geordnete Kategorien 60
  2.5 Gütemaße und Spezifikationstests 61
      2.5.1 Gütemaße für Logit- und Probit-Modelle 62
      2.5.2 Spezifikationstests 67
  2.6 Discrete Choice-Modelle 70
      2.6.1 Einleitung 70
      2.6.2 Eine alternative Schreibweise 71
      2.6.3 Stochastische Spezifikation 72
      2.6.4 Maximierung des extremwertverteilten Nutzens 73
      2.6.5 Unabhängigkeit von irrelevanten Alternativen 75
      2.6.6 Ein genistetes Logit-Modell für drei Alternativen 77
      2.6.7 ML - Schätzung 81
      2.6.8 Ein Beispiel 84
  2.7 Multivariate Modelle 87
      2.7.1 Loglineares Wahrscheinlichkeitsmodell 88
      2.7.2 Multivariate Probit-Modelle 95
  2.8 Simultane Logit- und Probit-Modelle 100
      2.8.1 "Klassische" simultane Modelle 100

		2.8.2	Das Identifikationsproblem	102

        2.8.2   Das Identifikationsproblem 102
        2.8.3   Identifikation im Fall qualitativer abhängiger Variablen 103
        2.8.4   Simultane Logit-Modelle 104
        2.8.5   Simultane Probit-Modelle 107
        2.8.6   Abschließende Bemerkungen 110
  2.9   Übungsaufgaben 114

3 Modelle für begrenzt abhängige Variablen   121

  3.1   Allgemeine Bemerkungen 121
  3.2   Das Standard-Tobit-Modell 121
        3.2.1   Das Modell 121
        3.2.2   Maximum - Likelihood - Schätzung 126
        3.2.3   Kleinstquadrate - Schätzung des Tobit-Modells 128
        3.2.4   Ein zweistufiges Schätzverfahren 130
        3.2.5   EM - Schätzung 133
        3.2.6   EM - Schätzung des Tobit-Modells 136
        3.2.7   Gütemaße 138
        3.2.8   Ein Spezifikationstest auf Heteroskedastie 140
  3.3   Friktionsmodelle 142
  3.4   Modelle mit endogener Schichtung 146
  3.5   Multivariate und simultane Tobit-Modelle 151
        3.5.1   Ein multivariates Tobit-Modell 151
        3.5.2   Ein simultanes Tobit-Modell 153
  3.6   Übungsaufgaben 155

4 Zeitabhängige Modelle   157

  4.1   Einführende Bemerkungen 157
  4.2   Modelle für Zähldaten 158
        4.2.1   Poissonverteilung und Negative Binomialverteilung 159
        4.2.2   Mischung von Poissonverteilungen 160
        4.2.3   Das Poissonmodell 163
        4.2.4   Das Modell der Negativen Binomialverteilung 164
        4.2.5   Ein Beispiel 167
  4.3   Modelle zur Analyse der Verweildauer 171
        4.3.1   Einleitung 171
        4.3.2   Das Modell der Gammaverteilung 172
        4.3.3   Das Lognormalmodell 174
        4.3.4   Das Weibullmodell 175
        4.3.5   Das Log-Weibullmodell 177
  4.4   Hazardratenmodelle 178
        4.4.1   Terminologie 179
        4.4.2   Das Modell der proportionalen Hazardrate 183
        4.4.3   Das Weibull-Hazardratenmodell 185
        4.4.4   Ein Beispiel 186
  4.5   Panelanalyse und Heterogenität 189

        4.5.1   Die Bedeutung von Paneldaten 189
        4.5.2   Lineare Modelle für Paneldaten 191
        4.5.3   Ein Logit-Modell mit festen Effekten 194
        4.5.4   Ein Probit-Modell mit stochastischen Effekten 197
        4.5.5   Ein Tobit-Modell mit stochastischen Effekten 200
        4.5.6   Panelmodelle für Zähldaten 201
        4.5.7   Ein Spezifikationstest auf Heterogenität 203
   4.6 Dynamische Modelle und Zustandsabhängigkeit 204
        4.6.1   Allgemeine Bemerkungen 204
        4.6.2   Autokorrelation und Zustandsabhängigkeit 205
        4.6.3   Ein dynamisches Probit-Modell 207
   4.7 Übungsaufgaben 210

A Einige wichtige Verteilungen   213
   A.1 Normalverteilung 213
   A.2 Lognormalverteilung 213
   A.3 Gammaverteilung 214
   A.4 Exponentialverteilung 214
   A.5 Logistische Verteilung 214
   A.6 Weibull-Verteilung 215
   A.7 Extremwertverteilung 215
   A.8 Multinomialverteilung 215
   A.9 Binomialverteilung 216
   A.10 Poisson-Verteilung 216
   A.11 Negative Binomialverteilung 216
   A.12 Geometrische Verteilung 217
   A.13 Zweidimensionale Normalverteilung 217

B Einige Ergebnisse für die Gammafunktion   219

C Newton-Raphson-Algorithmus   221
   C.1 Beispiel 1 (eindimensional) 222
   C.2 Beispiel 2 (zweidimensional) 223

D Zwei nützliche Resultate für Matrizen   226
   D.1 Die Matrix $A + U B V$ 226
   D.2 Eigenwerte von $A + B$ 227

Literatur   228

Handbücher für Programmsysteme   237

Sachregister   238

1 Was ist Mikroökonometrie ?

1.1 Ein Rückblick auf fünfzig Jahre Ökonometrie

Im allgemeinen datiert man den Beginn der Ökonometrie auf das Jahr 1930, als die Econometric Society in den USA gegründet wurde, die seitdem die Zeitschrift "Econometrica" publiziert. Sie setzte sich zum Ziel, als "internationale Gesellschaft für die Fortentwicklung der ökonomischen Theorie und ihrer Beziehungen zu Statistik und Mathematik" zu wirken. Starke Impulse gingen auch von der Cowles-Commission[1] aus, die kurze Zeit nach ihrer Gründung im Jahre 1932 ihre Arbeit an der Universität von Chicago begann und viele heute sehr berühmte Ökonomen zu ihren Mitgliedern zählte.

Im Gegensatz zu den englisch-sprachigen Ländern wurde in Deutschland die Ökonometrie erst im Laufe der 50'er Jahre bekannt und erst Mitte der 60'er Jahre gab es speziellen Ökonometrie-Unterricht an deutschen Universitäten. Es wäre interessant, einmal die unterschiedliche Entwicklung ausführlicher darzustellen. Hier soll der Hinweis genügen, daß die Statistik in Deutschland lange Zeit stark durch Administration und Verwaltung bestimmt war und kaum ein Bezug zu Mathematik und Wahrscheinlichkeitstheorie gesehen wurde. Teilweise war diese Entwicklung wohl aber auch durch die Isolation des nationalsozialistischen Deutschlands und die Auswanderung vieler berühmter deutsch-sprachiger Ökonomen und Mathematiker bedingt. Beispielsweise waren Abraham Wald und Oskar Morgenstern ursprünglich in Österreich tätig.

Die ersten Ökonometrie-Lehrbücher stammen von Lawrence Klein (1953), J. Johnston (1963, dritte Auflage 1984), Arthur S. Goldberger (1964) und Edmond Malinvaud (1966), wobei sich die Bücher von Goldberger und Malinvaud bereits stark an die mathematisch-statistischen Methoden anlehnen. Von den späteren Büchern

---
[1]Siehe Malinvaud (1988), S. 188, sowie Christ (1952), der über die Geschichte der Cowles-Commission berichtet.

sollte noch das von Henri Theil (1971) genannt werden. Das erste stärker verbreitete *deutsche* Ökonometrie-Buch stammt von Gollnick (1968), auf weit höherem formalen Niveau steht dann das auch heute noch aktuelle Buch von Schönfeld (1969, 1971). Eine gute Mischung aus Methodik und Anwendung bietet das Buch von Schneeweiß (1971, vierte Auflage 1990).

Der gegenwärtige Stand der Ökonometrie ist kaum noch in einem einzigen Lehrbuch darstellbar. Für die "klassischen" Methoden sei deshalb hier stellvertretend auf die Bücher von Judge u.a. (1988) sowie Pindyck und Rubinfeld (1981) hingewiesen, wobei das zweite stärker zeitreihenorientiert ist. Für den Bereich der Mikroökonometrie sind vor allem die Bücher von Maddala (1983) und Amemiya (1985) von Bedeutung. Schließlich sollte auch noch das von Griliches und Intriligator (1983, 1984, 1986) herausgegebene "Handbook of Econometrics" (in 3 Bänden) genannt werden.

Die Themen der Ökonometrie wurden anfangs durch makroökonomische Fragestellungen dominiert. Dabei spielte die von Keynes vorgegebene formale Analyse von Makromodellen eine große Rolle. Die ökonometrischen Modelle behandelten die Beziehungen zwischen volkswirtschaftlichen Aggregaten wie "dem" Konsum und "dem" Einkommen. Dabei wurden fast ausschließlich *lineare Beziehungen* unterstellt. Außerdem wurde stets angenommen, daß die abhängigen Variablen in diesen Modellen normalverteilt sind, d.h. Basis der ökonometrischen Analyse war das klassische lineare Regressionsmodell. "Adding a random disturbance" charakterisiert die damalige Auffassung von der Funktion eines *stochastischen ökonometrischen Modells*.

Bereits in den 40'er Jahren begann die Wirtschaftsforschung jedoch auch mit der Analyse von Individualdaten, vornehmlich für den Konsum einzelner Haushalte. Besonders berühmt geworden sind englische Studien unter der Leitung von Richard Stone. James Tobin, der in den USA ebenfalls Haushaltsdaten untersuchte, erkannte, daß der Konsum eines einzelnen Haushalts oftmals durch das gängige Regressionsmodell nicht angemessen beschrieben werden kann, weil einige Haushalte das Gut überhaupt nicht kaufen. Seine Arbeit, die im Jahr 1958 in der "Econometrica" veröffentlicht wurde und 15 Jahre lang fast unbeachtet blieb, führte zu dem heute in der Mikroökonometrie benutzten "Tobit-Modell", auf das wir in Abschnitt 3 eingehen werden.

Andere Wirtschaftsforscher bemerkten, daß die Beschränkung auf stetige (abhängige) Variable in den ökonometrischen Modellen eine Antwort auf viele Fragen in der Wirtschaftsforschung erschwerte. Beispielsweise ließ sich nur durch eine statistisch unbefriedigende Konstruktion (Dummy-Variable als abhängige Variable) die Entscheidung eines Konsumenten zwischen zwei Marken analysieren. Erst die Modellierung dieser Entscheidung durch eine dichotome Zufallsvariable führte zu einer angemessenen Formulierung, die heute als Probit- bzw. Logit-Modell bekannt ist und in Abschnitt 2 behandelt werden wird.

Eine weitere bedeutsame Entwicklung in der modernen Ökonometrie ist die stärkere Integration von Zeitreihenanalyse und Ökonometrie. Dabei spielt sich diese Diskussion weitgehend im Bereich der makroökonomischen Modelle ab, während die Mikroökonometrie (bisher noch) sehr stark auf Querschnittsdaten fixiert ist. Die Einarbeitung von Zeitreihenaspekten in die ausschließlich nichtlinearen mikroökonometrischen Modelle wird noch einige Zeit in Anspruch nehmen. Erst dann werden sich Informationen vor allem aus *Paneldaten* effizient auswerten lassen. In Abschnitt 4 werden einige grundlegende Ansätze für die Analyse von Paneldaten und die dabei auftretenden Probleme behandelt. Ferner enthält dieser Abschnitt, der mit dem eher unüblichen Begriff "Zeitabhängige Modelle" überschrieben ist, auch die wichtigsten Modelle für Verweildauern und Zähldaten.

Ungelöst ist meines Erachtens bisher auch noch die Frage, wie Ergebnisse aus mikroökonometrischen Studien für Aussagen bezüglich der Gesamtwirtschaft, also als Basis von wirtschaftpolitischen Entscheidungen, genutzt werden können. Hier ist das *Aggregationsproblem* im Zusammenhang mit mikroökonometrischen Modellen angesprochen, für das bisher kaum verwertbare Ergebnisse vorliegen. Im vorliegenden Lehrbuch gehen wir auf diese Frage nicht weiter ein.

1.2 Mikroökonometrische Modelle

1.2.1 Prinzipien der Modellierung

In diesem Unterabschnitt soll der Begriff der Mikroökonometrie etwas präzisiert werden. Dabei wollen wir uns auf Ein-Gleichungs-Modelle beschränken. Typischerweise hat man es in der Ökonomie und damit auch in der Ökonometrie mit einer "abhängigen" Variablen zu tun, die durch andere Variablen, die sogenannten "Einflußvariablen", beeinflußt wird. So hängt die Entscheidung eines Arbeitnehmers, einen Arbeitsvertrag abzuschließen, von seinem "Anspruchslohn"[2] ab, ferner ist die Dauer der Arbeitslosigkeit von Alter und Ausbildungsstand der betreffenden Person abhängig, und die Entscheidung eines Konsumenten zugunsten eines Gutes wird nicht zuletzt von Preis und Qualität der verschiedenen Güter bestimmt. Man kann den Konsumenten auch befragen, um zu erfahren, ob er ein bestimmtes Produkt als "hervorragend", "mittelmäßig" oder "nicht akzeptabel" einstuft, und untersuchen, welchen Einfluß Qualität und andere Gütercharakteristiken auf die Bewertung haben. Als letztes Beispiel sei die Situation genannt, in der ein Unternehmen die wertmäßige Veränderung seines Lagers von einem Tag zum anderen in Abhängigkeit von der Nachfrage analysiert. In der Reihenfolge der Beispiele ergeben sich folgende abhängige Variablen, jeweils zusätzlich charakterisiert durch die Art der Variablen:

* Entscheidung des Arbeitnehmers (dichotom),

* Dauer der Arbeitslosigkeit (positiv stetig)

* Entscheidung des Konsumenten zwischen Gütern (polytom, ungeordnet bzw. "nominal")

* Bewertung der Qualität eines Produkts (polytom, geordnet bzw. "ordinal")

* Veränderung des Lagerbestands (stetig)

---

[2] Wir unterstellen im folgenden, daß dieser Lohn eine beobachtbare Variable ist, was sicher nicht ganz realitätsnah ist.

1.2 Mikroökonometrische Modelle

Wenn wir, wie in der Ökonometrie üblich, von einem stochastischen Modell für die jeweilige abhängige Variable ausgehen, dann lassen sich die verschiedenen Variablen (in der genannten Reihenfolge) durch die folgenden Verteilungen modellieren[3]:

* Bernoulli-Prozeß bzw. Binomialverteilung

* Exponentialverteilung oder Logarithmische Normalverteilung

* Multinomialverteilung

* Normalverteilung einer "latenten", d.h. nicht beobachtbaren Variablen "Qualität"

* Normalverteilung

Es sei Y eine Zufallsvariable, die einer dieser Verteilungen genüge, und x eine Einflußgröße, die "auf Y einwirke". Was das bedeutet, wollen wir am Beispiel des wohlbekannten linearen Regressionsmodells illustrieren. Dabei gehen wir davon aus, daß, wie im letzten Beispiel unterstellt, die Zufallsvariable normalverteilt ist mit Erwartungswert μ und Varianz σ^2. Wir formulieren nun eine Beziehung zwischen Parametern[4] der Verteilung von Y und der Einflußgröße x. Im Regressionsmodell unterstellen wir, daß der Erwartungswert μ von x abhängt. Unter der sogenannten linearen Hypothese postulieren wir (in Übereinstimmung mit einer zugrundeliegenden ökonomischen Theorie) eine lineare Beziehung von der Form

$$\mu(x) = \alpha + \beta x \quad . \tag{1-1}$$

Graphisch ergibt sich Abbildung 1/1, die die bedingte Dichte $f(y|x)$ für zwei verschiedene Werte von x zeigt. Da der Mittelwert das "durchschnittliche" Verhalten angibt und damit das deterministische ökonomische Modell beschreibt, ist in diesem

---

[3] Die genannten Verteilungen sind nicht unbedingt die für die ökonometrische Analyse am besten geeigneten. Wir kommen darauf später zurück. Alle im folgenden genannten Verteilungen sind in Anhang A kurz beschrieben.

[4] Also nicht für Y selbst !

Fall diese Spezifikation angemessen. Beachtenswert ist, daß die Varianz nicht von x abhängt. Entsprechende Formulierungen finden sich erst in neuester Zeit[5], wenn man einmal von einer bestimmten Art "Heteroskedastie" im verallgemeinerten linearen Regressionsmodell[6] absieht.

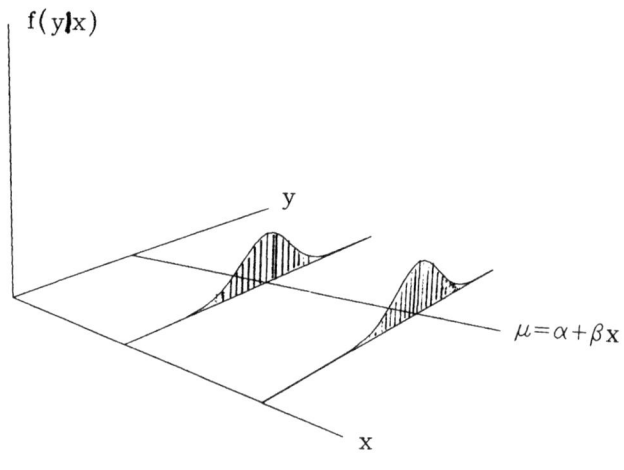

Abbildung 1/1

Wenden wir uns nun dem *positiv stetigen* Merkmal "Dauer der Arbeitslosigkeit" zu, das durch die Exponentialverteilung oder durch die logarithmische Normalverteilung modelliert werden soll, d.h. wir wollen beobachtete Wartezeiten durch eine

---

[5]Seitdem ökonomische Modelle stochastische Komponenten enthalten, ist die Varianz, beispielsweise als Maß für die Unsicherheit, ein ökonomisch interpretierbarer Parameter, der durchaus auch von Einflußgrößen abhängen kann. Darüberhinaus hat sich gezeigt, daß viele empirische Phänomene gut durch eine variierende Varianz beschrieben werden können. In neuester Zeit siehe dazu die Modelle zur Beschreibung von Wechselkursen (ARCH-Modell) (Diebold 1988) sowie im Zusammenhang mit verallgemeinerten linearen Modellen Smyth (1989). Dort wird darauf hingewiesen, daß oft keine klare Trennung zwischen einer besseren Beschreibung mittels der Mittelwertfunktion bzw. mittels der Varianzfunktion möglich ist.

[6]Siehe z.B. Schönfeld (1969), S. 142 .

1.2 Mikroökonometrische Modelle

dieser beiden Verteilungen beschreiben. Da Erwartungswert und Varianz der logarithmischen Normalverteilung relativ komplizierte Ausdrücke sind[7], konzentrieren wir uns hier auf die Exponentialverteilung, die bekanntlich eine monoton fallende Dichtefunktion hat und durch einen einzigen Parameter bestimmt ist, den wir hier mit λ ($= 1/\alpha$, vergleiche dazu Anhang A.4) bezeichnen wollen. Da λ die erwartete bzw. mittlere Wartezeit repräsentiert, könnte man auf die Idee kommen, entsprechend Formel (1-1) eine lineare Beziehung zu formulieren. Dies würde jedoch unberücksichtigt lassen, daß dieser Parameter nur *positive* Werte annehmen darf. Deshalb verwendet man eine Formulierung, die diesem Mangel begegnet[8]:

$$\lambda(x) = \exp(\alpha + \beta x) \quad . \tag{1-2}$$

Modelle für Verweildauern bilden heute ein wichtiges Teilgebiet in der Mikroökonometrie. Besonders erfolgreich wurden solche Modelle in der Arbeitsmarktforschung angewandt. Amemiya (1985, Kap. 11.2) gibt einen kurze Einführung in dieses Gebiet. Ausführlich und für den deutschen Wirtschaftsforscher wegen der empirischen Beispiele besonders informativ ist das Buch von Blossfeld u.a. (1986).

Als nächstes wollen wir uns dem Beispiel der Entscheidung des Arbeitnehmers, Arbeit in Abhängigkeit von seinem Anspruchslohn anzubieten, zuwenden. Die Entscheidung zwischen "1 = Ablehnen" und "0 = Annehmen" läßt sich durch eine dichotome Zufallsvariable modellieren, die einem Bernoulli-Prozeß mit Erfolgswahrscheinlichkeit p folgt[9]. p ist also hier der Parameter, der die Verteilung der Zufallsvariablen Y bestimmt. Sicherlich wird für den Arbeitnehmer mit steigendem Anspruchslohn

---

[7]Siehe Anhang A.2 .
[8]Siehe z.B. Amemiya (1985), S. 438 . Der Parameter $1/\lambda$ läßt sich auch als (konstante) "Hazardrate" dieses Modells interpretieren. In flexibleren Modellen für Wartezeiten wird oftmals nicht ein Parameter der Verteilung, sondern die Dichte bzw. die Hazardrate selbst reparametrisiert, wobei vor allem Operationalitätsüberlegungen eine Rolle spielen. Siehe Kap. 4.4.
[9]Eine Zufallsvariable folgt einem Bernoulli-Prozeß, wenn mit Wahrscheinlichkeit p die Ausprägung "1" und mit Wahrscheinlichkeit "1-p" die Ausprägung "0" eintritt. Siehe Anhang A.9 . Man beachte, daß die Alternative "Ablehnen" als "Erfolg" definiert wird. Warum wir das tun, wird gleich klar.

die Wahrscheinlichkeit p steigen, daß er die Arbeit ablehnt, d.h. wir unterstellen im ökonomischen Modell eine monoton steigende Beziehung zwischen p und dem Anspruchslohn x. Wie können wir dies formulieren? Eine Formulierung wie in (1-2) berücksichtigt zwar, daß der Parameter positiv sein muß, nicht aber, daß er auf das Intervall $[0,1]$ beschränkt sein muß. Eine kleine Modifikation von (1-2) bringt hier jedoch bereits eine mögliche Lösung:

$$p(x) = \frac{\exp(\alpha + \beta x)}{1 + \exp(\alpha + \beta x)} \qquad (1\text{-}3)$$
$$= \frac{1}{1 + \exp(-(\alpha + \beta x))}$$

Wie man sich leicht überzeugen kann (siehe auch Abbildung 1/2), ergibt sich für $p(x)$ bei positivem β eine S-förmige Gestalt, wie wir sie von Verteilungsfunktionen her kennen[10]. In der Tat ist (1-3) eine Verteilungsfunktion: Sie ergibt sich bei einer Logistischen Verteilung[11]. Dies legt alternative Formulierungen mit anderen Verteilungsfunktionen nahe. Beispielsweise könnten wir für $p(x)$ die Formulierung

$$p(x) = F(\alpha + \beta x) \qquad (1-4)$$

verwenden, wobei F die Verteilungsfunktion einer Normalverteilung mit Mittelwert 0 und Varianz σ^2 ist. Wir werden später sehen, daß (1-3) die einfachste Form des (binären) Logit-Modells und (1-4) entsprechend die des (binären) Probit-Modells darstellt. Der folgende Unterabschnitt geht darauf ein, in welchem Zusammenhang die beiden Verteilungsfunktionen in mikroökonometrischen Modellen verwendet werden.

1.2.2 Latente Variable in der Mikroökonometrie

Latente Variable spielen in mikroökonometrischen Modellen, insbesondere in Logit-, Probit- und Tobit-Modellen eine wichtige Rolle. Dies soll anhand des (binären)

---

[10] Wie würde die Funktion bei negativem β aussehen?
[11] Siehe Anhang A.5 .

1.2 Mikroökonometrische Modelle

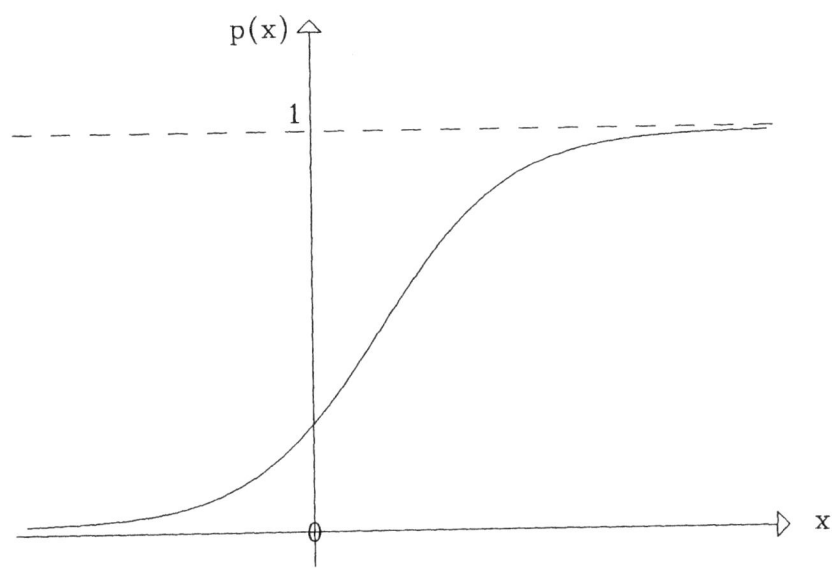

Abbildung 1/2

Probit-Modells demonstriert werden. Wir gehen davon aus, daß eine nicht beobachtbare d.h. "latente" Variable Y^* von der Einflußgröße x abhängt. Nach Realisation von Y^* wird eine von zwei möglichen Entscheidungen getroffen, was durch die beobachtbare Variable Y modelliert wird. In unserem Beispiel, das die Entscheidung von Arbeitnehmern behandelt, kann man die Variable Y^* als Anspruch an den Nutzen, den ein Arbeitsplatz stiftet (Anspruchsniveau), interpretieren. Dagegen beschreibt die - dichotome - Variable Y die Entscheidung des Arbeitnehmers bezüglich der Arbeitsaufnahme. Angenommen, der Index Y^* hängt linear vom Anspruchslohn x ab und wird zusätzlich durch eine stochastische "Restkomponente" ε beeinflußt, die alle nicht erfaßten Einflußgrößen berücksichtigt. Dann erhalten wir das "latente" Modell

$$Y^* = \alpha + \beta x + \varepsilon \quad , \tag{1-5}$$

wobei die Zufallsvariable ε Erwartungswert 0 und Varianz σ^2 besitzt. Wir wollen nun weiter unterstellen, daß der Arbeitnehmer genau dann ein Arbeitsangebot ablehnt, wenn der Anspruchswert Y^* den Nutzen des Arbeitsplatzes, c, übersteigt. Formal bedeutet dies, daß die *beobachtbare* Zufallsvariable Y genau dann den Wert 1 erhält, wenn die *latente* Zufallsvariable Y^* Werte größer als c annimmt, wobei c eine beliebige Konstante ist. So können wir definieren:

$$Y = \begin{cases} 1 & \text{falls} \quad Y^* > c \quad (\text{"Arbeit ablehnen"}) \\ 0 & \text{sonst} \quad\quad\quad\quad (\text{"Arbeit annehmen"}) \end{cases} \quad (1-6)$$

Weil $P(Y^* > c) = P(\varepsilon > (c - \alpha) - \beta x)$ ist, läßt sich nur der Ausdruck $c - \alpha$ identifizieren. Deshalb können wir ohne Beschränkung der Allgemeinheit $c = 0$ setzen, was wir im folgenden auch tun werden.

Wenn wir nun annehmen, daß die Restkomponente ε normalverteilt ist, dann erhalten wir

$$\begin{aligned} p &\equiv P(Y = 1) \\ &= P\left(\frac{\epsilon}{\sigma} > -\frac{\alpha + \beta x}{\sigma}\right) \\ &= \Phi\left(\frac{\alpha + \beta x}{\sigma}\right) \end{aligned} \quad (1\text{-}7)$$

wobei $\Phi(t)$ die Verteilungsfunktion der Standardnormalverteilung an der Stelle t ist. Bekanntlich gilt für diese symmetrische Verteilung $1 - \Phi(-t) = \Phi(t)$. Vergleicht man diese Formel mit (1-4), so sieht man, daß beide Formeln identisch sind[12]. Würde man für ε statt der Normalverteilung die Logistische Verteilung unterstellen, so würde sich statt dessen die Formel (1-3) ergeben, wobei allerdings gewisse Reparametrisierungen vorzunehmen sind[13].

Zu praktisch demselben Modell gelangt man, wenn man die latente Variable als Nutzenindex auffaßt. Angenommen es gäbe für die beiden Alternativen, die jetzt mit "1" und "2" bezeichnet werden, stochastische Nutzenindizes U_1 und U_2. Ferner sollen die Erwartungswerte dieser beiden Indizes wieder von einer Einflußgröße abhängen,

---

[12] Aus (1-7) erkennt man, daß nur α/σ und β/σ identifiziert sind. Siehe dazu das Probit-Modell in Abschnitt 2.2.1 .

[13] Darauf gehen wir in Abschnitt 2.1.1 ein. Für Eigenschaften der Logistischen Verteilung siehe beispielsweise Mood, Graybill und Boes (1974, S. 118) oder auch Anhang A.5 .

d.h. der Nutzen ist eine Zufallsgröße mit $E(U_i) = \alpha_i + \beta_i x$, $i = 1, 2$. Dann läßt sich die Wahrscheinlichkeit bestimmen, daß der Nutzen der Alternative 1 größer ist als der der Alternative 2. Definieren wir $Y^* = U_1 - U_2$, so ist dies gleichbedeutend mit der Wahrscheinlichkeit, daß $Y^* > 0$ ist. Wenn wir annehmen, daß U_1 und U_2 unabhängig voneinander normalverteilt sind, d.h. $U_i \sim N(\alpha_i + \beta_i x, \sigma^2)$, dann erhalten wir

$$P(\text{Kategorie 1 gewählt}) = P(U_1 > U_2) = \Phi\left[\left((\alpha_1 - \alpha_2) + (\beta_1 - \beta_2)x\right)/\sqrt{2\sigma^2}\right] .$$

Dieser Ansatz, der von der "Maximierung des Zufalls-Nutzens"[14] ausgeht, spielt in der "Discrete Choice"-Theorie eine große Rolle. Wir werden darauf in Abschnitt 2.6 näher eingehen.

1.2.3 Gestutzte Verteilungen und zensierte Stichproben

Ein wesentliches Merkmal der Mikroökonometrie ist die möglichst exakte stochastische Modellierung des datenerzeugenden Prozesses. Beispielsweise ist oftmals bei der Analyse von Wartezeiten oder Verweildauern der Anfangs- bzw. Endzeitpunkt des betreffenden Zeitraums nicht bekannt. Letzteres tritt typischerweise in jeder Untersuchung auf, da zum Zeitpunkt der Untersuchung einige Individuen eine noch nicht abgeschlossene Verweildauer aufweisen. Man spricht dann von "rechts-zensierten" Verweildauern. Liegt andererseits der Beginn des Zustands, für den die Verweildauer betrachtet wird, für einen Befragten *vor* einem bestimmten Zeitpunkt (und kann auch nicht ermittelt werden), dann spricht man von "links-zensierten" Verweildauern. Allgemeiner spricht man von (links-) zensierten Daten, wenn für eine latente Variable Y^* die Konstante c beobachtet wird, sofern die Variable Werte kleiner als c annimmt, während andernfalls Werte von Y^* selbst beobachtet werden. Formelmäßig erhalten wir für eine (links-)zensierte Variable Y:

$$Y = \begin{cases} Y^* & \text{falls } Y^* > c \\ c & \text{falls } Y^* \leq c \end{cases} \tag{1-8}$$

---

[14]Im Englischen "random utility maximisation", abgekürzt RUM.

Solch eine Situation (mit $c = 0$) liegt beispielsweise vor, wenn bei einer Untersuchung des Kaufverhaltens von Haushalten einige Haushalte für ein bestimmtes Gut überhaupt kein Geld ausgeben, während andere mehr oder weniger große Beträge für dieses Gut aufwenden. Dies ist der berühmte Zusammenhang, den das *Tobit-Modell* beschreibt, das deshalb auch als "zensiertes" Tobit-Modell bezeichnet wird[15]. Wesentlich ist, daß bei der Zensierung die Daten für die Einflußgrößen, in unserem Fall etwa das Einkommen, für *alle* Untersuchungseinheiten sprich Haushalte zur Verfügung stehen.

Man könnte sich aber auch vorstellen, daß man die Aufwendungen für dieses Gut von den Verkäufern (Läden, Warenhäuser etc.), etwa durch Daten aus einem "Handelspanel"[16], erhält. Dann fehlen natürlich die Angaben für die Nichtkäufer. Geht man davon aus, daß das Gut mindestens c DM kostet, dann lassen sich in diesem Fall die Ausgaben durch eine Verteilung modellieren, die nur Werte größer oder gleich c annehmen kann, d.h. die betreffende Zufallsvariable Y besitzt die Eigenschaft[17]

$$P(Y > c) = 1 \qquad . \qquad (1-9)$$

Graphisch ergibt sich eine Dichtefunktion, die an der Stelle c abgeschnitten oder gestutzt ist. Siehe Abbildung 1/3 für den Fall der Normalverteilung, in der die ungestutzte Verteilung ebenfalls gestrichelt dargestellt ist. Wenn $g(x)$ die Dichte der ungestutzten und $f(x)$ die Dichte der gestutzten Verteilung ist, dann gilt

$$f(x) = \frac{g(x)}{P(Y > c)} \qquad .$$

Man bezeichnet eine solche Zufallsvariable bzw. deren Verteilung als "gestutzt" (im Englischen "truncated"). Entsprechende Modelle zur Erklärung der Kaufsummen für dieses Gut nennt man deshalb auch "gestutzte Tobit-Modelle"[18].

---

[15] Dieses Modell wird in Abschnitt 3.2 besprochen. Man beachte, daß die latente Variable Y^*, nicht aber die beobachtete Variable Y negative Werte annehmen kann.
[16] Siehe dazu einige Erläuterungen in Abschnitt 4.5 und Ronning (1989s), Kapitel 2 .
[17] Wegen der Stetigkeit der Zufallsvariablen Y gilt $P(Y \geq c) = P(Y > c)$.
[18] Siehe Abschnitt 3.2.1 .

1.2 Mikroökonometrische Modelle

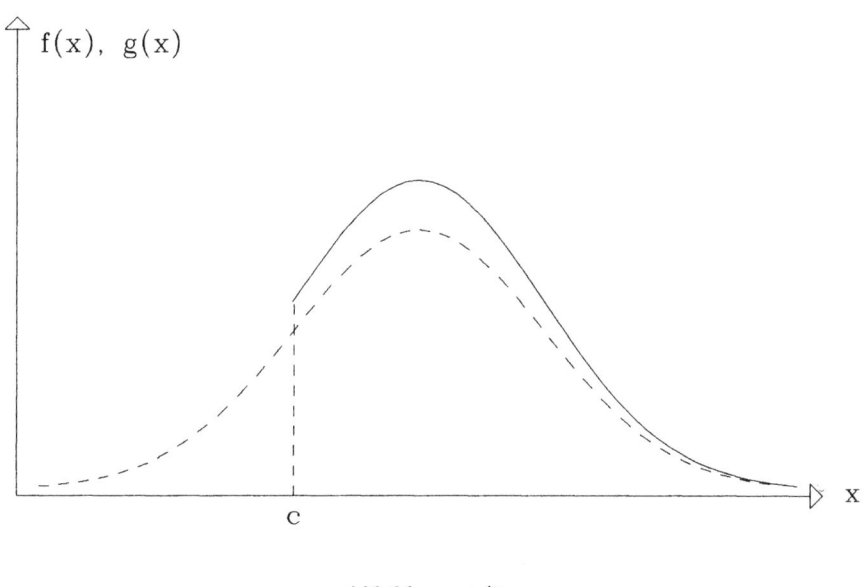

Abbildung 1/3

Oftmals benötigt man die Momente einer gestutzten Verteilung, insbesondere die der Normalverteilung. Beispielsweise kann man zeigen, daß, falls die Zufallsvariable Y standardnormalverteilt ist, für den (bedingten) Erwartungswert der gestutzten Verteilung gilt:

$$M_1 \equiv \mathrm{E}\,(Y \mid Y > c) = \frac{\varphi(c)}{1 - \Phi(c)} \quad . \tag{1-10}$$

Dabei bezeichnet φ die Dichtefunktion und Φ die Verteilungsfunktion der Standard-Normalverteilung. Siehe Anhang A.1 . Weitere Ergebnisse für gestutzte Verteilungen, die gemeinsam mit (1-10) in den Abschnitten 2 und 3 eine Rolle spielen, werden in den Übungsaufgaben genannt.

1.2.4 Univariate und multivariate Modelle

Wie in der klassischen Ökonometrie unterscheidet man auch in der Mikroökonometrie zwischen *univariaten* und *multivariaten* Modellen, wobei erstere nur eine abhängige Variable und letztere mehr als eine abhängige Variable enthalten. Man spricht dann von *simultanen* Modellen, wenn die abhängige Variable einer Gleichung in Gleichungen für andere abhängige Variablen als Einflußgröße auftaucht[19]. Bei den multivariaten Modellen können nun neben stetigen auch diskrete oder gestutzte Variablen als abhängige Variablen verwendet werden, was zu einer Vielfalt von Modellen führt. Zusätzlich läßt sich entweder die latente unbeobachtbare Variable Y^* oder ihr beobachtbares Äquivalent Y (das entweder eine diskrete oder eine gestutzte Variable ist) betrachten. In manchen Modellen tauchen Y^* und Y auch nebeneinander auf[20].

Im Rahmen dieses Lehrbuches ist es nicht möglich, auch nur einen annähernden Überblick über die verschiedenen Modelle zu geben. Die Abschnitte 2.7 und 2.8 gehen auf einige multivariate bzw. simultane Modelle mit ausschließlich qualitativen abhängigen Variablen ein, und Abschnitt 3.5 stellt die Struktur von simultanen Tobit-Modellen dar, in denen ausschließlich gestutzte abhängige Variablen eine Rolle spielen. Für umfangreichere Darstellungen sei auf die beiden Lehrbücher von Maddala (1983) und Amemiya (1985) sowie auf die Monographien von Küsters (1987) und Pohlmeier (1989) verwiesen.

---

[19] In der Mikroökonometrie wird diese Art der Unterscheidung teilweise nicht akzeptiert. Siehe z.B. Maddala (1983), S. 108 . Wir gehen darauf in den Abschnitten 2.8 und 3.5 näher ein.

[20] Siehe z.B. das Modell von Heckmann in Maddala (1983), S. 125/6.

1.3 Schätz- und Testmethoden

1.3.1 Allgemeine Bemerkungen

Die bisherigen Ausführungen gaben einen Überblick über verschiedene Aspekte der *Formulierung* von mikroökonometrischen Modellen. Wenn der Wirtschaftsforscher unter Beachtung dieser Ausführungen ein angemessenes Modell ausgewählt hat, dann kann er zur eigentlichen Ökonometrie, also "Messung der Wirtschaft", schreiten, indem er dies Modell mit einem bestimmten Beobachtungs- bzw. Datenbefund konfrontiert. Zur Erklärung der Nachfrage nach verschiedenen Verkehrsmitteln (Bus, Auto, Bahn oder auch Rad) könnte er beispielsweise das "Multinomiale Logit-Modell" (siehe Abschnitte 2.1 und 2.6) verwenden. Die Schätzmethoden der schließenden Statistik führen dann zu bestimmten Schätzwerten für die Parameter dieses Modells und damit zu einer bestimmten Formulierung dieses Modells, das zur Erklärung wie auch Prognose verwendet werden kann. Man kann auch bestimmte Hypothesen über Art und Stärke des Einflusses von Variablen durch Hypothesentests überprüfen, ferner die Güte der Anpassung des Modells bestimmen. Sowohl Schätz- als auch Testmethoden gehen dabei im allgemeinen davon aus, daß das verwendete Modell das "richtige" ist. Dies hat vor allem bei der Verwendung von mikroökonometrischen Modellen schwerwiegende Konsequenzen. Denn Schätzmethoden, die unter der Annahme, das Modell sei korrekt, wünschenwerte Optimalitäts-Eigenschaften (beispielsweise Konsistenz) besitzen, verlieren diese, wenn die Annahme nicht erfüllt ist[21]. Deshalb treten in der modernen Ökonometrie mehr und mehr Spezifikationstests in den Vordergrund[22], mit denen man vorab überprüfen kann, ob die Annahmen des Modells gerechtfertigt sind. Allerdings können damit immer nur Teilaspekte berücksichtigt werden. Man geht daher bei der Schätzung mehr und mehr zu "robusten" Methoden über:

---

[21] Siehe beispielsweise Yatchew und Griliches (1985), die die Auswirkung von Heteroskedastie auf die Schätzung des Probit-Modells untersuchen.

[22] Für die "klassischen" linearen Modelle siehe beispielsweise Krämer und Sonnenberger (1986), für die mikroökonometrischen Modelle beispielweise Pohlmeier (1989), Kapitel 4, oder Greene (1990a), Kapitel 20 und 21.

Dies können einerseits Methoden sein, die bestimmte Annahmeverletzungen, etwa die Heteroskedastie von Störvariablen, bereits in der Schätzung berücksichtigen[23], zum anderen verwendet man (nichtparametrische) Schätzmethoden, die von Verteilungsannahmen bestimmter Modelle unabhängig sind[24].

In dieser eher einführenden Darstellung der mikroökonometrischen Methoden werden wir uns auf die Darstellung der Standard-Ansätze der Schätz- und Testtheorie beschränken, als Schätzmethode also nur das Maximum-Likelihood-Prinzip berücksichtigen, das im folgenden Unterabschnitt kurz dargestellt wird. Die obigen Bemerkungen müssen genügen, um auf die Vielfalt der Probleme aufmerksam zu machen, die sich bei allzu sorgloser Verwendung der Standard-Ansätze ergeben können.

1.3.2 Die Maximum-Likelihood-Methode

Gegeben seien Realisationen $y_i, i = 1, \ldots, n$, der n Stichprobenvariablen Y_i, die den Beobachtungsbefund bezüglich eines bestimmten (stetigen oder diskreten) Merkmals beschreiben. Es wird angenommen, daß die Verteilung von Y_i durch die bedingte Dichte $f(y_i \mid x_i, \theta)$ bzw. - im diskreten Fall - durch die bedingte Wahrscheinlichkeit $P(Y_i = y_i \mid x_i, \theta) \equiv p(y_i \mid x_i, \theta)$ bestimmt ist, wobei x_i eine exogene Einflußgröße (bzw. ein Vektor von Einflußgrößen) ist[25] und $\theta = (\theta_1, \ldots, \theta_K)$ den zu schätzenden Parametervektor bezeichnet. Beispielsweise könnte ein stetiges Merkmal exponentialverteilt sein mit Erwartungswert λ, wobei der Erwartungswert gemäß (1-2) von der exogenen Größe x abhängt. Alternativ könnte ein diskretes Merkmal binomialverteilt sein, wobei wiederum ein Parameter der Verteilung von der exogenen Größe abhängt. Siehe dazu (1-3). Unter der Annahme, daß die einzelnen Stichproben-

---

[23]Der Vorschlag, im linearen Regressionsmodell heteroskedastie-bereinigte Schätzer für die Standardabweichungen der Koeffizientenschätzer zu verwenden, stammt von White (1980).

[24]Manski (1975, 1985) hat einen "Maximum-Score"-Schätzer für Modelle mit qualitativen abhängigen Variablen vorgeschlagen, während Powell (1984) einen Schätzer für Modelle mit zensierten abhängigen Variablen entwickelt hat.

[25]Siehe dazu die Ausführungen in Abschnitt 1.2 .

1.3 Schätz- und Testmethoden

variablen voneinander unabhängig verteilt sind[26], ergibt sich die gemeinsame Dichte bzw. Wahrscheinlichkeit für beliebigen Beobachtungsbefund $(y_1, y_2, \ldots, y_n)$ als Produkt der einzelnen Dichten bzw. Wahrscheinlichkeiten:

$$g(y_1, y_2, \ldots, y_n \mid x_1, x_2, \ldots, x_n, \theta) = \prod_{i=1}^{n} f(y_i \mid x_i, \theta) \quad . \qquad (1-11)$$

Entsprechend ergibt sich im Fall der diskreten Zufallsvariablen:

$$P(Y_1 = y_1, Y_2 = y_2, \ldots, Y_n = y_n \mid x_1, x_2, \ldots, x_n, \theta) = \prod_{i=1}^{n} p(y_i \mid x_i, \theta) \quad . \qquad (1-12)$$

Wir betrachten diese gemeinsame Dichte bzw. Wahrscheinlichkeit nun für einen bestimmten Beobachtungsbefund und fragen, welcher Parametervektor θ die Wahrscheinlichkeit[27] für diesen Befund maximiert. Formal gesprochen betrachten wir (1-11) bzw (1-12) nun als Funktion des Vektors θ, schreiben dafür $\mathcal{L}(\theta)$ und bezeichnen diese Funktion als *Likelihoodfunktion*. Den Wert $\hat{\theta}$, der die Likelihoodfunktion bezüglich θ maximiert, nennen wir *Maximum-Likelihood-Schätzwert* (ML-Schätzwert) des Parametervektors θ. Die entsprechende Stichprobenfunktion $\hat{\theta} = \hat{\theta}(Y_1, Y_2, \ldots, Y_n)$ nennen wir *Maximum-Likelihood-Schätzfunktion*. Dieser Schätzer besitzt unter bestimmten Regularitätsbedingungen, die in den Modellen dieses Buchs stets erfüllt sind, für großen Stichprobenumfang n die wünschenswerte Eigenschaft der Konsistenz, d.h. $plim(\hat{\theta}) = \theta$. Ferner ist der Schätzer für großes n normalverteilt mit Erwartungswert θ[28], d.h. für $n \to \infty$ gilt $E(\hat{\theta}) = \theta$ und die Varianz des Schätzers ist - im eindimensionalen Fall - durch

$$V(\hat{\theta}) = -\frac{1}{E\left(\frac{\partial^2 \log \mathcal{L}(\theta)}{\partial \theta^2}\right)} \qquad (1-13)$$

gegeben, wobei E den Erwartungsoperator bezüglich der Stichprobenvariablen $Y_1, Y_2, \ldots, Y_n$ angibt. Entsprechend ergibt sich - im mehrdimensionalen Fall - die

---

[26] Auch diese Annahme ist nicht unproblematisch, da in der Praxis - auch bei Querschnittsdaten - oftmals die Voraussetzungen der reinen Zufallsstichprobe (siehe Stenger (1986)) nicht erfüllt sind.

[27] Für den Fall der stetigen Zufallsvariablen ist die Dichte als Grenzwert einer Wahrscheinlichkeit zu interpretieren.

[28] Siehe beispielsweise Mood et al. (1974), Kapitel VII.9, sowie Cramer (1986), Kapitel 2, oder Greene (1990a), Kapitel 4.5 .

Kovarianzmatrix des Schätzvektors $\hat{\theta}$ als

$$Cov(\hat{\theta}) = -\left\{ E\left[\frac{\partial^2 \log \mathcal{L}(\theta)}{\partial \theta \, \partial \theta'}\right] \right\}^{-1} . \qquad (1-14)$$

Wir nennen die (symmetrische) Matrix der zweiten partiellen Ableitungen

$$H = \begin{bmatrix} \frac{\partial^2 L}{\partial \theta_1^2} & \frac{\partial^2 L}{\partial \theta_1 \, \partial \theta_2} & \cdots & \frac{\partial^2 L}{\partial \theta_1 \, \partial \theta_K} \\ & \frac{\partial^2 L}{\partial \theta_2^2} & \cdots & \frac{\partial^2 L}{\partial \theta_2 \, \partial \theta_K} \\ & & \ddots & \vdots \\ & & & \frac{\partial^2 L}{\partial \theta_K^2} \end{bmatrix} \equiv \left[\frac{\partial^2 \log \mathcal{L}}{\partial \theta \, \partial \theta'}\right]$$

die *Hessesche Matrix* der Loglikelihoodfunktion $L \equiv \log \mathcal{L}$. Ferner bezeichnen wir den (mit -1 multiplizierten) Erwartungswert der Matrix H als (Fisher-sche) *Informationsmatrix* I, d.h. es gilt

$$I = -E(H) .$$

Unter bestimmten Regularitätsbedingungen[29] gilt

$$E\left\{\frac{\partial^2 \log \mathcal{L}(\theta)}{\partial \theta \, \partial \theta'}\right\} = -E\left\{\frac{\partial \log \mathcal{L}(\theta)}{\partial \theta} \frac{\partial \log \mathcal{L}(\theta)}{\partial \theta'}\right\} , \qquad (1-15)$$

so daß sich in diesen Fällen die Informationsmatrix auch aus den Gradienten-, bzw. Score-Vektoren berechnen läßt. In dem in diesem Buch ausschließlich betrachteten Fall unabhängiger Beobachtungen kann man den Ausdruck auf der rechten Seite von (1-15) auch wie folgt schreiben:[30]

$$E\left\{\frac{\partial \log \mathcal{L}(\theta)}{\partial \theta} \frac{\partial \log \mathcal{L}(\theta)}{\partial \theta'}\right\} = E\left\{\sum_{i=1}^{n} \frac{\partial \log \mathcal{L}_i(\theta)}{\partial \theta} \frac{\partial \log \mathcal{L}_i(\theta)}{\partial \theta'}\right\} , \qquad (1-16)$$

wobei $\mathcal{L}_i(\theta)$ durch $f(y_i|x_i, \theta)$ bzw. durch $p(y_i|x_i, \theta)$ gegeben ist (siehe (1-11) und (1-12)).

Da die Varianz (1-13) bzw. die Kovarianzmatrix (1-14) durch die sogenannte "Cramer-Rao-Schranke" gegeben ist und deshalb die "kleinstmögliche" Varianz bzw. Kovarianzmatrix darstellt, ist der Maximum-Likelihood-Schätzer für großen Stichprobenumfang auch "effizient"[31]. Die asymptotische Normalität des Schätzers gibt

---

[29] Siehe z.B. Amemiya (1985), S. 14-17, und Cramer (1986), S.27 .

[30] Siehe Cramer (1986), Kap. 2.7 .

[31] Für eine exakte Formulierung siehe Amemiya (1985), S. 124 .

1.3 Schätz- und Testmethoden 19

uns die Möglichkeit, die üblichen Verfahren der schließenden Statistik bezüglich der Konfidenzintervalle und Signifikanztests zu verwenden. Um dies konkreter erläutern zu können, müssen wir uns jedoch zuvor mit der Berechnung der Schätzwerte befassen.

1.3.3 Berechnung der Maximum-Likelihood-Schätzung (Ein Beispiel)

Um das Maximum der Likelihoodfunktion zu bestimmen, können wir üblicherweise[32] die Methoden der Differentialrechnung verwenden. Da die Likelihoodfunktion nur positive Werte annimmt, können wir das Maximum genauso gut dadurch bestimmen, daß wir es für die logarithmierte Likelihoodfunktion $L(\theta) \equiv \log \mathcal{L}(\theta)$ berechnen. Wir bezeichnen L auch kürzer als *Loglikelihoodfunktion*. Dies soll am Beispiel der *Exponentialverteilung*, die für die mikroökonometrischen Modelle von Bedeutung ist[33], illustriert werden. Wir betrachten zuerst den Fall, daß die Einflußvariable x keine Rolle spielt, und dann den Fall, in dem diese Variable berücksichtigt wird.

Wenn wir annehmen, daß der Stichprobenbefund aus einer exponentialverteilten Grundgesamtheit stammt, dann erhalten wir bei Verwendung von Ergebnissen aus Anhang A.4 [34] als Likelihoodfunktion

$$\mathcal{L}(\kappa) = \kappa^n \exp\left(-\kappa \sum_{i=1}^{n} y_i\right) \qquad (1-17)$$

und demnach für die Loglikelihoodfunktion

$$L(\kappa) = n \log(\kappa) - \kappa \sum_{i=1}^{n} y_i \quad . \qquad (1-18)$$

Für die erste und zweite Ableitung ergibt sich

$$\frac{\partial L}{\partial \kappa} = \frac{n}{\kappa} - \sum_{i=1}^{n} y_i$$

---

[32] Probleme treten nur auf, wenn die betrachteten Stichprobenvariablen in einem Intervall variieren, dessen Grenzen ebenfalls zu schätzende Parameter sind. Paradebeispiele sind die stetige und die diskrete Gleichverteilung mit unbekannter oberer Intervallgrenze.

[33] Wir haben bereits in Abschnitt 1.2 die Exponentialverteilung als Modell für die Analyse von Wartezeiten vorgestellt. Eine allgemeinere Formulierung untersuchen wir in Abschnitt 4.3.2.

[34] Wir verwenden κ statt α als Parameter der Verteilung, da das zweitgenannte Symbol später mit einer anderen Bedeutung benutzt wird.

$$\frac{\partial^2 L}{(\partial \kappa)^2} = -\frac{n}{\kappa^2} \qquad (1\text{-}19)$$

Durch Nullsetzen der ersten Ableitung erhalten wir als Maximum-Likelihood-Schätzer den Kehrwert des arithmetischen Mittels:

$$\hat{\kappa} = \frac{n}{\sum_{i=1}^{n} y_i} \quad , \qquad (1-20)$$

und als (asymptotische) Varianz des Schätzers ergibt sich gemäß (1-13)

$$V(\hat{\theta}) = \frac{\kappa^2}{n} \quad . \qquad (1-21)$$

Man beachte, daß die zweite Ableitung nicht von den Beobachtungswerten abhängt und demnach bereits den in (1-13) geforderten Ausdruck für den Erwartungsgwert angibt. Eine Schätzung für $V(\hat{\theta})$ erhalten wir, indem wir den Maximum-Likelihood-Schätzwert $\hat{\kappa}$ an die Stelle von κ setzen. Dies ermöglicht dann die Berechnung von Konfidenzintervallen und Signifikanztests.

Wir wollen nun unterstellen, daß die Beobachtungen des Merkmals y durch die exogene Variable x gemäß (1-2) beeinflußt werden, d.h. wir setzen $\lambda(x) = \exp(\alpha + \beta x)$ bzw. $\kappa(x) = 1/\exp(\alpha + \beta x) = \exp(-(\alpha + \beta x))$. Demnach ergibt sich für die (bedingte) Dichtefunktion nun

$$f(y_i \mid x_i, \alpha, \beta) = \exp(-\alpha - \beta x_i) \exp\left(-y_i \exp(-\alpha - \beta x_i)\right) \quad . \qquad (1-22)$$

Deshalb erhalten wir als Loglikelihoodfunktion

$$L(\alpha, \beta) = -n\alpha - \beta \sum_i x_i - \sum_i y_i \exp(-\alpha - \beta x_i) \quad . \qquad (1-23)$$

Für die ersten Ableitungen ergibt sich

$$\begin{aligned}\frac{\partial L}{\partial \alpha} &= -n + \sum_i y_i \exp(-\alpha - \beta x_i) \\ \frac{\partial L}{\partial \beta} &= -\sum_i x_i + \sum_i x_i y_i \exp(-\alpha - \beta x_i)\end{aligned}$$

$$(1\text{-}24)$$

1.3 Schätz- und Testmethoden

Ferner lauten die zweiten partiellen Ableitungen wie folgt:

$$\frac{\partial^2 L}{\partial \alpha^2} = -\sum_i y_i \exp(-\alpha - \beta x_i)$$

$$\frac{\partial^2 L}{\partial \alpha \partial \beta} = -\sum_i x_i y_i \exp(-\alpha - \beta x_i)$$

$$\frac{\partial^2 L}{\partial \beta^2} = -\sum_i x_i^2 y_i \exp(-\alpha - \beta x_i)$$

(1-25)

Für die Informationsmatrix I ergibt sich wegen $E(Y_i) = \exp(\alpha + \beta x_i)$ in diesem Fall eine besonders einfache Form:

$$I = \begin{bmatrix} n & \sum x_i \\ \sum x_i & \sum x_i^2 \end{bmatrix} \quad . \tag{1-26}$$

Diese Matrix ist uns aus Ergebnissen für das lineare Regressionsmodell bestens bekannt.[35] Insofern können wir auch unmittelbar die Kovarianzmatrix der Maximum-Likelihood-Schätzer angeben, indem wir die Matrix (1-26) invertieren:

$$Cov(\hat{\alpha}, \hat{\beta}) = \frac{1}{n \sum x_i^2 - (\sum x_i)^2} \begin{bmatrix} \sum x_i^2 & -\sum x_i \\ -\sum x_i & n \end{bmatrix} \quad . \tag{1-27}$$

Man beachte, daß diese Matrix wiederum nicht von den Beobachtungswerten y_i der abhängigen Variablen abhängt. Ferner ist diese Matrix auch nicht vom unbekannten Parameter abhängig, was eher die Ausnahme bei dieser Schätzmethode ist. Die Diagonalelemente der Matrix geben die Varianzen der Schätzer $\hat{\alpha}$ und $\hat{\beta}$ an, die für die Berechnung von Konfidenzintervallen und Signifikanztests benützt werden können.

Andererseits zeigt ein kurzer Blick auf die Formeln (1-24), daß eine explizite Lösung für das Maximum bezüglich der beiden Parameter α und β nicht angegeben werden kann. Diese Situation ist typisch für die Maximum-Likelihood-Schätzung. Wir müssen uns deshalb kurz mit einer numerischen Methode zur Bestimmung des Maximums befassen, die man als *Newton-Raphson-Methode* bezeichnet und die in Anhang C ausführlich beschrieben wird.

---

[35] Siehe beispielsweise Ronning (1989s), Kapitel 8.

Im folgenden ist der Parametervektor θ durch

$$\theta = \begin{bmatrix} \alpha \\ \beta \end{bmatrix}$$

gegeben. Als erstes bilden wir den Gradientenvektor[36] $\nabla(\theta)$ und die Hessesche Matrix $H(\theta)$ aus den oben berechneten ersten und zweiten Ableitungen:

$$\nabla(\theta) = \begin{bmatrix} -n + \sum_i y_i \exp(-\alpha - \beta x_i) \\ -\sum_i x_i + \sum_i x_i y_i \exp(-\alpha - \beta x_i) \end{bmatrix} \qquad (1\text{-}28)$$

$$H(\theta) = \begin{bmatrix} -\sum_i y_i \exp(-\alpha - \beta x_i) & -\sum_i x_i y_i \exp(-\alpha - \beta x_i) \\ -\sum_i x_i y_i \exp(-\alpha - \beta x_i) & -\sum_i x_i^2 y_i \exp(-\alpha - \beta x_i) \end{bmatrix} \qquad (1\text{-}29)$$

Man erkennt aus der Struktur der Hesseschen Matrix, daß sie negativ definit ist[37] und damit die Loglikelihoodfunktion $L(\theta)$ ein eindeutiges Maximum bezüglich α und β besitzt. Das bedeutet, daß wir im Fall der Konvergenz unseres Algorithmus davon ausgehen können, das (absolute) Maximum der Funktion bestimmt zu haben.

Wir wählen nun einen beliebigen *Startwert* $\theta^{(0)}$ und berechnen (siehe Anhang C)

$$\theta^{(1)} = \theta^{(0)} - \left[H\left(\theta^{(0)}\right)\right]^{-1} \nabla\left(\theta^{(0)}\right) \qquad (1-30)$$

und wiederholen diese Prozedur gemäß der allgemeineren Formulierung

$$\theta^{(i)} = \theta^{(i-1)} - \left[H\left(\theta^{(i-1)}\right)\right]^{-1} \nabla\left(\theta^{(i-1)}\right) \qquad (1-31)$$

so lange, bis das Maximum θ^* bezüglich θ erreicht ist. Dies erkennt man einerseits daran, daß der Gradientenvektor praktisch gleich Null ist, sowie daran, daß sich der Wert der Funktion $L(\theta)$ über mehrere Iterationen hin nicht mehr erhöht. Zwei Zahlenbeispiele im Anhang C illustrieren dies. Manchmal verwendet man statt der Hesseschen Matrix die Informationsmatrix I. Dann spricht man von der *Scoring-Methode*.[38]

---

[36] Man bezeichnet diesen Vektor auch als Score-Funktion.
[37] Vergleiche dazu die Ausführungen in Abschnitt 2.1.1, insbesondere Formel (2-16). Wesentlich ist, daß $y_i \exp(\alpha + \beta x_i) > 0$ für alle i gilt.
[38] Siehe das Beispiel in Abschnitt 2.2.2. An die Stelle des Minuszeichens in (1-30) und (1-31) tritt dann ein Pluszeichen.

1.3 Schätz- und Testmethoden

Das Newton-Raphson-Verfahren hat für die Maximum-Likelihood-Schätzung den besonderen Vorteil, daß in jeder Iteration die Hessesche Matrix (und deren Inverse) bestimmt wird, also in der letzten Iteration auch an der Stelle, an der die Funktion ihr Maximum besitzt. Andererseits kann man $-H(\theta^*)$ als Schätzung für die Informationsmatrix I benutzen, d.h.

$$\hat{V}(\hat{\theta}) = [-H(\theta^*)]^{-1} \qquad (1-32)$$

ist ein sinnvoller Schätzwert für die Kovarianzmatrix (1-14)[39]. Im Fall der Scoring-Methode verwendet man statt dessen $[I(\theta^*)]^{-1}$. Populär ist auch die sogenannte "BHHH-Methode", bei der ausschließlich erste Ableitungen der Loglikelihoodfunktion verwendet werden.[40]

1.3.4 Testen von Hypothesen

Oftmals ist man daran interessiert zu erfahren, ob der Parametervektor θ bestimmte Restriktionen erfüllt. Man spricht dann von Hypothesen bezüglich des Parametervektors θ. Beispielsweise kann man die Hypothese untersuchen, daß die erste Komponente des Vektors θ gleich Null ist, d.h. $\theta_1 = 0$, oder die Summe aller Komponenten gleich einem Wert c ist, d.h. $\sum_i \theta_i = c$. Allgemeiner schreiben wir diese Parameterrestriktionen in der Form

$$h_i(\theta) = 0, \quad i = 1, \ldots, r \quad , \qquad (1-33)$$

wobei r die Anzahl der Restriktionen angibt. Im folgenden nennen wir (1-33) die *Nullhypothese* und schreiben dafür H_0. Für das erste Beispiel haben wir $h_1(\theta) = \theta_1$ und für das zweite Beispiel $h_2(\theta) = \theta_1 + \theta_2 + \ldots + \theta_K - c$. Natürlich können die Restriktionen auch nichtlinearer Natur sein.

---

[39]Siehe z.B. Cramer (1986), S. 27, oder Greene (1990a), S. 119. Das Buch von Cramer sollte auch für weitere Details der Berechnung von Maximum-Likelihood-Schätzwerten konsultiert werden.

[40]Siehe Cramer (1986), S. 27/28, oder Fomby u.a. (1984), S. 612 .

Wir wollen nun drei wichtige Testverfahren zum Überprüfen dieser Art von Hypothesen vorstellen: Neben dem Likelihood-Quotienten-Test, der bereits lange zum Testen von Hypothesen benutzt wird, sollen der Wald-Test und der Lagrange-Multiplikatoren-Test präsentiert werden, die in der modernen Ökonometrie eine wichtige Rolle spielen[41]. Die drei Testverfahren sind asymptotisch, also für großen Stichprobenumfang, äquivalent, doch sind die beiden zuerst genannten Testverfahren in der Praxis vorzuziehen, da sie entweder nur den Schätzwert unter der Restriktion oder nur den unrestringierten Schätzwert benötigen, während der Likelihood-Quotienten-Test beide Schätzwerte verlangt.

Wald-Test: Es sei $h(\theta)$ der r-dimensionale Vektor mit Elementen $h_i(\theta)$ und R_θ die $[r \times K]$-Matrix, deren (j,i)-Element durch die partielle Ableitung

$$\frac{\partial h_j(\theta)}{\partial \theta_i} \quad , i = 1, \ldots, K, \ j = 1, \ldots, r \quad .$$

gegeben ist. Dabei hat R_θ Rang r, sofern keine der Restriktionen, sprich Hypothesen, redundant ist. Zur Überprüfung der Nullhypothese verwenden wir die Teststatistik

$$W = h'(\hat{\theta}) \left(R_{\hat{\theta}} \left[I(\hat{\theta}) \right]^{-1} R'_{\hat{\theta}} \right) h(\hat{\theta}) \quad , \tag{1-34}$$

wobei $\hat{\theta}$ der unrestringierte Maximum-Likelihood-Schätzwert ist. Diese Statistik ist für großen Stichprobenumfang unter H_0 χ^2-verteilt mit r Freiheitgraden. Die Nullhypothese wird verworfen, wenn W einen Wert oberhalb des kritischen Wertes $\chi^2(r, \alpha)$ für vorgegebenes Signifikanzniveau α annimmt.

Lagrange-Multiplikatoren-Test: Für dieses Testverfahren, das auch als "Score-Test" bezeichnet wird, benötigen wir den restringierten Schätzwert, den wir mit $\hat{\theta}^{(r)}$ bezeichnen. Dieser Schätzwert maximiert die Loglikelihoodfunktion unter Beachtung der Restriktionen (1-33). Seine Prüfstatistik ist durch

$$LM = \nabla \left(\hat{\theta}^{(r)}\right)' \left[I(\hat{\theta}^{(r)}) \right]^{-1} \nabla \left(\hat{\theta}^{(r)}\right) \quad , \tag{1-35}$$

---

[41]Für Ergänzungen sollten die Darstellungen dieser Testverfahren beispielsweise in Amemiya (1985), Abschnitt 4.5.1, in Cramer (1986), Abschnitt 3.4 bis 3.6, oder in Fomby u.a. (1984), Abschnitt A.2.4, herangezogen werden.

1.3 Schätz- und Testmethoden

gegeben, die unter H_0 χ^2-verteilt ist mit r Freiheitgraden. Dabei ist $\nabla\left(\hat{\theta}^{(r)}\right)$ der im Zusammenhang mit (1-28) definierte Gradientenvektor. Wie im Wald-Test wird die Nullhypothese für große Werte der Prüfstatistik verworfen.

Likelihood-Quotienten-Test: Dieses Testverfahren vergleicht den Wert der Likelihoodfunktion an der Stelle $\hat{\theta}$ mit dem Wert an der Stelle $\hat{\theta}^{(r)}$. Je größer die Diskrepanz ist, desto mehr spricht dies gegen die Gültigkeit der Nullhypothese. Wir definieren das Likelihood-Verhältnis[42] durch

$$\lambda = \frac{\mathcal{L}\left(\hat{\theta}^{(r)}\right)}{\mathcal{L}\left(\hat{\theta}\right)} \quad . \tag{1-36}$$

Da die unrestringierte Schätzung eine bessere Anpassung als die restringierte Schätzung ergibt, wird die Likelihoodfunktion im Nenner immer größer sein als die im Zähler. λ ist also stets kleiner als 1 bzw. $-\log(\lambda)$ ist stets positiv. Die Teststatistik für dieses Verfahren lautet

$$LR = -2\log(\lambda) = -2\left(L\left(\hat{\theta}^{(r)}\right) - L\left(\hat{\theta}\right)\right) \quad , \tag{1-37}$$

die wiederum unter H_0 für großen Stichprobenumfang χ^2-verteilt ist mit r Freiheitsgraden. Genau wie bei den beiden anderen Testverfahren sprechen große Werte der Teststatistik gegen die Nullhypothese. Im Gegensatz zu den beiden anderen Verfahren benötigt man jedoch im Likelihood-Quotienten-Test sowohl den restringierten als auch den unrestringierten Maximum-Likelihood-Schätzer.

1.3.5 Computerprogramme

In der Einleitung wurde erwähnt, daß bei (fast) allen empirischen Beispielen in diesem Buch eigene Programme in GAUSS verwendet wurden. Denn obwohl es inzwischen eine Vielzahl von Programmsystemen gibt, die bestimmte, in diesem Buch behandelte Modelle, umfassen, werden sehr viele Modelle noch nicht berücksichtigt. Zudem zeigt die eigene Erfahrung, daß die Programmierung eines Schätz- oder Testverfahrens zusätzliche Erkenntnisse über dieses Verfahren liefert. Allerdings bedarf

---
[42]Englisch: likelihood ratio.

es dazu der Kenntnisse einer Programmiersprache. Deshalb sollen hier auch kurz einige Programmsysteme genannt werden, die nach Erfahrung des Autors sowohl als didaktisches Hilfsmittel bei der methodisch orientierten Präsentation der einzelnen mikroökonometrischen Modelle als auch bei der Anwendung in der empirischen Wirtschaftsforschung empfohlen werden können[43]. Wir beschränken uns dabei auf Programmpakete, die auf dem PC verwendet werden können. GAUSS stellt ein Programmsystem zur Verfügung, mit dem Modelle aus Kapitel 2 (qualitative abhängige Variable) und Kapitel 4 (Zähldaten und Verweildauer-Daten) geschätzt werden können. Teilweise werden vom Benutzer hierbei noch eigene Programmierarbeiten gefordert.Das Programmsystem LIMDEP paßt am besten zu diesem Buch, da es zum einen Modelle aus allen drei Kapiteln behandelt und andererseits die Benutzung relativ einfach ist. Es entstand übrigens aus dem Plan, die im Buch von G.S. Maddala (1983) behandelten Modelle als Programme zur Verfügung zu stellen. Es wurde inzwischen mehrfach erweitert. Beide bisher erwähnten Programmsysteme stammen aus den USA. Für viele Modelle aus den Kapiteln 2 und 4 läßt sich auch das an der Universität Regensburg entwickelte Programmpaket GLAMOUR verwenden. Sein besonderes Charakteristikum ist die Verbindung der in diesem Buch besprochenen Modelle mit dem "linearen Modell".

Die Nennung dieser Programmsysteme kann und will keine umfassende Übersicht bieten. Mehr und mehr gehen statistische und ökonometrische Zeitschriften dazu über, neue Programmsysteme zu besprechen und auch miteinander zu vergleichen. Als Beispiele seien hier *American Statistician*, *Applied Statistics* und *Journal of Applied Econometrics* genannt, wobei in der letztgenannten Zeitschrift ausschließlich ökonometrische Programmsysteme referiert werden. Ihre regelmäßige Lektüre verschafft also einen guten Überblick.

---

[43]Die Handbücher für die genannten Programmsysteme werden am Schluß des Buches aufgeführt.

1.4 Übungsaufgaben

1.4.1 Aufgabe 1

Y sei standardnormalverteilt. Zeigen Sie, daß

$$\int_x^\infty t\,\varphi(t)\,dt = \varphi(x)$$

gilt, wobei φ die Dichtefunktion der Standardnormalverteilung ist.

1.4.2 Aufgabe 2

Beweisen Sie (1-10)! Verwenden Sie dabei das Resultat aus Aufgabe 1.

1.4.3 Aufgabe 3

Zeigen Sie, daß für die Varianz der gemäß (1-9) gestutzten standardnormalverteilten Zufallsvariablen Y

$$V(Y \mid Y > c) = 1 - M_1(M_1 - c)$$

gilt, wobei M_1 durch (1-10) gegeben ist.

1.4.4 Aufgabe 4

Unterstellen Sie, daß die standardnormalverteilte Zufallsvariable Y von *oben* gestutzt ist, d.h. $P(Y \leq c) = 1$ und zeigen Sie, daß für den (bedingten) Erwartungswert und die (bedingte) Varianz der gestutzten Zufallsvariablen gilt:

$$\begin{aligned} E(Y|Y \leq c) &= -\frac{\varphi(c)}{\Phi(c)} \;(= M_2) \\ V(Y|Y \leq c) &= 1 - M_2(M_2 - c) \end{aligned}$$

1.4.5 Aufgabe 5

Gegeben sei die standardnormalverteilte Zufallsvariable Y, für die $P(c_1 \leq Y \leq c_2) = 1$ gilt (doppelt gestutzte Verteilung). Zeigen Sie, daß für den (bedingten) Erwartungswert und die (bedingte) Varianz gilt:

$$E(Y|c_1 \leq Y \leq c_2) = \frac{\varphi(c_1) - \varphi(c_2)}{\Phi(c_2) - \Phi(c_1)} \quad (= M)$$

$$V(Y|c_1 \leq Y \leq c_2) = 1 - M^2 + \frac{c_1 \varphi(c_1) - c_2 \varphi(c_2)}{\Phi(c_2) - \Phi(c_1)}$$

1.4.6 Aufgabe 6

Es seien Y_1 und Y_2 gemeinsam normalverteilt mit Mittelwerten Null und Varianzen 1 sowie Kovarianz σ_{12}. Zeigen Sie:

$$E(Y_1 \mid Y_2 > c) = \sigma_{12} \frac{\varphi(c)}{1 - \Phi(c)} \quad .$$

1.4.7 Aufgabe 7

Wir betrachten die Dichtefunktion φ und Verteilungsfunktion Φ der Standardnormalverteilung an der Stelle (x/y) und wollen die Ableitungen nach x bzw. y bestimmen. Verifizieren Sie die folgenden Ergebnisse:

$$\frac{\partial \Phi}{\partial x} = \frac{1}{y} \varphi\left(\frac{x}{y}\right)$$

$$\frac{\partial \Phi}{\partial y} = -\frac{x}{y^2} \varphi\left(\frac{x}{y}\right)$$

$$\frac{\partial \varphi}{\partial x} = -\frac{x}{y^2} \varphi\left(\frac{x}{y}\right)$$

$$\frac{\partial \varphi}{\partial y} = \frac{x^2}{y^3} \varphi\left(\frac{x}{y}\right)$$

2 Modelle für qualitative abhängige Variablen

In diesem Kapitel besprechen wir Modelle für qualitative abhängige Variablen. Dabei unterscheiden wir zwischen dem Spezialfall dichotomer und dem allgemeineren Fall polytomer Variablen, d.h. zwischen abhängigen Variablen mit zwei Ausprägungen bzw. Kategorien und mit mehr als zwei Ausprägungen. Im letzteren Fall ist außerdem die Unterscheidung zwischen ungeordneten und geordneten Kategorien dieser Variablen von Bedeutung. Kapitel 2.1 behandelt Logit-Modelle für ungeordnete Kategorien, Kapitel 2.2 betrachtet das entsprechende Probit-Modell. In den Abschnitten 2.3 und 2.4 werden dann Logit- und Probit-Modelle für geordnete Kategorien dargestellt. Gütemaße und Spezifikationstests für diese Modelle werden in Abschnitt 2.5 behandelt. In Abschnitt 2.6 schließlich diskutieren wir das "Discrete Choice"-Modell, das die Auswahl zwischen Alternativen durch die Hypothese der Nutzenmaximierung erklärt. Formal handelt es sich dabei wieder um ein Logit-Modell mit ungeordneten Kategorien. Abschnitt 2.7 geht auf das loglineare Wahrscheinlichkeitsmodell und andere multivariate Modelle und Abschnitt 2.8 schließlich auf simultane Logit- und Probit-Modelle ein.

2.1 Logit-Modelle für ungeordnete Kategorien

2.1.1 Binäres Logit-Modell

Es sei Y^* eine latente Variable, die logistisch verteilt ist mit Erwartungswert μ und Varianz $\tau^2 \pi^2/3$. Ferner gelte für μ

$$\mu(x) = \alpha + \beta x \quad , \qquad (2-1)$$

wobei x eine Einflußvariable ist. Dann ist

$$Z = \frac{Y^* - \alpha - \beta x}{\tau} \qquad (2-2)$$

standard-logistisch verteilt[44] mit $E(Z) = 0$ und $V(Z) = \pi^2/3$ und es gilt (siehe Anhang A.2)

$$P(Y^* \leq c) = P\left(Z \leq \frac{c-\mu}{\tau}\right) = \frac{1}{1 + \exp\left(-\frac{(c-\alpha-\beta x)}{\tau}\right)} \quad . \quad (2-3)$$

Wie bereits in Abschnitt 1 erläutert, betrachten wir nun eine dichotome beobachtbare Indikatorvariable, die folgende Eigenschaft hat:

$$Y = \begin{cases} 1 & \text{falls } Y^* > c \\ 0 & \text{sonst} \end{cases} \quad . \quad (2-4)$$

Offensichtlich ist die Wahrscheinlichkeit für $Y = 1$ gleich der Komplementärwahrscheinlichkeit von (2-3). Allerdings lassen sich nur die Ausdrücke $\frac{c-\alpha}{\tau}$ und $\frac{\beta}{\tau}$ identifizieren bzw. schätzen[45]. Deshalb führen wir folgende Normierungen ein:

$$c = 0 \quad , \quad \tau = 1 \quad . \quad (2-5)$$

Dann erhalten wir für die Erfolgswahrscheinlichkeit p der Zufallsvariablen Y, die über die Parameter α und β von der Einflußgröße x abhängt:

$$p(x) = \frac{1}{1 + \exp\left(-(\alpha + \beta x)\right)} \quad . \quad (2-6)$$

Man bezeichnet diese Beziehung als *binäres Logit-Modell*. Für $\beta > 0$ ist das Modell in Abbildung 1/2 graphisch dargestellt. Wir wollen nun die beiden unbekannten Parameter des Modells, α und β, schätzen. Gegeben seien n Beobachtungen für die (binäre) Zufallsvariable Y, die wir mit y_t bezeichnen, sowie n Beobachtungen x_t für die Einflußvariable x. Dies führt zu folgendem Beobachtungsbefund:

Tabelle 2.1				
t	1	2	3	... n
y_t	y_1	y_2	y_3	... y_n
x_t	x_1	x_2	x_3	... x_n

---

[44] Man beachte, daß die Varianz von Z gleich $\pi^2/3$ ist, während bei der Standardnormalverteilung die Varianz auf 1 normiert wird. Diese Normierung erhalten wir, wenn wir (2-2) mit $\sqrt{3}/\pi = 0.5513$ multiplizieren.

[45] Denn wir können schreiben: $(c-\alpha)/\tau = [\gamma((c+\delta) - (\alpha+\delta))]/(\gamma\tau) = (\tilde{c}-\tilde{\alpha})/\tilde{\tau}$ und $\beta/\tau = (\gamma\beta)/(\gamma\tau) = \tilde{\beta}/\tilde{\tau}$.

2.1 Logit-Modelle für ungeordnete Kategorien

Dabei nimmt die Variable y_t nur die Werte 0 und 1 an. Dies führt, Unabhängigkeit der einzelnen Beobachtungen vorausgesetzt, zu folgender Likelihoodfunktion:

$$\mathcal{L} = \prod_{t=1}^{n} p_t^{y_t} (1-p_t)^{1-y_t} \qquad (2-7)$$

wobei $p_t \equiv p(x_t)$ durch (2-6) gegeben ist. Weil

$$1 - p_t = \frac{\exp(-(\alpha + \beta x_t))}{1 + \exp(-(\alpha + \beta x_t))}$$

und

$$\prod_{t=1}^{n} [\exp(-(\alpha + \beta x_t))]^{1-y_t} = \exp\left(-\sum_{t=1}^{n} (1-y_t)(\alpha + \beta x_t)\right)$$

gilt, können wir für die Likelihoodfunktion auch schreiben:

$$\mathcal{L} = \frac{\exp\left(-\sum_{t=1}^{n} (1-y_t)(\alpha + \beta x_t)\right)}{\prod_{t=1}^{n} [1 + \exp(-(\alpha + \beta x_t))]} \qquad (2-8)$$

Dann ergibt sich für die logarithmierte Likelihoodfunktion

$$L = -\sum_{t=1}^{n} (1-y_t)(\alpha + \beta x_t) - \sum_{t=1}^{n} \log[1 + \exp(-(\alpha + \beta x_t))] \qquad (2-9)$$

Für die partiellen ersten Ableitungen erhalten wir

$$\begin{aligned}
\frac{\partial L}{\partial \alpha} &= -\sum_t \left[(1-y_t) - \frac{\exp(-(\alpha + \beta x_t))}{1 + \exp(-(\alpha + \beta x_t))}\right] \\
&= -\sum_t \left[(1-y_t) - \frac{1}{1 + \exp(\alpha + \beta x_t)}\right] \\
&= -\sum_t [p_t - y_t] \qquad (2\text{-}10)
\end{aligned}$$

$$\begin{aligned}
\frac{\partial L}{\partial \beta} &= -\sum_t \left[(1-y_t) - \frac{\exp(-(\alpha + \beta x_t))}{1 + \exp(-(\alpha + \beta x_t))}\right] x_t \\
&= -\sum_t \left[(1-y_t) - \frac{1}{1 + \exp(\alpha + \beta x_t)}\right] x_t \\
&= -\sum_t [p_t - y_t] x_t \qquad (2\text{-}11)
\end{aligned}$$

und für die partiellen zweiten Ableitungen

$$\frac{\partial^2 L}{\partial \alpha^2} = -\sum_t \frac{\exp(-(\alpha + \beta x_t))}{[1 + \exp(-(\alpha + \beta x_t))]^2}$$

$$= -\sum_t p_t (1 - p_t) \qquad (2\text{-}12)$$

$$\frac{\partial^2 L}{\partial \alpha \partial \beta} = -\sum_t \frac{\exp(-(\alpha + \beta x_t))}{[1 + \exp(-(\alpha + \beta x_t))]^2} x_t$$

$$= -\sum_t p_t (1 - p_t) x_t \qquad (2\text{-}13)$$

$$\frac{\partial^2 L}{\partial \beta^2} = -\sum_t \frac{\exp(-(\alpha + \beta x_t))}{[1 + \exp(-(\alpha + \beta x_t))]^2} x_t^2$$

$$= -\sum_t p_t (1 - p_t) x_t^2 \qquad (2\text{-}14)$$

Demnach hat die Hessesche Matrix (= Matrix der partiellen zweiten Ableitungen) folgende Gestalt:

$$H = -\sum_{t=1}^n \begin{bmatrix} p_t(1-p_t) & p_t(1-p_t)x_t \\ p_t(1-p_t)x_t & p_t(1-p_t)x_t^2 \end{bmatrix} \qquad (2-15)$$

Diese Matrix läßt sich auch anders schreiben: Wir definieren die Vektoren $\boldsymbol{x}_t = (1 \; x_t)'$ und $\beta = (\beta_1 \; \beta_2)' = (\alpha \; \beta)'$ sowie die Matrizen

$$X = \begin{pmatrix} 1 & x_1 \\ 1 & x_2 \\ \vdots & \vdots \\ 1 & x_n \end{pmatrix} = \begin{pmatrix} \boldsymbol{x}_1' \\ \boldsymbol{x}_2' \\ \vdots \\ \boldsymbol{x}_n' \end{pmatrix}$$

und

$$D = \begin{pmatrix} p_1(1-p_1) & & & \\ & p_2(1-p_2) & & \mathbf{O} \\ & & \ddots & \\ & \mathbf{O} & & p_n(1-p_n) \end{pmatrix}.$$

2.1 Logit-Modelle für ungeordnete Kategorien

Dann gilt

$$H = -\sum_{t=1}^{n} p_t(1-p_t)\,\boldsymbol{x}_t\,\boldsymbol{x}_t{'}$$
$$= -X'\,D\,X \qquad (2\text{-}16)$$

Wir setzen voraus, daß mindestens zwei Beobachtungswerte von x unterschiedlich sind. Dann ist $\sum \boldsymbol{x}_t\,\boldsymbol{x}_t'$ positiv definit und damit H negativ definit (siehe Übungsaufgabe 1). Demnach ist die Loglikelihoodfunktion (2-9) global konkav. Man beachte, daß H eine deterministische Matrix ist, d.h. nicht von der Realisation y_t der Stichprobenvariablen Y_t abhängt. Demnach gilt, daß $E(H) = H$ und damit $-H^{-1}$ der asymptotischen Kovarianzmatrix der ML-Schätzer für α und β entspricht.

Wenn wir diese ML-Schätzer mit $\tilde{\alpha}$ und $\tilde{\beta}$ bzw. mit $\tilde{\beta}_1$ und $\tilde{\beta}_2$ bezeichnen, dann läßt sich die Hypothese, daß $\beta_k = \beta_k^0$ ist, mit Hilfe des Prüfmaßes

$$t\omega_k = \frac{\tilde{\beta}_k - \beta_k^0}{\sqrt{var(\tilde{\beta}_k)}} \quad , k = 1,\,2 \qquad (2-17)$$

überprüfen, wobei $var(\tilde{\beta}_k)$ das k-te Diagonalelement von $-H^{-1}$ ist. Für das unbekannte p_t verwendet man die Schätzung

$$\tilde{p}_t = \frac{1}{1+\exp\left(-(\tilde{\alpha}+\tilde{\beta}\,x_t)\right)}\;.$$

Unter der Nullhypothese ist das Prüfmaß (2-17) für großen Stichprobenumfang n annähernd standardnormalverteilt, und es gelten die üblichen Bemerkungen bezüglich des Hypothesentests. Man beachte, daß sich H^{-1} bei Verwendung des Newton-Raphson-Algorithmus zur Bestimmung von $\tilde{\alpha}$ und $\tilde{\beta}$ als Nebenprodukt ergibt. Insbesondere wird für $\beta_2 = \beta_2^0 = 0$ überprüft, ob die Einflußvariable überhaupt von Bedeutung ist. Für diesen Fall können wir auch das Prüfmaß des Likelihood-Quotienten-Test verwenden:[46]

$$\lambda = \frac{\mathcal{L}_\omega}{\mathcal{L}_\Omega} \qquad (2-18)$$

wobei $\mathcal{L}_\Omega$ die bezüglich α und β maximierte Likelihoodfunktion und $\mathcal{L}_\omega$ die unter der Hypothese $\beta = 0$ maximierte Likelihoodfunktion ist. Weil der ML-Schätzer für α

---
[46]Siehe Abschnitt 1.3.4 .

unter der Nullhypothese durch

$$\tilde{p}_t = \frac{m}{n} \quad (\forall\, t)$$

mit $m = \sum_{t=1}^{n} y_t$ (Anzahl der Erfolge) gegeben ist (Übungsaufgabe), gilt

$$\begin{aligned}\mathcal{L}_\omega &= \prod_{t=1}^{n} \left(\frac{m}{n}\right)^{y_t} \left(\frac{n-m}{n}\right)^{1-y_t} \\ &= \left(\frac{m}{n}\right)^{m} \left(\frac{n-m}{n}\right)^{n-m}\end{aligned} \quad (2\text{-}19)$$

Dieser Ausdruck läßt sich leicht berechnen. Ferner bestimmt man $\mathcal{L}_\Omega$ direkt aus (2-9) mit $\tilde{\alpha}$ und $\tilde{\beta}$ anstelle von α und β. Das Prüfmaß $-2 \log \lambda$ ist unter der Nullhypothese asymptotisch χ^2-verteilt mit 1 Freiheitsgrad (= Anzahl der Parameterrestriktion), was zur Durchführung des entsprechenden Hypothesentests genutzt werden kann. Weil der Likelihoodquotient zwischen Null und Eins liegt, verwendet man ihn auch zur Konstruktion von Gütemaßen. Siehe dazu Abschnitt 2.5 .

Wir wollen nun kurz den Fall einer *qualitativen* Einflußvariablen behandeln, d.h. den Fall einer Dummy-Variablen (oder (0 , 1) - Variablen). Für diesen Fall ergibt sich der Beobachtungsbefund aus einer Vierfeldertafel:

Tabelle 2.2			
x \ Y	$x = 1$	$x = 0$	$\sum$
$Y = 1$	n_{11}	n_{10}	m
$Y = 0$	n_{01}	n_{00}	$n - m$
$\sum$	ν	$n - \nu$	n

Dabei ist ν die Anzahl Beobachtungen, für die die Dummy-Variable den Wert 1 annimmt. Für die Bedingungen erster Ordnung ergibt sich in diesem Fall aus (2-10), (2-11):

$$\begin{aligned}-m &- \sum_{t=1}^{\nu} \frac{1}{1 + \exp(-\tilde{\alpha} - \tilde{\beta})} - \sum_{t=\nu+1}^{n} \frac{1}{1 + \exp(-\tilde{\alpha})} = 0 \\ -n_{11} &- \sum_{t=1}^{\nu} \frac{1}{1 + \exp(-\tilde{\alpha} - \tilde{\beta})} = 0\end{aligned} \quad (2-20)$$

2.1 Logit-Modelle für ungeordnete Kategorien

oder

$$\frac{\nu}{1+\exp(-\tilde{\alpha}-\tilde{\beta})} + \frac{n-\nu}{1+\exp(-\tilde{\alpha})} = m \qquad (2-21)$$

$$\frac{\nu}{1+\exp(-\tilde{\alpha}-\tilde{\beta})} = n_{11}$$

Daraus folgt

$$1+\exp(-\tilde{\alpha}) = \frac{n-\nu}{m-n_{11}}$$

oder wegen $n_{10} = m - n_{11}$ und $n - \nu = n_{00} + n_{10}$

$$\exp(-\tilde{\alpha}) = \frac{n_{00}}{n_{10}}$$

d.h.

$$\tilde{\alpha} = \log \frac{n_{10}}{n_{00}} \qquad (2\text{-}22)$$

Ferner wegen (2-21), zweite Gleichung

$$\exp(-\tilde{\beta}) = \frac{\nu - n_{11}}{n_{11}\exp(-\tilde{\alpha})}$$

d.h.

$$\tilde{\beta} = \log\left(\frac{n_{00}\, n_{11}}{n_{10}\, n_{01}}\right) \qquad (2\text{-}23)$$

Für die geschätzten Wahrscheinlichkeiten erhalten wir beispielsweise

$$\tilde{P}(Y=0|x=0) = \frac{1}{1+\exp(\tilde{\alpha})}$$
$$= \frac{n_{00}}{n-\nu} \qquad (2\text{-}24)$$
$$\tilde{P}(Y=0|x=1) = \frac{1}{1+\exp(\tilde{\alpha})\exp(\tilde{\beta})}$$
$$= \frac{n_{01}}{\nu} \qquad (2\text{-}25)$$

Ein Vergleich mit der Vierfeldertafel zeigt, daß die geschätzten Wahrscheinlichkeiten mit den üblichen Formeln für bedingte Wahrscheinlichkeiten in einer Kontingenztabelle identisch sind.

Wir wollen noch eine andere Schätzmethode behandeln, die früher, als Computer-Programme für die Maximum-Likelihood-Schätzung noch nicht zur Verfügung standen, häufig verwendet wurde, weil sie auf der linearen Regressionsanalyse basiert[47]. Durch die sogenannte "Logit-Transformation" erhalten wir aus (2-6) die lineare Beziehung

$$\log\left(\frac{p(x)}{1-p(x)}\right) = \alpha + \beta x \qquad (2-26)$$

zwischen den "Logits" $\log(p/(1-p))$ und x. Unter der Annahme, daß für d verschiedene Regressorwerte jeweils n_s Beobachtungen für Y vorliegen, läßt sich der Beobachtungsbefund wie in Tabelle 2.3 gezeigt darstellen.

		Tabelle 2.3	
s	x_s	n_s	m_s
1	x_1	n_1	m_1
2	x_2	n_2	m_2
⋮	⋮	⋮	⋮
d	x_d	n_d	m_d
		$\sum_{s=1}^{d} n_s = n$	

Dabei gibt n_s die Anzahl der Untersuchungseinheiten an, für die x_s als Wert der erklärenden Variablen x beobachtet wurde. Ferner ist m_s die Anzahl derjenigen Untersuchungseinheiten, für die $y_t = 1$ beobachtet wurde. Eine solche Tabelle würden wir beispielsweise dann erhalten, wenn jeweils n_s Personen gefragt werden, ob sie den Preis x_s für ein bestimmtes Gut akzeptieren würden. Antworten m_s von diesen n_s Personen mit "ja", so gibt m_s/n_s den Anteil der "ja"-Antworten an.

Beobachtungsbefunde wie in Tabelle 2.3 ergeben sich typischerweise in kontrollierten Experimenten, in denen für eine bestimmte Konstellation der Einflußvariablen *mehrere* Beobachtungen der abhängigen Variablen vorliegen. Man vergleiche Tabelle 2.3 mit Tabelle 2.1, in der jede Beobachtung einen *anderen* x-Wert aufweisen kann.

Wenn wir die unbekannten Wahrscheinlichkeiten in (2-26) durch die geschätzten Wahrscheinlichkeiten

$$\hat{p}(x_s) = \frac{m_s}{n_s} \quad . \qquad (2-27)$$

---

[47] Diese Methode wurde ursprünglich von Berkson vorgeschlagen. Siehe Theil (1971), Kap. 12.5 . Eine Verallgemeinerung auf den Fall von mehr als zwei Kategorien für die abhängige Variable ist möglich. Siehe dazu beispielsweise Ronning (1981).

2.1 Logit-Modelle für ungeordnete Kategorien

ersetzen, dann erhalten wir das folgende lineare Regressionsmodell:

$$\log\left(\frac{m_s}{n_s - m_s}\right) = \alpha + \beta x_s + \varepsilon_s \quad , \; s = 1, \ldots, d \quad , \qquad (2-28)$$

wobei

$$\varepsilon_s = \log\left(\frac{m_s}{n_s - m_s}\right) - \log\left(\frac{p(x_s)}{1 - p(x_s)}\right)$$

eine Störvariable ist, deren asymptotische Varianz durch

$$var(\varepsilon_s) = \frac{1}{n_s \, p(x_s)(1 - p(x_s))} \qquad (2-29)$$

gegeben ist, d.h. ε_s ist heteroskedastisch verteilt. Demnach können wir α und β nun mithilfe der linearen Regressionsanalyse unter Beachtung der speziellen Varianzspezifikation (2-29) schätzen. Allerdings zeigen mehrere Untersuchungen[48], daß diese Methode nur bei recht großen n_s ($n_s > 50$) zufriedenstellende Ergebnisse bringt.

2.1.2 Binäres Logit-Modell mit mehreren Einflußvariablen

Bisher haben wir nur eine einzige Einflußgröße zugelassen, die wir mit x bezeichnet haben. Entsprechend der Symbolik im multiplen Regressionsmodell wollen wir jetzt K Einflußvariable zulassen. Wir definieren - entsprechend der Symbolik im vorigen Unterabschnitt -

$$x_t = (1, x_{t2}, x_{t3}, \ldots, x_{tK})'$$
$$\beta = (\beta_1, \beta_2, \beta_3, \ldots, \beta_K)'$$

und schreiben nun für das binäre Logit-Modell[49]

$$p(x_t) = \frac{1}{1 + \exp(-x_t'\beta)} \quad . \qquad (2-30)$$

Für den Vektor der partiellen ersten Ableitungen ergibt sich (Übungsaufgabe)

$$\frac{\partial L}{\partial \beta} = -\sum_{t=1}^{n}\left[(1 - y_t) - \frac{1}{1 + \exp(x_t'\beta)}\right] x_t \qquad (2-31)$$

---

[48]Siehe Ronning (1981) und die dort genannte Literatur.
[49]Geben Sie den Zusammenhang zwischen der latenten Variablen Y^* und der Indikatorvariablen Y an (Übungsaufgabe!) .

und für die Hessesche Matrix erhalten wir wie in Abschnitt 2.1.1

$$H = -\sum_{t=1}^{n} p_t (1 - p_t) x_t x_t'$$
$$= -X' D X \quad , \qquad (2\text{-}32)$$

wobei x_t jetzt ein K-dimensionaler Vektor und X eine $(n \times K)$-Matrix von der Form

$$X = \begin{pmatrix} x_1' \\ x_2' \\ \dots \\ x_n' \end{pmatrix}$$

ist. Ausführungen über Hypothesentests und Gütemaße gelten entsprechend. Insbesondere hat der Likelihood-Quotienten-Test für die Nullhypothese, daß keine der Einflußvariablen relevant ist ($\beta_k = 0$, $k = 2, \ldots, K$), $K - 1$ Freiheitsgrade. Im Fall von $K - 1$ qualitativen Einflußvariablen haben wir es mit einem Datenbefund zu tun, der in einer K-dimensionalen Kontingenztabelle darstellbar ist.

2.1.3 Multinomiales Logit-Modell

Als weitere Verallgemeinerung lassen wir jetzt r verschiedene Werte für die Indikatorvariable Y zu, d.h. es gelte für Y[50]

$$P(Y = i | x_t) = \frac{\exp(x_t' \beta_i)}{\sum_{j=1}^{r} \exp(x_t' \beta_j)} \quad , i = 1, \ldots, r \qquad (2-33)$$

wobei jedes β_j ein K-dimensionaler Vektor ist. Wir schreiben für diese Wahrscheinlichkeiten abkürzend auch p_{it}. In einer Stichprobe mit insgesamt n Beobachtungen ist dann die Anzahl der Beobachtungen in den r verschiedenen Kategorien multinomialverteilt, weshalb man (2-33) auch als *multinomiales* Logit-Modell bezeichnet.

---

[50]Im Gegensatz zur Darstellung des binären Logit-Modells wird im Fall des multinomialen Logit-Modells keine latente Variable Y^* betrachtet. Dies wird in Unterabschnitt 2.6 nachgeholt, in dem das "Discrete-Choice"-Modell behandelt wird. Siehe auch Abschnitt 2.2.3, in dem das multinomiale Probit-Modell besprochen wird. Man beachte, daß $Y \in \{1, 2, 3, \ldots, r\}$ und nicht $Y \in \{0, 1, 2, 3, \ldots, r - 1\}$. Im binären Fall gilt jetzt also $Y \in \{1, 2\}$.

2.1 Logit-Modelle für ungeordnete Kategorien

Allerdings müssen wir für eine eindeutige Parametrisierung den Parametervektoren β_j eine Restriktion auferlegen[51]. Üblicherweise wählt man

$$\beta_r = 0 \qquad (2-34)$$

und erhält dann die Formulierung[52]

$$\begin{aligned} P(Y = i \mid x_t) &= \frac{\exp(x_t'\beta_i)}{1 + \sum_{j=1}^{r-1} \exp(x_t'\beta_j)} \quad, i = 1,\ldots,r-1 \\ P(Y = r \mid x_t) &= \frac{1}{1 + \sum_{j=1}^{r-1} \exp(x_t'\beta_j)} \quad, \end{aligned} \qquad (2-35)$$

wobei die Wahrscheinlichkeit für Kategorie r durch die übrigen $r-1$ Wahrscheinlichkeiten impliziert ist.

Wir wollen die unbekannten Parametervektoren β_j , $j = 1,\ldots,r-1$ schätzen. Unser Datenbefund für die Zufallsvariablen Y_t und die Einflußgrößen x_t ist in Tabelle 2.4 dargestellt.

Tabelle 2.4					
t	1	2	3	$\cdots$	n
y_{1t}	y_{11}	y_{12}	y_{13}	$\cdots$	y_{1n}
y_{2t}	y_{21}	y_{22}	y_{23}	$\cdots$	y_{2n}
$\vdots$	$\vdots$	$\vdots$	$\vdots$	$\vdots$	$\vdots$
y_{rt}	y_{r1}	y_{r2}	y_{r3}	$\cdots$	y_{rn}
x_{t1}	1	1	1	$\cdots$	1
x_{t2}	x_{12}	x_{22}	x_{32}	$\cdots$	x_{n2}
x_{t3}	x_{13}	x_{23}	x_{33}	$\cdots$	x_{n3}
$\vdots$	$\vdots$	$\vdots$	$\vdots$	$\vdots$	$\vdots$
x_{tK}	x_{1K}	x_{2K}	x_{3K}	$\cdots$	x_{nK}

Dabei besitzt y_{jt} den Wert 1, wenn für die t-Beobachtung die Kategorie j beobachtet wird und Null sonst, d.h. für jedes t hat genau ein y_{jt} den Wert 1 und alle anderen y_{jt} haben den Wert 0. Somit gilt $\sum_{j=1}^{r} y_{jt} = 1$ für alle t. Als Likelihoodfunktion ergibt sich

$$\mathcal{L} = \prod_{j=1}^{r} \prod_{t=1}^{n} p_{jt}^{y_{jt}} \qquad (2-36)$$

---

[51] Warum? Siehe die Übungsaufgaben für Ergänzungen!
[52] Für $r = 2$ erhalten wir wieder das binäre Logit-Modell.

mit p_{jt} aus (2-35), und für die Loglikelihoodfunktion schreiben wir

$$L = \sum_{j=1}^{r} \sum_{t=1}^{n} y_{jt} \log p_{jt} \quad . \qquad (2-37)$$

Weil für die Ableitungen bezüglich des Vektors β_i gilt:

$$\frac{\partial p_{it}}{\partial \beta_i} = \frac{\exp(x_t' \beta_i)\left[1 + \sum_{j \neq r} \exp(x_t' \beta_j)\right] - [\exp(x_t' \beta_i)]^2}{\left[1 + \sum_{j \neq r} \exp(x_t' \beta_j)\right]^2} x_t$$

$$= p_{it}(1 - p_{it}) x_t$$

$$\frac{\partial p_{it}}{\partial \beta_k} = -p_{it} p_{kt} x_t \quad , i \neq k \quad ,$$

erhalten wir für den Vektor der partiellen ersten Ableitungen der Loglikelihoodfunktion bezüglich des Parametervektors β_i

$$\frac{\partial L}{\partial \beta_i} = \sum_{t=1}^{n} \left[\frac{y_{it}}{p_{it}} p_{it}(1 - p_{it}) + \sum_{j \neq i} \frac{y_{jt}}{p_{jt}} (-p_{it} p_{jt}) \right] x_t$$

$$= \sum_{t=1}^{n} \left[y_{it} - p_{it} \sum_{j=1}^{r} y_{jt} \right] x_t$$

$$= \sum_{t=1}^{n} (y_{it} - p_{it}) x_t \qquad (2-38)$$

da $\sum_{j=1}^{r} y_{jt} = 1$ ist. Ferner ergeben sich für die Hessesche Matrix folgende Ausdrücke (Übungsaufgabe):

$$\frac{\partial^2 L}{\partial \beta_i \partial \beta_i'} = -\sum_{t=1}^{n} p_{it}(1 - p_{it}) x_t x_t'$$

$$\frac{\partial^2 L}{\partial \beta_i \partial \beta_k'} = \sum_{t=1}^{n} (p_{it} p_{kt}) x_t x_t' \quad , i \neq k \qquad (2-39)$$

mit $i, k = 1, \ldots, r - 1$. Um die Hessesche Matrix kompakt zu schreiben, führen wir folgende Ausdrücke ein:

$$D_t = \begin{pmatrix} p_{1t} & & & \bigcirc \\ & p_{2t} & & \\ & & \ddots & \\ \bigcirc & & & p_{r-1,t} \end{pmatrix} \qquad d_t = \begin{pmatrix} p_{1t} \\ p_{2t} \\ \vdots \\ p_{r-1,t} \end{pmatrix}$$

2.1 Logit-Modelle für ungeordnete Kategorien

Dann erhalten wir

$$D_t - d_t d_t' = \begin{pmatrix} p_{1t}(1-p_{1t}) & -p_{1t}p_{2t} & \cdots & \cdots \\ -p_{1t}p_{2t} & p_{2t}(1-p_{2t}) & \cdots & \cdots \\ \vdots & \vdots & \ddots & \\ \vdots & \vdots & & p_{r-1,t}(1-p_{r-1,t}) \end{pmatrix}$$

Demnach können wir für H schreiben:

$$H = -\sum_{t=1}^{n} (D_t - d_t d_t') \otimes x_t x_t' \qquad (2-40)$$

wobei das Symbol $\otimes$ das Kroneckerprodukt[53] bezeichnet. Wir wollen zeigen, daß diese Matrix negativ definit ist. Als erstes zeigen wir, daß $D_t - d_t d_t'$ positiv definit ist. Dazu betrachten wir die Inverse:

$$(D_t - d_t d_t')^{-1} = D_t^{-1} + \frac{1}{p_{rt}} E \qquad (2-41)$$

wobei E eine Matrix ist, die aus Einsen besteht. (Siehe Graybill (1983) oder Anhang D). Weil die rechte Seite die Summe einer positiv definiten und einer positiv semidefiniten Matrix ist, ist die Inverse - und damit die Matrix selbst[54] - positiv definit. Siehe Anhang D.2 . Deshalb existiert ein $\gamma > 0$ derart[55], daß für den minimalen Eigenwert $\lambda_{min}(D_t - d_t d_t') > \gamma$ gilt. Dann läßt sich die Matrix H wie folgt schreiben:

$$\begin{aligned} H &= -\sum_{t=1}^{n} [\gamma I + (D_t - d_t d_t' - \gamma I)] \otimes x_t x_t' \\ &= -\gamma I \otimes X'X - \sum_{t=1}^{n} (D_t - d_t d_t' - \gamma I) \otimes x_t x_t' \end{aligned} \qquad (2\text{-}42)$$

wobei wir ausgenutzt haben, daß

$$\sum_{t=1}^{n} x_t x_t' = X'X$$

gilt. Weil H nun als Summe von zwei negativ semidefiniten Matrizen dargestellt ist und der erste Summand negativ definit ist, sofern X vollen Spaltenrang hat, ist H

---

[53] Siehe z.B. Graybill (1983), Kap. 8.8 .
[54] Wenn die Matrix A die Eigenwerte $\lambda_i(A)$ besitzt, dann hat A^{-1} die Eigenwerte $1/\lambda_i(A)$. Für eine positiv definite Matrix A gilt $\lambda_i(A) > 0$. Daraus folgt, daß auch A^{-1} positiv definit ist.
[55] Ein exakter Beweis, der nachweist, daß ein $\gamma > 0$ stets existiert, findet sich bei Dhrymes (1978).

stets negativ definit, wenn X vollen Rang hat. Siehe wiederum Anhang D.2 .

Für Hypothesentests gelten dieselben Ausführungen wie im binären Modell. Allerdings ist im multinomialen Logit-Modell bei der Interpretation der Parameter folgendes zu beachten:

a) Unter verschiedenen Normierungen der β_j ergeben sich unterschiedliche Parameter- bzw. Schätzwerte. Siehe dazu beispielsweise Ronning (1981).

b) Die Notwendigkeit der Normierung weist darauf hin, daß die absolute Größe der Parameterwerte keine inhaltliche Bedeutung hat. Vielmehr sind nur die Differenzen $\beta_i - \beta_j$ von Bedeutung. Aus der allgemeinen Formulierung (2-33) erhalten wir nach "Logit-Transformation"[56]

$$\log\left(\frac{p_{jt}}{p_{rt}}\right) = x_t'(\beta_j - \beta_r)$$

während sich unter Normierung (2-34)

$$\log\left(\frac{p_{jt}}{p_{rt}}\right) = x_t'\beta_j$$

ergibt. β_j ist also relativ zu $\beta_r = 0$ zu interpretieren.

c) Eine Interpretation der Parameter wird durch die Darstellung des Ausmaßes der Reaktion von p_j auf die Veränderung einer bestimmten Einflußgröße erleichtert. Es gilt (siehe (2-35)) für $k = 1, \ldots, K$

$$\begin{aligned}
\frac{\partial p_{it}}{\partial x_{tk}} &= \frac{\exp(x_t'\beta_i)\left[1 + \sum_{j \neq r} \exp(x_t'\beta_j)\right]\beta_{ki} - \exp(x_t'\beta_i)\sum_{j \neq r} \exp(x_t'\beta_j)\beta_{kj}}{\left[1 + \sum_{j \neq r} \exp(x_t'\beta_j)\right]^2} \\
&= \beta_{ki}\,p_{it} - p_{it}\sum_{j \neq r}\beta_{kj}\,p_{jt} \\
&= p_{it}\left(\beta_{ki} - \sum_{j \neq r}\beta_{kj}\,p_{jt}\right) \quad , i = 1, \ldots, r-1
\end{aligned} \qquad (2\text{-}43)$$

$$\frac{\partial p_{rt}}{\partial x_{tk}} = -\frac{\sum_{j \neq r}\exp(x_t'\beta_j)\beta_{kj}}{\left[1 + \sum_{j \neq r}\exp(x_t'\beta_j)\right]^2}$$

---

[56] Siehe Abschnitt 2.1 .

2.1 Logit-Modelle für ungeordnete Kategorien

$$= -p_{rt} \sum_{j \neq r} \beta_{kj}\, p_{jt} \qquad (2\text{-}44)$$

Alternativ könnte man die *Wahrscheinlichkeitselastizitäten* betrachten:

$$\frac{\partial \log p_{it}}{\partial \log x_{tk}} = \frac{\partial p_{it}}{\partial x_{tk}} \frac{x_{tk}}{p_{it}} = \left(\beta_{ki} - \sum_{j \neq r} \beta_{kj}\, p_{jt} \right) x_{tk} \qquad (2-45)$$

Üblicherweise wird man diese Größen am arithmetischen Mittel von x_t berechnen.

Bei der Maximum-Likelihood-Schätzung der β_j ist zu beachten, daß diese Schätzung für bestimmte Datenbefunde *nicht* zu *existieren* braucht. Dazu betrachten wir den Datenbefund in Tabelle 2.5 mit $r = 3$ Kategorien und $K = 2$ Einflußvariablen (inklusive Absolutglied):

	Tabelle 2.5									
t	1	2	3	4	5	6	7	8	9	10
y_{1t}	1	1	1	1	0	0	0	0	0	0
y_{2t}	0	0	0	0	0	1	1	0	1	0
y_{3t}	0	0	0	0	1	0	0	1	0	1
x_{t1}	1	1	1	1	1	1	1	1	1	1
x_{t2}	0	0	0	0	1	1	1	1	1	1

Aus der Tabelle 2.5 erkennt man, daß die Ausprägung $x_{t2} = 0$ eineindeutig mit der Wahl der Kategorie 1 verknüpft ist, d.h., wenn $x_{t2} = 0$ gilt, weiß man mit Sicherheit (Wahrscheinlichkeit 1), daß die Kategorie 1 gewählt wurde. Das Modell (2-33) läßt jedoch nur Wahrscheinlichkeiten kleiner 1 zu, solange nicht der Parametervektor β_j in (2-35) gegen Unendlich (minus Unendlich) geht. Die ML-Methode versucht genau dies zu beschreiben, scheitert dabei aber an der Nichtdarstellbarkeit unendlich großer Zahlen. Insofern ist Nicht-Konvergenz, etwa beim Newton-Raphson-Verfahren, im multinomialen Logit-Modell stets als Zeichen für ein schlechtes "Design" anzusehen. Alternativ sollte man untersuchen, ob nicht inhaltliche Gründe dafür maßgeblich sind, daß - in unserem Beispiel - $x_{t2} = 0$ stets auf die Kategorie 1 führt. Zwei *Übungsaufgaben* beschäftigen sich mit der Analyse des obigen Datenbefundes (Berechnung mittels Computerprogramm, Analyse der Bedingungen 1.Ordnung). Man beachte, daß auch bei *stetigen* Einflußvariablen diese Nichtexistenz vorkommen kann, beispielsweise im binären Logit-Modell dann, wenn alle Untersuchungseinheiten mit $x_{t2} < x_t^*$ mit "0" antworten und alle Untersuchungseinheiten mit $x_{t2} > x_t^*$ mit "1" antworten. (Probieren Sie das am Computer aus!)

2.2 Probit-Modelle für ungeordnete Kategorien

Da Logit- und Probit-Modell sich nur in der Verteilungsform unterscheiden, können wir auf viele Ergebnisse aus Abschnitt 2.1 zurückgreifen. Deshalb werden an diesem Unterabschnitt nur Ergebnisse präsentiert, die sich von denen für die Logit-Analyse unterscheiden.

2.2.1 Binäres Probit-Modell

Gegeben sei eine latente Variable Y^*, die normalverteilt ist mit Erwartungswert μ und Varianz σ^2. (Dafür schreiben wir auch abkürzend $Y^* \sim N(\mu, \sigma^2)$.) Für μ gelte wiederum die lineare Beziehung (2-1). Dann erhalten wir

$$P(Y^* \leq c) = \int_{-\infty}^{c} \frac{1}{\sigma \sqrt{2\pi}} \exp\left(-\frac{1}{2\sigma^2}(y^* - \alpha - \beta x)^2\right) dy^*$$

$$= \Phi\left(\frac{c - \alpha - \beta x}{\sigma}\right) \qquad (2\text{-}46)$$

wobei Φ die Verteilungsfunktion der Standard-Normalverteilung bezeichnet. Wiederum müssen wir eine Normierung entsprechend (2-5) beachten. An die Stelle von $\tau = 1$ tritt jetzt $\sigma = 1$, ferner gilt wieder $c = 0$. Dann erhalten wir unter Beachtung von (2-4) das *binäre Probit-Modell*

$$p(x_t) = \Phi(\alpha + \beta x_t) \quad , \qquad (2-47)$$

das der Formel (2-6) für das binäre Logit-Modell entspricht. Für die Likelihoodfunktion ergibt sich

$$\mathcal{L} = \prod_{t=1}^{n} \Phi(\alpha + \beta x_t)^{y_t} [1 - \Phi(\alpha + \beta x_t)]^{1-y_t} \qquad (2-48)$$

2.2 Probit-Modelle für ungeordnete Kategorien

und für die logarithmierte Likelihoodfunktion

$$L = \sum_{t=1}^{n} \left[y_t \log \Phi_t + (1 - y_t) \log (1 - \Phi_t) \right], \qquad (2-49)$$

wobei $\Phi_t \equiv \Phi(\alpha + \beta x_t)$.

Für die ersten partiellen Ableitungen erhalten wir wegen $\partial \Phi_t / \partial \alpha = \varphi_t$

$$\begin{aligned}
\frac{\partial L}{\partial \alpha} &= \sum_t \left[\frac{y_t}{\Phi_t} \varphi_t - \frac{1 - y_t}{1 - \Phi_t} \varphi_t \right] \\
&= \sum_t \frac{y_t \varphi_t (1 - \Phi_t) - (1 - y_t) \varphi_t \Phi_t}{\Phi_t (1 - \Phi_t)} \\
&= \sum_t \frac{y_t - \Phi_t}{\Phi_t (1 - \Phi_t)} \varphi_t \qquad (2\text{-}50)
\end{aligned}$$

und entsprechend

$$\frac{\partial L}{\partial \beta} = \sum_t \frac{y_t - \Phi_t}{\Phi_t (1 - \Phi_t)} \varphi_t x_t \quad , \qquad (2\text{-}51)$$

wobei $\varphi_t \equiv \varphi(\alpha + \beta x_t)$.

Für die zweiten Ableitungen bezüglich α ergibt sich

$$\begin{aligned}
\frac{\partial^2 L}{\partial \alpha^2} &= \sum_t \left[\frac{\partial}{\partial \alpha} \frac{y_t - \Phi_t}{\Phi_t (1 - \Phi_t)} \right] \varphi_t + \sum_t \frac{y_t - \Phi_t}{\Phi_t (1 - \Phi_t)} \left[\frac{\partial}{\partial \alpha} \varphi_t \right] \\
&= \sum_t \frac{-\varphi_t \Phi_t (1 - \Phi_t) - (y_t - \Phi_t)(\varphi_t - 2\varphi_t \Phi_t)}{[\Phi_t (1 - \Phi_t)]^2} \varphi_t \\
&\quad - \sum_t \frac{y_t - \Phi_t}{\Phi_t (1 - \Phi_t)} (\alpha + \beta x_t) \varphi_t \\
&= -\sum_t \frac{(y_t - 2 y_t \Phi_t + \Phi_t^2) \varphi_t + (y_t - \Phi_t) \Phi_t (1 - \Phi_t) z_t}{[\Phi_t (1 - \Phi_t)]^2} \varphi_t \\
&= -\sum_t \frac{g_t \varphi_t}{[\Phi_t (1 - \Phi_t)]^2} \quad , \qquad (2\text{-}52)
\end{aligned}$$

wobei

$$g_t = (y_t - 2 y_t \Phi_t + \Phi_t^2) \varphi_t + (y_t - \Phi_t) \Phi_t (1 - \Phi_t) z_t$$

mit $z_t = (\alpha + \beta\, x_t)$. Entsprechend erhalten wir

$$\frac{\partial^2 L}{\partial \beta^2} = -\sum_t \frac{g_t\, \varphi_t}{[\Phi_t\,(1-\Phi_t)]^2}\, x_t^2$$

$$\frac{\partial^2 L}{\partial \alpha\, \partial \beta} = -\sum_t \frac{g_t\, \varphi_t}{[\Phi_t\,(1-\Phi_t)]^2}\, x_t \quad . \tag{2-53}$$

Für die Hessesche Matrix können wir demnach unter Bezug auf den im Abschnitt 2.1.2 definierten Vektor x_t schreiben:

$$H = -\sum_{t=1}^{n} \frac{g_t\, \varphi_t}{[\Phi_t\,(1-\Phi_t)]^2}\, x_t\, x_t' \tag{2-54}$$

Dies entspricht (2-32) im binären Logit-Modell, allerdings mit dem wesentlichen *Unterschied*, daß diese Hessesche Matrix die Variablen y_t (in der Funktion g_t) enthält. Weil $E(Y_t) = P(Y=1) = \Phi_t$ und demnach

$$E(g_t) = \left(\Phi_t - 2\,\Phi_t^2 + \Phi_t^2\right)\varphi_t$$

gilt, erhalten wir

$$E(H) = -\sum_t \frac{\varphi_t^2}{\Phi_t\,(1-\Phi_t)}\, x_t\, x_t' \quad . \tag{2-55}$$

Demnach ist $E(H)$ stets dann negativ definit, wenn X vollen Spaltenrang hat (siehe Abschnitt 2.1.1). Wie aber steht es mit H selbst? Für die negative Definitheit von H ist hinreichend, daß X vollen Spaltenrang hat und $g_t > 0$ für alle t gilt[57]. Um letzteres zu beweisen, betrachten wir g_t für $y_t = 1$ und $y_t = 0$. Für $y_t = 1$ erhalten wir

$$\begin{aligned} g_t(1) &= \left(1 - 2\,\Phi_t + \Phi_t^2\right)\varphi_t + (1-\Phi_t)\,\Phi_t\,(1-\Phi_t)\, z_t \\ &= (1-\Phi_t)^2\,(\varphi_t + \Phi_t\, z_t) \end{aligned} \tag{2-56}$$

Für $z_t \geq 0$ ist $g_t(1) > 0$. Für $z_t < 0$ haben wir zu zeigen, daß[58]

$$\varphi(x) + x\,\Phi(x) > 0 \quad \text{für } x < 0 \tag{2-57}$$

---

[57] X hat genau dann vollen Spaltenrang, wenn $X'X = \sum_t x_t\, x_t'$ vollen Rang besitzt. Diese Eigenschaft bleibt bestehen, wenn wir ein beliebiges positives Vielfaches der Vektoren x_t betrachten.

[58] Alternativer Beweis bei Amemiya (1985, S. 274). Siehe auch die Übungsaufgaben.

2.2 Probit-Modelle für ungeordnete Kategorien

oder mit $c \equiv -x > 0$

$$\frac{\varphi(c)}{1 - \Phi(c)} > c \quad , \quad c > 0$$

gilt. (Beachte: $\varphi(-c) = \varphi(c)$ und $\Phi(-c) = 1 - \Phi(c)$.) Daß diese Ungleichung gilt, folgt nun aber aus (1-10). (Warum? Übungsaufgabe!). Für $y_t = 0$ erhalten wir

$$\begin{aligned} g_t(0) &= \Phi_t^2 \varphi_t - \Phi_t^2 (1 - \Phi_t) z_t \\ &= \Phi_t^2 (\varphi_t - (1 - \Phi_t) z_t) \\ &> 0 \end{aligned} \tag{2-58}$$

was wiederum aus (1-10) folgt. Damit ist $g_t > 0$ bewiesen und gleichzeitig für vollen Spaltenrang von X gezeigt, daß H in (2-54) stets negativ definit ist. Wenn man im Newton-Raphson-Algorithmus anstelle von H die Matrix $E(H)$ verwendet, dann spricht man von der *Scoring-Methode*[59]. Die Unterschiede bezüglich der Schätzwerte zwischen den Methoden verdeutlicht das Beispiel im folgenden Unterabschnitt. Zusätzlich sind die Ergebnisse für das binäre Logit-Modell angegeben, für das $E(H) = H$ gilt. Bezüglich der Testverfahren im binären Probit-Modell gelten Ausführungen, die denen aus Abschnitt 2.1.1 für das binäre Logit-Modell entsprechen. Insbesondere gilt: Für die geschätzten Wahrscheinlichkeiten erhalten wir im Probit-Modell

$$\tilde{p}_t = \Phi(\tilde{\alpha} + \tilde{\beta} x_t) \quad . \tag{2-59}$$

Im Fall einer dichotomen Einflußgröße (siehe Datenbefund in Tabelle 2.2) ergibt sich als ML-Schätzung für die Wahrscheinlichkeiten[60]

$$\begin{aligned} \tilde{P}(y = 1 \mid x = 1) &= n_{11}/\nu \\ \tilde{P}(y = 1 \mid x = 0) &= n_{10}/(n - \nu) \end{aligned} \tag{2-60}$$

Dies entspricht den Schätzern aus dem Logit-Modell. Da sich für das binäre Probit-Modell mit *beliebig vielen Einflußgrößen* keine wesentlichen Veränderungen ergeben (siehe entsprechende Ausführungen für das Logit-Modell im Abschnitt 2.1.2), werden wir darauf hier nicht weiter eingehen.

---
[59] Siehe Abschnitt 1.3.3.
[60] Beweis als Übungsaufgabe.

2.2.2 Ein Beispiel (Vergleich von Probit- und Logit-Modell)

Für identischen Datensatz sollen drei verschiedene Schätzmethoden miteinander verglichen werden[61]:

a) Binäres Probit-Modell mit exakter Hessescher Matrix

b) Binäres Probit-Modell mit der Informationsmatrix (Scoringmethode) und

c) Binäres Logit-Modell.

Allen drei Methoden liegt der Newton-Raphson-Algorithmus zugrunde. Die verwendeten Daten stammen aus einer zweidimensionalen Standardnormalverteilung für die beiden Zufallsvariablen y_t^* und x_t mit Korrelationsparameter $\varrho = 0.7$. Dies entspricht dem linearen Regressionsmodell (siehe z.B. Mood u.a., 1974, S. 167)[62]

$$y_t^* = \alpha + \beta\, x_t + \varepsilon_t$$

mit $\alpha = 0$, $\beta = \varrho$ und $Var(\varepsilon_t) = 1 - \varrho^2$. Wenn wir das Modell so reparametrisieren bzw. normalisieren, daß die Restvarianz gleich Eins ist, dann erhalten wir anstelle von α und β die normierten Parameter

$$\alpha^\circ = 0/\sqrt{1-\varrho^2} = 0$$
$$\beta^\circ = \varrho/\sqrt{1-\varrho^2} = 0.9802$$

Dies sind die in der Probit- und Logit-Analyse zu schätzenden Parameter. Für $n = 20$ Beobachtungen erhalten wir aus einer Simulation die Werte in Tabelle 2.6 . Für die y^*-Werte bestimmen wir die "beobachtbaren" Werte der dichotomen Indikatorvariablen Y mit $c = 0$. Beispielsweise erhalten wir für die ersten vier Beobachtungen 0, 0, 1, 0. Vergleiche dazu (2-4). Für alle drei Schätzmethoden benutzen wir für beide Parameter den Startwert Null. Wir erhalten dann aus den einzelnen Iterationen die Werte in Tabelle 2.7. Während die beiden Probit-Methoden recht nahe bei den "wahren Pa-

---
[61] Für die Simulationen und Schätzverfahren wurde ein eigenes GAUSS-Programm verwendet.
[62] Anhang A.13 behandelt die wichtigsten Eigenschaften einer zweidimensionalen Normalverteilung und beschreibt die Erzeugung entsprechender Zufallszahlen.

2.2 Probit-Modelle für ungeordnete Kategorien

Tabelle 2.6

y^*	x	y
−0.0861	−0.5037	0
−0.4374	−1.1799	0
0.5332	1.3438	1
−0.3585	1.2427	0
0.6747	0.3158	1
−0.4573	0.0159	0
1.0890	1.3407	1
1.2539	0.9072	1
0.5257	1.1798	1
0.0964	−0.7505	1
−1.1265	−0.2240	0
1.1953	0.7983	1
−0.7015	−1.2060	0
0.3290	0.0270	1
1.2260	2.0530	1
0.4415	−0.6023	1
0.9267	0.8065	1
−0.8118	−0.1627	0
0.1050	−0.9812	1
−0.3470	0.6382	0

rametern" 0 und 0.9802 liegen, erhalten wir für die Logit-Schätzung deutlich höhere Werte. Hier ist nun zu beachten, daß die Logistische Verteilung die Varianz $\pi^2/3$ hat, d.h. die gewonnenen Schätzwerte müsssen mit dem Faktor $1/\sqrt{\pi^2/3} = 0.5513$ multipliziert werden[63]. Dann ergeben sich als Schätzwerte für $\alpha° = 0.0870$ und für $\beta° = 1.2803$. Wenn man für die Umrechnung statt dessen den von Amemiya (1981 S. 1487) vorgeschlagenen Faktor von 0.625 verwendet, so erhalten wir die Werte 0.0986 und 1.4514, die mit den Ergebnissen der beiden Probit-Schätzungen fast identisch sind. Abschließend geben wir in Tabelle 2.8 die Schätzwerte samt den (asymptotischen) Standardabweichungen und t-Werten noch einmal gemeinsam an, wobei für die Logit-Schätzung (Schätzwert und Standardabweichung) zusätzlich (in Klammern) die Ergebnisse bei Umrechnung mit dem Faktor 0.625 angegeben werden. Die "Standardabweichungen" sind jeweils die Wurzeln der Diagonalelemente der Matrix $-H^{-1}$ bzw. $(E(-H))^{-1}$ aus der letzten Iteration.

---

[63]Siehe auch die Fußnote zu (2-2) in Abschnitt 2.1.1. Im übrigen hat die unterschiedliche Form von logistischer und Normalverteilung einen gewissen Einfluß auf die unterschiedlichen Schätzwerte.

Tabelle 2.7		
a) Binäres Probit mit exakter Hesse-Matrix		
Iteration	α°	β°	Likelihoodfunktion
1	0.041871039	1.025851114	−9.571539205
2	0.087230702	1.376289640	−9.270347532
3	0.098521011	1.443052050	−9.262622406
4	0.098946829	1.445414466	−9.262613444
5	0.098947360	1.445417362	−9.262613444
6	0.098947360	1.445417362	−9.262613444
b) Binäres Probit mit Informationsmatrix			
Iteration	α°	β°	Likelihoodfunktion
1	0.041871039	1.025851114	−9.571539205
2	0.081058298	1.333104388	−9.283091201
3	0.096367699	1.427804279	−9.263094225
4	0.098708122	1.443519150	−9.262618886
5	0.098924053	1.445231188	−9.262613496
6	0.098945102	1.445399283	−9.262613445
7	0.098947141	1.445415609	−9.262613444
8	0.098947339	1.445417192	−9.262613444
9	0.098947358	1.445417346	−9.262613444
c) Binäres Logit-Modell			
Iteration	α°	β°	Likelihoodfunktion
1	0.066816511	1.637021531	−9.679612599
2	0.135184322	2.185266826	−9.404936971
3	0.156580841	2.315798327	−9.394649464
4	0.157782741	2.322282179	−9.394626445
5	0.157785782	2.322297527	−9.394626445
6	0.157785782	2.322297527	−9.394626445

Tabelle 2.8		
a) Probit-Schätzung mit Hessematrix		
	α°	β°
Schätzwert	0.09894736	1.44541736
Standardabweichung	0.33547398	0.59922228
asymptotischer t-Wert	0.29494794	2.41215557
b) Probit-Schätzung mit Informations-Matrix		
	α°	β°
Schätzwert	0.09894736	1.44541735
Standardabweichung	0.33828963	0.57228755
asymptotischer t-Wert	0.29249303	2.52568374
c) Logit-Schätzung		
	α°	β°
Schätzwert	0.15778578 (0.098616)	2.32229753 (1.451436)
Standardabweichung	0.57306729 (0.358167)	1.02985189 (0.643658)
asymptotischer t-Wert	0.27533552	2.25498205

2.2 Probit-Modelle für ungeordnete Kategorien

2.2.3 Multinomiales Probit-Modell

Entsprechend dem multinomialen Logit-Modell in Abschnitt 2.1.3 wollen wir nun wieder annehmen, daß für die beobachtete qualitative Variable Y mehr als zwei verschiedene (ungeordnete) Kategorien beobachtet werden können, d.h. daß das Ereignis

$$\{Y = i\}$$

für $i \in \{1, 2, \ldots, r\}$ eintritt. Um die Wahrscheinlichkeit für dieses Ereignis zu bestimmen, betrachten wir r latente Variable U_i, die gemeinsam unabhängig normalverteilt sind, und nehmen an, daß Kategorie i dann beobachtet wird, wenn U_i größer ist als alle anderen U_j, $j \neq i$.[64] Man kann sich U als einen Nutzenindex oder auch als Attraktionsmaß vorstellen. Dann besagt unsere Annahme, daß die Kategorie i genau dann beobachtet wird, wenn der Indikator für diese Kategorie den größten Wert annimmt. Formelmäßig erhalten wir

$$P(Y = i) = P(U_i > U_j, j \neq i, j = 1, \ldots, r) \quad . \qquad (2-61)$$

Wir müssen also die Wahrscheinlichkeit auf der rechten Seite von (2-61) bestimmen. Es ist hilfreich, zuerst einmal den Fall von $r = 2$ Kategorien zu betrachten und eine neue latente Variable

$$Y^* = U_1 - U_2$$

einzuführen. Wir sehen sofort, daß $Y^* > 0$ genau dann gilt, wenn $U_1 > U_2$ gilt. Außerdem gilt, falls $U_i \sim N(\mu_i, \sigma^2)$ - verteilt ist, für die latente Variable Y^*:

$$Y^* \sim N(\mu_1 - \mu_2, 2\sigma^2) \quad .$$

Spezifizieren wir ferner in Anlehnung an (2-1) für die Mittelwerte

$$\mu_i = \alpha_i + \beta_i x \quad ,$$

---

[64]Dieser Ansatz wird in Abschnitt 2.6 (Discrete Choice-Modelle) für den Fall des Logit-Modells untersucht.

dann erhalten wir

$$\begin{aligned} P(Y=1) &= P(U_1 > U_2) \\ &= P(Y^* > 0) \\ &= 1 - \Phi\left(-\frac{(\alpha_1 - \alpha_2) + (\beta_1 - \beta_2)x}{\sqrt{2\sigma^2}}\right) \\ &= \Phi\left(\frac{(\alpha_1 - \alpha_2) + (\beta_1 - \beta_2)x}{\sqrt{2\sigma^2}}\right) \end{aligned} \qquad (2\text{-}62)$$

Diese Formel zeigt uns zweierlei:

a) In der Struktur entspricht sie der Formel (2-46) für das binäre Probit-Modell (mit $c = 0$).

b) In der jetzigen Formulierung müssen zwecks eindeutiger Parametrisierung nicht nur die Varianz von Y^*, sondern auch die α's und β's restringiert werden! Wir verwenden als Normierung

$$2\sigma^2 = 1$$

sowie

$$\alpha_2 = \beta_2 = 0 \ .$$

Wir wollen nun eine Schreibweise für die Auswahlwahrscheinlichkeiten einführen, die sich auch auf den Fall von mehr als zwei Kategorien verallgemeinern läßt. Es gilt

$$\begin{aligned} P(U_1 > U_2) = P(U_2 < U_1) &= \int_{-\infty}^{\infty} P(U_2 < u_1 | U_1 = u_1) f(u_1) \, du_1 \\ &= \int_{-\infty}^{\infty} \left[\int_{-\infty}^{u_1} f(u_2 | u_1) \, du_2\right] f(u_1) \, du_1 \\ &= \int_{-\infty}^{\infty} \left[\int_{-\infty}^{u_1} f(u_1, u_2) \, du_2\right] du_1 \qquad (2\text{-}63) \end{aligned}$$

wobei $f(u_1, u_2)$ die gemeinsame Dichte von U_1 und U_2 und $f(u_2 | u_1)$ die bedingte Dichte von U_2 gegeben U_1 angibt[65]. Geometrisch ergibt sich diese Wahrscheinlichkeit als das Volumen unter der bivariaten Normalverteilung, die längs der 45°-Linie in

---

[65]Siehe auch Übungsaufgaben für äquivalentes Ergebnis im Fall von diskreten Zuallsvariablen. Siehe auch den Abschnitt Rangstatistiken in beliebigen Statistikbüchern. Es geht hier um den Spezialfall, in dem nur das Maximum aller Zufallsvariablen betrachtet wird.

2.2 Probit-Modelle für ungeordnete Kategorien

zwei Hälften getrennt ist. Abbildung 2/1 zeigt aus Darstellungsgründen die Komplementärwahrscheinlichkeit, also $P(U_1 < U_2)$. Wir haben weiter oben gesehen,

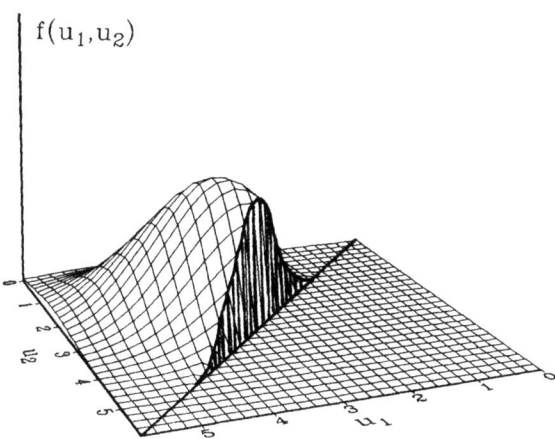

Abbildung 2/1

daß man statt der zwei Variablen U_1 und U_2 auch deren Differenz $Y^* = U_1 - U_2$ betrachten kann. Dies führt dazu, daß man das zweidimensionale Integral (2-63) in ein eindimensionales überführen kann:

$$P(U_1 > U_2) = P(U_1 - U_2 > 0)$$
$$= \int_0^\infty g(y^*) \, dy^* \qquad (2\text{-}64)$$

wobei g die Dichte von Y^* ist.

Wenden wir uns nun dem Fall von $r = 3$ Kategorien zu und betrachten dort die Wahrscheinlichkeit für $Y = 1$, d.h. die Auswahl der ersten Kategorie. Diese Kategorie wird dann ausgewählt, wenn U_1 größer als U_2 und U_3 ist. Demnach erhalten wir

$$P(Y = 1) = P(U_1 > U_2, U_1 > U_3)$$
$$= P(U_2 < U_1, U_3 < U_1)$$

$$
\begin{aligned}
&= \int_{-\infty}^{\infty} P(U_2 < u_1, U_3 < u_1 | U_1 = u_1) f(u_1) \, du_1 \\
&= \int_{-\infty}^{\infty} \left[\int_{-\infty}^{u_1} \int_{-\infty}^{u_1} f(u_2, u_3 | u_1) \, du_3 \, du_2 \right] f(u_1) \, du_1 \\
&= \int_{-\infty}^{\infty} \int_{-\infty}^{u_1} \int_{-\infty}^{u_1} f(u_1, u_2, u_3) \, du_3 \, du_2 \, du_1 \quad (2\text{-}65)
\end{aligned}
$$

Die Berechnung dieser Wahrscheinlichkeit bedeutet also die Bestimmung eines dreidimensionalen Integrals, was bedeutende numerische Probleme aufwirft. Ebenso wie im Fall $r = 2$ können wir jedoch auch hier die Dimension reduzieren: Wir definieren

$$
\begin{aligned}
Y_{12}^* &= U_1 - U_2 \\
Y_{13}^* &= U_1 - U_3
\end{aligned}
$$

und schreiben

$$
\begin{aligned}
P(U_1 > U_2, U_1 > U_3) &= P(Y_{12}^* > 0, Y_{13}^* > 0) \\
&= \int_0^{\infty} \int_0^{\infty} g(y_{12}^*, y_{13}^*) \, dy_{12}^* \, dy_{13}^* \quad (2\text{-}66)
\end{aligned}
$$

wobei g die gemeinsame Dichtefunktion der gemeinsam normalverteilten Zufallsvariablen Y_{12}^* und Y_{13}^* ist.

Wir haben zu Beginn dieses Unterabschnitts unterstellt, daß die latenten Variablen U_i *voneinander unabhängig* verteilt sind. In diesem Fall, der im Englischen auch als "independent probit" bezeichnet wird, kann man bei der Behandlung der Dichtefunktionen f und g in den Formeln (2-63) bis (2-66) gewisse Vereinfachungen erzielen[66]. Andererseits liegt der Vorteil des Probit-Modells darin, daß beliebige Korrelationsstruktur für die latenten Variablen unterstellt werden kann. Dieser Vorteil wird mit mit hohen rechnerischen Kosten erkauft. Erst in jüngster Zeit sind Methoden entwickelt worden, mit denen das Probit-Modell (für ungeordnete Kategorien) mit vertretbarem Aufwand geschätzt werden kann. Dabei werden die Integrale durch Simulation von Zufallsvariablen bestimmt. Wir gehen auf diese Methode im Rahmen dieser einführenden Darstellung jedoch nicht ein[67].

---

[66] Siehe dazu auch Abschnitt 2.6.4 für das Discrete-Choice-Modell.

[67] Siehe McFadden (1989) sowie Börsch-Supan und Hajivassiliou (1990).

2.3 Logit-Modelle für geordnete Kategorien

Da für $r = 2$ Kategorien die Modelle für geordnete und ungeordnete Kategorien identische Form haben, beginnen wir unmittelbar mit dem allgemeinen Fall. Gegeben sei eine latente Variable Y^* und eine polytome beobachtbare Indikator-Variable Y, zwischen denen der folgende Zusammenhang besteht:

$$Y = \begin{cases} 1 & \text{falls} \quad -\infty < Y^* \leq \gamma_1 \\ 2 & \text{falls} \quad \gamma_1 < Y^* \leq \gamma_2 \\ \vdots & \\ r & \text{falls} \quad \gamma_{r-1} < Y^* < \infty \end{cases} \qquad (2-67)$$

Wieder soll μ, der Erwartungswert von Y^*, von einem Einflußgrößenvektor x linear abhängen, d.h.

$$\mu(x) = \alpha + x'\beta , \qquad (2-68)$$

wobei x und β jeweils $(K-1)$ - dimensionale Vektoren sind[68]. Wenn Y^* der Logistischen Verteilung mit Erwartungswert μ und Varianz $\tau^2 \pi^2/3$ folgt, dann erhalten wir als Wahrscheinlichkeit für die Kategorie j

$$\begin{aligned} P(Y = j | x) &= P(Y^* \leq \gamma_j) - P(Y^* \leq \gamma_{j-1}) \\ &= P\left(Z \leq \frac{\gamma_j - \alpha - x'\beta}{\tau}\right) - P\left(Z \leq \frac{\gamma_{j-1} - \alpha - x'\beta}{\tau}\right) \end{aligned} \qquad (2\text{-}69)$$

wobei $\gamma_0 \equiv -\infty$ und $\gamma_r \equiv \infty$ gesetzt wird. Um eine eindeutige Parametrisierung zu erreichen, wählen wir die Normierung[69]

$$\alpha = 0 , \; \tau = 1 . \qquad (2-70)$$

---

[68] x enthält *kein* Eins-Element.
[69] Statt $\alpha = 0$ wird oftmals (beispielsweise im Programmpaket LIMDEP) $\gamma_1 = 0$ als Normierung verwendet.

Dann ergibt sich unter Benutzung von Ergebnissen aus Abschnitt A.5 das *Logit-Modell für geordnete Kategorien* ("ordered logit", "ordinales Logit-Modell") als

$$P(Y=j|x) = \begin{cases} \dfrac{1}{1+\exp(-(\gamma_j - x'\beta))} & \text{für } j=1 \\[2mm] \dfrac{1}{1+\exp(-(\gamma_j - x'\beta))} - \dfrac{1}{1+\exp(-(\gamma_{j-1} - x'\beta))} & \text{für } j=2,\ldots,r-1 \\[2mm] 1 - \dfrac{1}{1+\exp(-(\gamma_{j-1} - x'\beta))} & \text{für } j=r \end{cases} \quad (2-71)$$

Drei Dinge sind bei diesem Modell bemerkenswert:

a) Die Anzahl der zu schätzenden Parameter hat sich von $K(r-1)$ im Modell (2-35) auf $r-1+K-1$ Parameter (Schwellenwerte[70] $\gamma_1, \ldots, \gamma_{r-1}$ und $(K-1)$-dimensionaler Parametervektor β) reduziert. Im Fall $r=2$ ist die Zahl identisch. Siehe auch die Übungsaufgaben. Dabei müssen die Schwellenwerte γ_j die Restriktionen

$$\gamma_1 < \gamma_2 < \gamma_3 < \ldots < \gamma_{r-1} \quad (2-72)$$

erfüllen. Bei der Schätzung ist die Überprüfung dieser Ungleichungen ein einfacher Test, ob die Parameterwerte mit dem Logit-Modell (2-71)) verträglich sind. Andernfalls könnten sich negative Werte für (2-71) ergeben.

b) Die Auswahlwahrscheinlichkeiten p_i ergeben sich als *Differenzen* von Werten einer Verteilungsfunktion F_i (siehe (2-71)), d.h. $p_i = F_i - F_{i-1}$, während im Fall ungeordneter Kategorien die Wahrscheinlichkeit durch *einen* Ausdruck bestimmt wird (siehe (2-35)).

c) Für den Fall nur einer Einflußvariable (K=2), läßt sich der Zusammenhang graphisch verdeutlichen (siehe Abbildung 2/2 für den Fall $r=4$). Dabei erfüllen im Fall *ungeordneter* Kategorien die Parameter β_j des Logit-Modells

---
[70]Im Englischen "thresholds".

2.3 Logit-Modelle für geordnete Kategorien

die Ungleichung[71]

$$\beta_1 < \beta_2 < \ldots < \beta_r \quad , \tag{2-73}$$

während im Fall geordneter Kategorien (2-72) gilt.

d) Im Fall $r = 2$ sind die beiden Logit-Modelle (für geordnete und ungeordnete Kategorien) identisch (Übungsaufgabe).

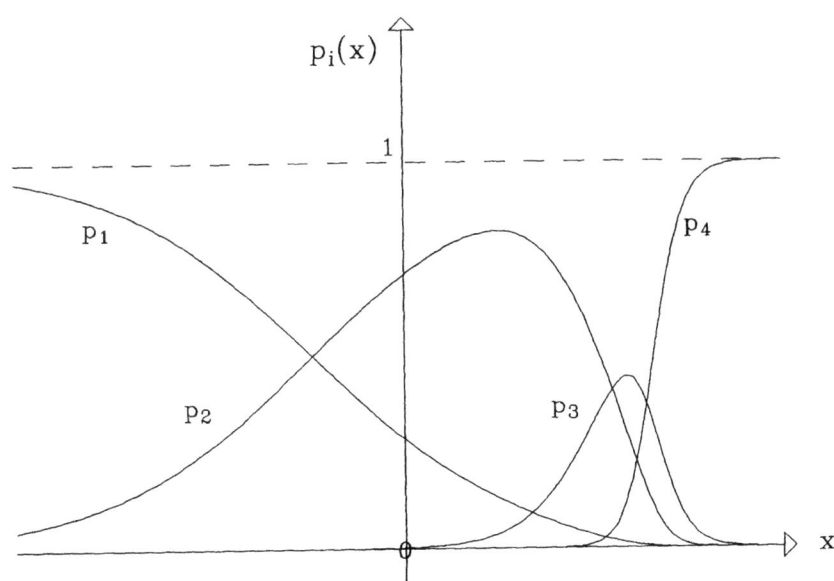

(a) Das Logit-Modell für ungeordnete Kategorien

Abbildung 2/2

---

[71]Siehe Ronning (1981) für weitere Erläuterungen und empirische Beispiele. Als *Übungsaufgabe* ist zu zeigen, daß diese Ungleichungskette gelten muß.

58   2 MODELLE FÜR QUALITATIVE ABHÄNGIGE VARIABLEN

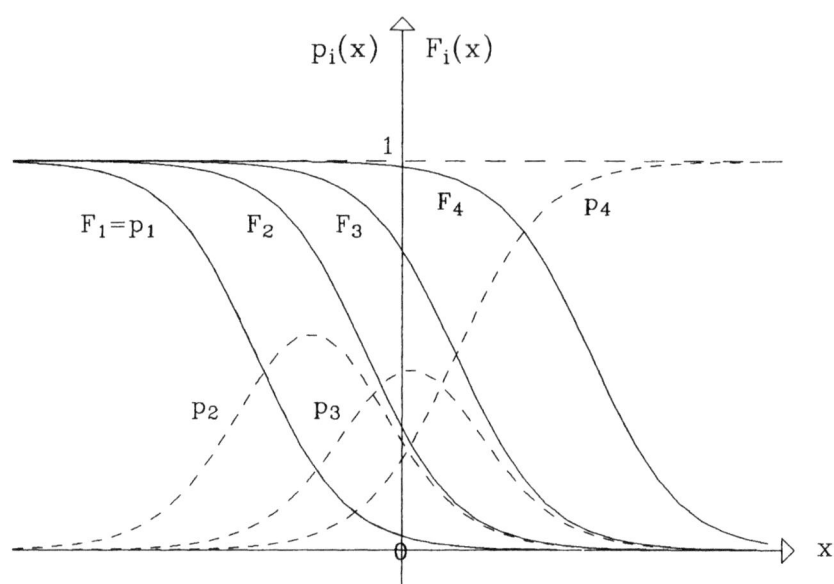

(b) Das Logit-Modell für geordnete Kategorien

Abbildung 2/2

Die Loglikelihoodfunktion ist durch

$$L = \sum_{t=1}^{n} \sum_{j=1}^{r} y_{jt} \log p_{jt} \qquad (2-74)$$

gegeben, wobei $p_{jt} = P(Y_t = j \mid x_t)$. Wegen

$$\frac{\partial}{\partial \beta} p_{jt} = \begin{cases} - \dfrac{\exp\left(-(\gamma_j - x_t'\beta)\right)}{[1 + \exp\left(-(\gamma_j - x_t'\beta)\right)]^2} x_t & \text{für } j = 1 \\[2ex] - \left[\dfrac{\exp\left(-(\gamma_j - x_t'\beta)\right)}{[1 + \exp\left(-(\gamma_j - x_t'\beta)\right)]^2} - \dfrac{\exp\left(-(\gamma_{j-1} - x_t'\beta)\right)}{[1 + \exp\left(-(\gamma_{j-1} - x_t'\beta)\right)]^2} \right] x_t & \text{für } j = 2, \ldots, r-1 \\[2ex] \dfrac{\exp\left(-(\gamma_{j-1} - x_t'\beta)\right)}{[1 + \exp\left(-(\gamma_{j-1} - x_t'\beta)\right)]^2} x_t & \text{für } j = r \end{cases}$$

2.3 Logit-Modelle für geordnete Kategorien

und

$$\frac{\partial}{\partial \gamma_k} p_{jt} = \begin{cases} \dfrac{\exp\left(-(\gamma_j - x_t'\beta)\right)}{[1+\exp\left(-(\gamma_j - x_t'\beta)\right)]^2} & \text{falls } k=j\,, \quad j=1,\ldots,r-1 \\[2ex] -\dfrac{\exp\left(-(\gamma_{j-1} - x_t'\beta)\right)}{[1+\exp\left(-(\gamma_{j-1} - x_t'\beta)\right)]^2} & \text{falls } k=j-1\,, \quad\quad j=2,\ldots,r \\[2ex] 0 & \begin{array}{l}\text{falls } k=2,\ldots,r-1\,,\quad j=1 \\ \text{oder } k\neq j,\, k\neq j-1,\, j=2,\ldots,r\end{array} \end{cases}$$

lauten die ersten partiellen Ableitungen wie folgt:

$$\frac{\partial}{\partial \beta} L = \sum_t \sum_j \frac{y_{jt}}{p_{jt}}\left(h_{t,j-1} - h_{tj}\right) x_t \qquad (2\text{-}75)$$

$$\frac{\partial}{\partial \gamma_k} L = \sum_t \sum_j \frac{y_{jt}}{p_{jt}}\left(\delta_{jk}\, h_{tj} - \delta_{j-1,k}\, h_{t,j-1}\right) \qquad (2\text{-}76)$$

wobei

$$h_{tj} = \begin{cases} 0 & \text{falls } j=0 \\[1ex] \dfrac{\exp\left(-(\gamma_j - x_t'\beta)\right)}{[1+\exp\left(-(\gamma_j - x_t'\beta)\right)]^2} & \text{falls } j=1,\ldots,r-1 \\[2ex] 0 & \text{falls } j=r \end{cases}$$

und δ_{jk} das *Kronecker Delta* bezeichnet, d.h.

$$\delta_{jk} = \begin{cases} 1 & \text{für } j=k \\ 0 & \text{sonst} \end{cases}.$$

Offensichtlich sind die Formeln für dieses Modell komplexer als im Fall *ungeordneter* Kategorien. Wir verzichten deshalb auf die Darstellung der zweiten Ableitungen. Trotzdem können wir mit Hilfe eines Resultats von Pratt (1981) zeigen, daß die Loglikelihoodfunktion auch in diesem Fall global konkav ist. Dazu ist es notwendig, folgende zwei Eigenschaften der Verteilung zu überprüfen:

a) Die erste Ableitung der Verteilungsfunktion F der logistischen Verteilung ist überall positiv:

$$\frac{d}{dx} F(x) = \frac{d}{dx}\frac{1}{1+\exp(-x)}$$

$$= \frac{\exp(-x)}{[1+\exp(-x)]^2}$$

$$= f(x) > 0 \qquad (2\text{-}77)$$

b) Die Funktion $\log(f(x))$ ist konkav. Für die logistische Verteilungsfunktion (siehe Anhang A.5) erhalten wir

$$\begin{aligned}
\frac{d}{dx} \log(f(x)) &= \frac{d}{dx} \left(-x - 2\log\left(1 + \exp(-x)\right)\right) \\
&= -1 + 2\frac{\exp(-x)}{1 + \exp(-x)} \\
&= -1 + 2(1 - F(x)) \\
&= 1 - 2F(x) \qquad (2\text{-}78)
\end{aligned}$$

Da die Ableitung $\frac{d}{dx}\log(f(x))$ monoton sinkend ist, ist $\log(f(x))$ konkav.

Die Loglikelihoodfunktion ist also global konkav. Allerdings ist die explizite Form der Hesseschen Matrix recht kompliziert[72]. Deshalb bestimmen wir aus (2-75) und (2-76) den Erwartungswert des äußeren Produkts des Gradientenvektors (siehe (1-15) und (1-16)), berechnen daraus die Informationsmatrix $E(H)$ und wenden dann die Scoring-Methode an. Siehe die Abschnitte 1.3.2 und 1.3.3 . Dabei verwenden wir $E(Y_{jt}) = p_{jt}$ und $E(Y_{jt}^2) = p_{jt}$, wobei Y_{jt} die binäre Zufallsvariable ist, die den Wert 1 annimmt, wenn $\{Y_t = 1\}$ gilt, und 0 sonst.

2.4 Probit-Modelle für geordnete Kategorien

Wie in Abschnitt 2.3 wird der Zusammenhang zwischen der latenten Variablen Y^* und der beobachtbaren polytomen Variablen Y durch das Schwellenwertmodell (2-67) beschrieben. Für den Erwartungswert von Y^* wird wiederum (2-68) angenommen. Allerdings ist Y^* nun normalverteilt mit Varianz σ^2. Unter der Normierung (2-70) (mit $\sigma = 1$ statt $\tau = 1$) erhalten wir das *Probit-Modell für geordnete Kategorien* ("ordered probit", "ordinales Probit-Modell")

$$P(Y = j|x) = \Phi(\gamma_j - x'\beta) - \Phi(\gamma_{j-1} - x'\beta) \qquad (2-79)$$

---
[72]Literaturquellen, in denen die Formel angegeben wird, sind dem Verfasser nicht bekannt.

und die Loglikelihoodfunktion entspricht der Formel (2-74) in Abschnitt 2.3, d.h.

$$L = \sum_t \sum_j y_{jt} \log p_{jt} \qquad (2-80)$$

Wegen

$$\frac{\partial p_{jt}}{\partial \beta} = (\varphi_{t,j-1} - \varphi_{t,j}) \, x_t$$

und

$$\frac{\partial p_{jt}}{\partial \gamma_k} = \delta_{jk} \, \varphi_{t,j} - \delta_{j-1,k} \, \varphi_{t,j-1}$$

ergeben sich für die ersten partiellen Ableitungen

$$\frac{\partial L}{\partial \beta} = \sum_t \sum_j y_{jt} \frac{\varphi_{t,j-1} - \varphi_{t,j}}{\Phi_{t,j} - \Phi_{t,j-1}} x_t \qquad (2\text{-}81)$$

$$\frac{\partial L}{\partial \gamma_k} = \sum_t \sum_j y_{jt} \frac{\delta_{jk} \, \varphi_{t,j} - \delta_{j-1,k} \, \varphi_{t,j-1}}{\Phi_{t,j} - \Phi_{t,j-1}} \qquad (2\text{-}82)$$

Dabei bezeichnet δ wieder das Kronecker-Delta, ferner $\Phi_{t,j} = \Phi(\gamma_j - x_t'\beta)$ und $\varphi_{t,j} = \varphi(\gamma_j - x_t'\beta)$. Obwohl die zweiten Ableitungen für den Probit-Fall einfacher sind[73] als für den Logit-Fall, wollen wir hier wieder nur anhand des Ergebnisses von Pratt (1981) (vergleiche Abschnitt 2.3) die globale Konkavität überprüfen, die sich aus der Beziehung

$$\log \varphi(t) = -\frac{1}{2} \left(\log(2\pi) + t^2 \right)$$

unmittelbar ergibt.

2.5 Gütemaße und Spezifikationstests

In den Abschnitten 2.1 bis 2.4 wurden Logit- und Probit-Modelle sowohl für geordnete als auch für ungeordnete Kategorien der abhängigen Variablen besprochen. Dabei stand die Formulierung und Schätzung des Modells im Vordergrund. In diesem Abschnitt werden einige Methoden beschrieben, mit denen man überprüfen kann, inwieweit man sich auf das geschätzte Modell verlassen kann. Mit *Gütemaßen* kann

---

[73]Maddala (1983, S. 48) gibt diese Formeln an.

man eine globale Aussage darüber machen, wie gut das geschätzte Modell den Datenbefund beschreibt. Durch *Spezifikationstests* kann man überprüfen, ob die bei der Schätzung unterstellten "Standard"-Annahmen wirklich gerechtfertigt sind. Gegebenenfalls sollte man sonst zur Schätzung eines "Nichtstandard"-Modells übergehen.

2.5.1 Gütemaße für Logit- und Probit-Modelle

Im linearen Regressionsmodell wird die Güte der Anpassung durch das Bestimmtheitsmaß R^2 gemessen[74]. Dabei betrachtet das Maß den Abstand zwischen dem (bedingten) erwarteten Wert $E(Y \mid x) = \mu(x)$ der *stetigen* abhängigen Variablen Y und dem beobachteten Wert y dieser Variablen. Wenn wir als Abstand die Euklidische Norm wählen, d.h.

$$(y - E(Y \mid x))^2 = (y - \mu(x))^2 \quad ,$$

dann fällt in diesem Modell die Maximierung der Güte gerade mit der Minimierung des Abstands zusammen, indem wir $E(Y)$ durch die Methode der Kleinsten Quadrate bestimmen. Demnach sind in diesem Modell Optimierung des Schätzkriteriums und Optimierung der Anpassungsgüte äquivalent.

Im Fall der Logit- und Probit-Modelle ist die abhängige Variable Y bzw. Y_j *diskret* und nimmt nur die Werte 0 und 1 an, wobei "1" angibt, daß Kategorie j gewählt wurde. Als Erwartungswert von Y_j erhalten wir die (bedingte) Wahrscheinlichkeit $p_j(x) = P(Y_j = j \mid x)$. Demnach betrachten wir bei diesen Modellen Abstände von der Form

$$(0 - p_j(x))^2 \quad \text{oder} \quad (1 - p_j(x))^2 \quad ,$$

die offensichtlich nicht direkt mit Abständen im linearen Regressionsmodell verglichen werden können. Weit wichtiger ist, daß die in diesen nichtlinearen Modellen verwendete Maximum-Likelihood-Schätzmethode *nicht* primär das Ziel der Abstandsminimierung verfolgt, sondern eine Anpassung an die gemeinsame Dichtefunktion (= Like-

---

[74]Siehe z.B. Schönfeld (1969), Abschnitt 2.4.3 .

2.5 Gütemaße und Spezifikationstests

lihoodfunktion) der abhängigen Variablen. Das konfrontiert uns mit dem Dilemma, wie Gütemaße sinnvoll definiert werden sollen. Veall und Zimmermann (1990a,b) vertreten den Standpunkt, daß man man sich am Gütemaß des zugrundeliegenden "latenten" Modells

$$Y^* = \alpha + x'\beta + \varepsilon \qquad (2-83)$$

mit $E(\varepsilon) = 0$, also $E(Y^*) = \alpha + x'\beta = \mu(x)$ orientieren solle[75]. Diese Sichtweise hat den Vorteil, daß ein klares Kriterium als Qualitätsmaßstab zur Verfügung steht. Über einige Ergebnisse der Studie berichten wir weiter unten. Andererseits wird damit eben nur der eine Aspekt berücksichtigt. Deshalb ist Greene in folgender Meinung zuzustimmen: "Es bleibt eine interessante Frage für Forscher, ob eine gute Anpassung an y oder eine gute Schätzung der Parameter das präferierte Kriterium ist."[76]

Es sollen nun kurz einige Gütemaße beschrieben werden: Man könnte den Wert der Likelihoodfunktion selbst als Gütemaß benutzen, das wäre allerdings wenig informativ, weil diese Größe im Gegensatz zum Bestimmtheitsmaß, das zwischen 0 und 1 variiert, *nicht normiert* ist. Statt dessen kann man das normierte Gütemaß

$$R_{MF}^2 = 1 - \frac{\hat{L}}{\hat{L}_0} \qquad (2-84)$$

benutzen, das von McFadden (1974) vorgeschlagen wurde und deshalb mit dem Index "MF" versehen wurde. Dabei ist $\hat{L}$ die Loglikelihoodfunktion mit den ML-Schätzwerten als Argument und $\hat{L}_0$ die Loglikelihoodfunktion desjenigen Modells, in dem *keine* Einflußgröße spezifiziert ist. Wir demonstrieren die Berechnung von $\hat{L}_0$ für das binäre Probit-Modell: Aus (2-47) erhalten wir die Wahrscheinlichkeit

$$p(x) = \Phi(\alpha) \qquad (2-85)$$

---

[75]Natürlich läßt sich dieser Vergleich nur theoretisch oder durch Simulationsstudien ziehen, da die abhängige Variable des latenten Modells ja nicht beobachtbar ist. Bekanntlich läßt sich im linearen Regressionsmodell das Bestimmtheitsmaß als quadrierter Korrelationskoeffizient der Korrelation zwischen beobachteten und geschätzten y-Werten ansehen. Siehe z.B. Schönfeld (1969), S. 47 und S. 72 .

[76]Greene (1990a), S. 683 . Siehe auch die Diskussion bei Maddala (1983), Abschnitt 2.11 .

und für die bezüglich α zu maximierende Likelihoodfunktion ergibt sich

$$\mathcal{L}_0 = \prod_{t=1}^{n} \Phi(\alpha)^{y_t} (1 - \Phi(\alpha))^{1-y_t} \qquad (2-86)$$

Wie in Abschnitt 2.2.1 gezeigt[77], ist die ML-Schätzung für $\Phi(\alpha)$ durch m/n gegeben, wobei m die Anzahl der "Erfolge" angibt. Demnach erhalten wir für die Likelihoodfunktion in diesem Fall

$$\hat{\mathcal{L}}_0 = \left(\frac{m}{n}\right)^m \left(\frac{n-m}{n}\right)^{n-m} \qquad (2-87)$$

und für $\hat{L}_0$ ergibt sich

$$\begin{aligned}\hat{L}_0 &= m \log\left(\frac{m}{n}\right) + (n-m) \log\left(\frac{n-m}{n}\right) \\ &= m \log(m) + (n-m) \log(n-m) - n \log(n) \quad .\end{aligned} \qquad (2\text{-}88)$$

Da $\hat{L}$ aus der ML-Schätzung zur Verfügung steht und $\hat{L}_0$ - wie gesehen - leicht zu bestimmen ist[78], ist das Maß R^2_{MF} sehr einfach zu berechnen. Außerdem gilt:

$$0 \leq R^2_{MF} \leq 1 \quad . \qquad (2-89)$$

Dies läßt sich wie folgt zeigen: In Probit- und Logit-Modellen sind die Likelihoodfunktionen stets Produkte von Wahrscheinlichkeiten und liegen damit zwischen 0 und 1. Dabei ist $\hat{L}$ stets größer als $\hat{L}_0$. Sei beispielsweiseise $\hat{\mathcal{L}} = 0.8$ und $\hat{\mathcal{L}}_0 = 0.4$. Dann erhalten wir für $\log(\hat{\mathcal{L}}) = \hat{L} = -0.223$ und für $\log(\hat{\mathcal{L}}_0) = \hat{L}_0 = -0.916$. Daraus ergibt sich für $\hat{L}/\hat{L}_0$ ein Bruch, der stets zwischen 0 und 1 liegt. Demnach nimmt auch R^2_{MF} stets Werte zwischen 0 und 1 an.

Allerdings kann man von einem großen Wert dieses Maßes nicht unbedingt auf eine gute Anpassung schließen. Denn der maximale Wert von 1 ergibt sich gerade bei Nicht-Existenz des ML-Schätzers. Dies wird (für das Logit-Modell) durch ein Beispiel in Abschnitt 2.1.2 illustriert: Dort entsteht der optimale Fit durch eine Sprungfunktion, d.h. mit allen Null-Beobachtungen der abhängigen Variablen korrespondiert die

---

[77]Siehe (2-60). Dort wurde eine Vierfeldertafel als Datenbefund betrachtet, während hier nur eine Zweifeldertafel betrachtet wird.

[78](2-88) gilt auch für das binäre Logit-Modell.

2.5 Gütemaße und Spezifikationstests

geschätzte Wahrscheinlichkeit 0, mit allen Eins-Beobachtungen die Wahrscheinlichkeit 1. Perfekter Fit ist also eine Folge der Nicht-Existenz des ML-Schätzers (bzw. der Unbeschränktheit der Likelihoodfunktion). In "gutartigen" Datensituationen wird das Maß dagegen den Wert 1 nicht erreichen und ist insofern nur bedingt aussagefähig. Dieselben Einschränkungen gelten für Gütemaße, die statt des Verhältnisses der Loglikelihoodfunktionen die Differenz betrachten. Beispielsweise haben Aldrich und Nelson (1984) folgendes Maß vorgeschlagen:

$$R_{AN}^2 = \frac{LR}{LR + n} \qquad (2-90)$$

wobei

$$LR = 2(\hat{L} - \hat{L}_0) \qquad (2-91)$$

der in Abschnitt 1.3.4 behandelte Likelihood-Quotient für die spezielle Hypothese ist, daß alle exogenen Variablen keinen Einfluß haben. Da LR stets positiv ist, könnte man statt n im Nenner von (2-91) auch eine beliebige positive Konstante benutzen, um dieses Maß zwischen 0 und 1 zu zwingen.

Einer ganz anderen Konstruktion bedienen sich Gütemaße, die auf dem oben erwähnten Aspekt der Anpassungsgüte im zugrundeliegenden latenten Modell basieren. Diese Maße gelten allerdings nur für Modelle mit *geordneten* Kategorien. Denn in Modellen mit ungeordneten Kategorien gibt es ja genauso viele latente Variablen wie Kategorien[79]. Siehe Abschnitt 2.1.3 und 2.2.3, sowie 2.6 . Besonders bedeutsam ist das Maß, das von McKelvey und Zavoina (1975) für das ordinale Probit-Modell vorgeschlagen wurde, und das im folgenden dargestellt wird. Wir gehen davon aus, daß die ML-Schätzwerte des Parametervektor β und der Schwellenwerte γ_j zur Verfügung stehen. (Die Varianz σ^2 und das Absolutglied α wurden durch Normierung bestimmt. Siehe dazu (2-70) für das Logit-Modell sowie die Ausführungen zu Beginn des Abschnitt 2.4.) Entsprechend der Symbolik im linearen Regressionsmodell definieren wir nun

$$\hat{y}_t^* = x_t'\hat{\beta} \qquad t = 1,\ldots,n \quad .$$

---

[79]Dies illustriert die Problematik der Auffassung, Gütemaße für Modelle mit qualitativen abhängigen Variablen sollten (generell) durch das zugrundeliegende latente Modell bewertet werden.

Dabei bezeichnet $\hat{\beta}$ den ML-Schätzwert aus dem Probit-Modell. Sofern es sich um die Kleinstquadrate-Schätzung im linearen Modell mit *beobachtbaren* y_t^*-Werten handelt, würde die "quadratische Zerlegung"

$$\sum_t y_t^{*2} = \sum_t \hat{y}_t^{*2} + \sum_t (y_t^* - \hat{y}_t^*)^2$$

sowie bei Berücksichtigung eines Absolutgliedes auch die Beziehung

$$\sum_t y_t^* = \sum_t \hat{y}_t^* \quad \text{oder} \quad \overline{y_t^*} = \overline{\hat{y}_t^*}$$

gelten[80]. Deswegen gelten diese Formeln für die Probit-Modell-Schätzwerte nicht exakt. Das Gütemaß von McKelvey und Zavoina wird jetzt entsprechend dem Bestimmtheitsmaß im linearen Regressionsmodell als Verhältnis von erklärter zur Gesamtvarianz definiert, d.h.

$$R_{MZ}^2 = \frac{\sum_t (\hat{y}_t^* - \overline{\hat{y}_t^*})^2}{\sum_t (\hat{y}*_t - \overline{\hat{y}_t^*})^2 + n} \quad . \tag{2-92}$$

Dabei wurde im Nenner für die Gesamtvarianz, die wegen der fehlenden y_t^*-Werte nicht direkt bestimmt werden kann, die Summe aus erklärter Varianz und n benutzt. Der zweite Ausdruck entspringt der Überlegung, daß der Erwartungswert der Summe der Störvariablen des latenten Modells unter Beachtung der Normierung $\sigma^2 = 1$ gleich n ist[81].

Die Simulationsexperimente von Veall und Zimmermann, in denen noch weitere Gütemaße untersucht werden, zeigen ein deutlich besseres Abschneiden des McKelvey-Zavoina-Maßes im Vergleich zum McFadden- oder Aldrich-Nelson-Maß, wenn man sich am Bestimmtheitsmaß des zugrundeliegenden Modells orientiert. Aufgrund des Konstruktionsprinzips des erstgenannten Maßes ist dies nicht unbedingt überraschend.

---

[80] Diese Ergebnisse führen zur Varianzzerlegung, die die Basis des Bestimmtheitsmaßes ist. Siehe z.B. Schönfeld (1969), Kap. 2.4 .

[81] Für das Logit-Modell ist statt dessen der Wert $(\pi^2/3)\,n = 3.29\,n$ zu verwenden. Siehe Aldrich und Nelson (1989), S. 58 . Im linearen Regressionsmodell würde sich für die *geschätzten* Residuen eine Korrektur um die Anzahl der geschätzten Regressionskoeffizienten ergeben. Siehe z.B. Schönfeld (1969), S. 66/67.

2.5 Gütemaße und Spezifikationstests

Trotzdem ist das unterschiedliche Verhalten der Maße interessant: Während das MZ-Maß das "latente" Bestimmtheitsmaß für alle Werte zwischen 0 und 1 korrekt reproduziert, unterschätzen die beiden anderen Maße das "latente" Maß im gesamten Intervall[82]. Korrigiert bzw. renormiert man das Aldrich-Nelson-Maß derart, daß es die Werte 0 und 1 erreicht, so nimmt die Unterschätzung deutlich ab.

2.5.2 Spezifikationstests

In diesem Unterabschnitt[83] besprechen wir zwei wichtige Hypothesen der Spezifikationsanalyse, die beide die Standardannahmen der Logit- und Probit-Modelle verletzen. Zum einen untersuchen wir, ob fälschlicherweise bestimmte exogene Variable nicht im Modell berücksichtigt wurden. Zum anderen testen wir, ob die Störvariablen des latenten Modells heteroskedastisch sind, was eine Inkonsistenz der Parameterschätzung zur Folge hätte[84]. Da die ausgeschlossenen Variablen besonders in Querschnittsdaten zu Heteroskastie der Störvariablen im "falschen" Modell führen, kann es nicht überraschen, daß eine strenge Trennung der beiden Hypothesen nicht möglich ist[85]. In den folgenden Ausführungen beschränken wir uns auf den Fall des binären Probit-Modells aus Abschnitt 2.2.1 .

(a) Vernachlässigung von exogenen Variablen. Es wird angenommen, daß der Erwartungswert μ der latenten Variablen nicht nur von x, sondern auch von z abhängt, d.h. statt (2-1) bzw. (2-68)[86] gilt in Wahrheit

$$\cdot \mu(x,z) = x'\beta + z'\gamma = w'\theta \quad , \qquad (2-93)$$

---

[82]Siehe dazu die Arbeiten von Veall und Zimmermann (1990a,b), insbesondere die dort gezeigten Abbildungen.

[83]Dieser Unterabschnitt orientiert sich teilweise an Greene (1990a), Kap. 20 .

[84]Siehe z.B. Yatchew und Griliches (1985).

[85]Siehe Davidson und McKinnon (1984), S. 253 und S. 258, sowie Greene (1990a), S. 686 .

[86]Zur Vereinfachung der Schreibweise nehmen wir für Modelle mit *ungeordneten* Kategorien an, daß der Vektor x ein Eins-Element enthält, Modelle mit *geordneten* Kategorien dagegen nicht. In diesem Fall wird der Parameter α durch Normierung bestimmt.

wobei β ein k-dimensionaler Vektor und γ ein m-dimensionaler Vektor ist und für den Parametervektor θ gilt:

$$\theta = \begin{pmatrix} \theta_1 \\ \theta_2 \end{pmatrix} = \begin{pmatrix} \beta \\ \gamma \end{pmatrix} \quad .$$

Eine Vernachlässigung des Vektors z impliziert die Hypothese

$$\theta_2 = \gamma = 0 \quad , \tag{2-94}$$

die m Restriktionen enthält. Die Überprüfung dieser Hypothese kann anhand der drei Verfahren aus Abschnitt 1.3.4 erfolgen. Für den *Wald-Test* ergibt sich $h(\theta) = \gamma$ sowie die $[m \times (k+m)]$-Matrix $R_\theta = (\mathbf{o} \mid I_m)$. $\mathbf{o}$ ist eine Nullmatrix und I_m die $m \times m$-Einheitsmatrix. Ferner erhalten wir aus (2-55) die geschätzte Informationsmatrix

$$I(\hat{\theta}) = \sum_t \frac{\varphi_t^2}{\Phi_t(1-\Phi_t)^2} w_t w_t'$$

mit $\varphi_t = \varphi(w_t'\hat{\theta})$ und $\Phi_t = \Phi(w_t'\hat{\theta})$. $\hat{\theta}$ ist der unrestringierte Schätzer von θ. Durch Inversion von I erhalten wir die (asymptotische) Kovarianzmatrix V, die wir im folgenden wie folgt zerlegen:

$$V = \begin{pmatrix} V_{kk} & V_{km} \\ V_{mk} & V_{mm} \end{pmatrix} \quad .$$

Dann lautet die Wald-Prüfstatistik:

$$LW = \hat{\gamma}' \left[V_{mm}(\hat{\theta}) \right] \hat{\gamma} \quad . \tag{2-95}$$

Im *Lagrange-Multiplikatoren-Test* benötigen wir die restringierte Schätzung $\hat{\theta}^{(r)}$ für den Parametervektor θ. Dabei wird im Probit-Modell nur der Vektor x_t berücksichtigt, d.h. $\hat{\theta}^{(r)} = (\hat{\beta}', 0')'$. Für den Gradientenvektor an der Stelle $\hat{\theta}^{(r)}$ ergibt sich aus (2-51)

$$\nabla\left(\hat{\theta}^{(r)}\right) = \sum_t \frac{y_t - \Phi_t}{\Phi_t(1-\Phi_t)} \varphi_t w_t \quad ,$$

wobei $\varphi_t = \varphi(x_t'\hat{\beta})$ und $\Phi_t = \Phi(x_t'\hat{\beta})$ gilt. Weiter erhalten wir für die Informationsmatrix aus (2-55)

$$I(\hat{\theta}^{(r)}) = \sum_t \frac{\varphi_t^2}{\Phi_t(1-\Phi_t)^2} w_t w_t' \quad .$$

2.5 Gütemaße und Spezifikationstests

Einsetzen dieser beiden Ergebnisse in die Formel (1-35), also

$$LM = \nabla(\hat{\theta}^{(r)})' \left[I(\hat{\theta}^{(r)})\right]^{-1} \nabla(\hat{\theta}^{(r)}) \quad ,$$

ergibt in diesem Fall die gewünschte Teststatistik.

Für den *Likelihood-Quotienten-Test* müssen wir einmal das "volle" Modell, d.h. mit Einflußgrößenvektor w_t, und einmal das restringierte Modell, d.h. mit Einflußgrößenvektor x_t, schätzen und die resultierenden Werte der Loglikelihoodfunktion gemäß Formel (1-36) zueinander in Beziehung setzen, d.h. wir benötigen in diesem Fall *zwei* Probit-Schätzungen.

(b) Heteroskedastie. Es wird angenommen, daß die Varianz der Störvariablen im latenten Modell durch

$$V(\varepsilon) = \exp(2\,z'\,\gamma) \qquad (2-96)$$

gegeben ist. Unter der Nullhypothese (2-94) ergibt sich eine homoskedastische Varianz mit Wert 1. Die Loglikelihoodfunktion (2-49) lautet jetzt wie folgt:

$$L = \sum_t \left[y_t \log \Phi_t + (1-y_t)(1-\Phi_t) \right] \qquad (2-97)$$

mit

$$\Phi_t = \Phi\left(\frac{x_t'\beta}{\exp(z_t'\gamma)}\right) \quad . \qquad (2-98)$$

Diese Funktion ist bezüglich des Vektors $\theta = (\beta', \gamma')'$ zu maximieren, um den unrestringierten ML-Schätzer für θ zu bestimmen. Die Maximierung ist hier allerdings komplizierter als im Standard-Probit-Modell. So ergibt sich beispielsweise für die partiellen ersten Ableitungen

$$\frac{\partial L}{\partial \beta} = \sum_t \frac{\varphi_t(y_t - \Phi_t)}{\Phi_t(1-\Phi_t)} \exp(-z_t'\gamma)\, x_t$$

$$\frac{\partial L}{\partial \gamma} = \sum_t \frac{\varphi_t(y_t - \Phi_t)}{\Phi_t(1-\Phi_t)} \exp(-z_t'\gamma)(-x_t'\beta)\, z_t \qquad (2\text{-}99)$$

Bevor wir die unrestringierte Schätzung bezüglich θ bestimmen, sollten wir zuerst einmal über den Lagrange-Multiplikatoren-Test feststellen, ob die Nullhypothese zu verwerfen ist. Dazu benötigen wir nur den restringierten Schätzer, in unserem Beispiel also den Schätzer für β im Standard-Probit-Modell. Dies entspricht dem Schätzer, den wir in (a) bei Vernachlässigung von z benutzt hatten und den wir wieder mit $\hat{\beta}$ bezeichnen wollen. Um den Lagrange-Multiplikatoren-Test anwenden zu können, muß im Gegensatz zum oben betrachteten Fall die spezielle Formel für die Informationsmatrix bestimmt werden. Als Übungsaufgabe ist zu zeigen, daß für die Informationsmatrix gilt:

$$I = \sum_{t=1}^{n} \frac{\varphi_t^2 \exp(-z_t'\gamma)}{\Phi_t(1-\Phi_t)} \tilde{w}_t \tilde{w}_t' \qquad (2-100)$$

Dabei ist $\tilde{w}_t$ durch

$$\tilde{w}_t = \begin{pmatrix} x_t \\ (-x_t'\beta) z_t \end{pmatrix}$$

gegeben. Die Lagrange-Multiplikatoren-Statistik (1-35) wird dann unter Verwendung von (2-99) und (2-100) für die Parameterwerte $\gamma = 0$ und $\beta = \hat{\beta}$ bestimmt. Eine spezielle Programmierung ist also nur erforderlich, um mit der restringierten Schätzung den Test durchzuführen.

2.6 Discrete Choice-Modelle

2.6.1 Einleitung

Wie bereits in Abschnitt 1.2.2 erwähnt, sind Modelle zur Auswahl zwischen diskreten Alternativen formal äquivalent mit dem Logit- bzw. Probit-Modell für ungeordnete Kategorien. Siehe auch Abschnitt 2.2.3. Wesentlicher Unterschied bzw. Erweiterung ist die explizite Modellierung des Auswahlprozesses durch die latente Variable U_j, die den *Nutzen* der Alternative j angibt. Gemäß der *Hypothese der Nutzenmaximierung* wird diejenige Alternative ausgewählt, für die der Nutzen maximal ist. Wir nehmen an, daß dieser Nutzen von bestimmten Charakteristika der Alternativen abhängt, die jedoch nicht insgesamt bekannt sind, was durch einen zusätzlichen stochastischen Restterm "modelliert" wird. Damit wird der Nutzen U_j zu einer Zufallsvariablen und wir erhalten

$$\begin{aligned} U_j &= \mu_j + \varepsilon_j \quad , j = 1,\ldots,r\,, \\ \mu_j &= x_j'\beta \,, \end{aligned} \qquad (2-101)$$

2.6 Discrete Choice-Modelle

wobei $E(U_j) = \mu_j$, d.h. $E(\varepsilon_j) = 0$ und x_j ein m-dimensionaler Vektor für die *kategorienspezifischen* Variablen[87] ist, der *kein* Eins-Element enthält. Das Modell entspricht formal also dem linearen Regressionsmodell. Wesentlicher Unterschied ist, daß U_j eine latente Variable ist.

Teilweise wird die stochastische Komponente ε_j auch durch die *Heterogenität der Präferenzen* verschiedener Individuen bestimmt. Diese wird sich teilweise auf individuenspezifische Variablen, etwa sozioökonomische Variablen wie Alter, Einkommen oder Beruf, zurückführen lassen. Deshalb schreiben wir

$$\varepsilon_j = z'\alpha_j + \varepsilon_j^* \quad , \qquad (2-102)$$

wobei z ein K-dimensionaler Vektor von sozioökonomischen (allgemeiner: individuell variierenden) Variablen ist und setzen $\mu_j^* = x_j'\beta + z'\alpha_j$. Wiederum soll $E(U_j) = \mu_j^*$ gelten, d.h. $E(\varepsilon_j^*) = 0$. Wenn z als erstes Element eine Eins enthält, d.h.

$$z_1 \equiv 1 \quad , \qquad (2-103)$$

dann bezeichnet man die betreffende Komponente α_{1j} des Parameter-Vektors α_j als kategorienspezifischen Effekt[88]. Sofern nicht ausdrücklich etwas anderes gesagt wird, soll die Spezifikation (2-103) gelten. Die Probleme, die sich daraus für die ML-Schätzung ergeben können, behandeln wir in Abschnitt 2.6.7.

2.6.2 Eine alternative Schreibweise

Unser Modell für den Nutzen U_j nimmt nun die folgende Form an:

$$U_j = x_j'\beta + z'\alpha_j + \varepsilon_j^* \quad . \qquad (2-104)$$

---

[87] Kategorienspezifische Variablen charakterisieren die einzelnen Kategorien. Beispielsweise ist bei der Auswahl eines bestimmten Verkehrsmittels dessen Preis eine kategorienspezifische Variable.

[88] Man kann diese Einflußgröße als kategorien-spezifischen Dummy interpretieren, d.h. es existiert eine Indikatorvariable, die den Wert Eins annimmt, wenn das Individuum Kategorie j wählt, sonst Null. Durch Interaktion mit anderen Einflußgrößen, etwa dem Einkommen, erhält man kategorienspezifische Einflußgrößen. Siehe z.B. Ben Akiva und Lerman (1985), S. 279.

Allerdings kann man durch geeignete Definition auch beide Variablentypen, kategorienspezifische x-Variable und soziöokonomische z-Variable, zusammenfassen. Wir definieren die Vektoren

$$w_j = \begin{pmatrix} x_j \\ 0 \\ \vdots \\ z \\ \vdots \\ 0 \end{pmatrix} \qquad \theta = \begin{pmatrix} \beta \\ \alpha_1 \\ \alpha_2 \\ \alpha_3 \\ \vdots \\ \alpha_r \end{pmatrix}$$

Dann gilt (bei entsprechender Positionierung des Teilvektors z in w_j)

$$\mu_j^* \equiv x_j'\beta + z'\alpha_j = w_j'\theta \qquad (2-105)$$

und

$$U_j = \mu_j^* + \varepsilon_j^* \quad . \qquad (2-106)$$

Damit haben wir das um die soziöokonomischen Variablen erweiterte Modell wieder auf das Ausgangsmodell (2-101) zurückgeführt.[89] Zur Vereinfachung der Notation vernachlässigen wir teilweise den Hochindex "*" in (2-106).

2.6.3 Stochastische Spezifikation

Wir wollen nun für den Störterm ε_j bzw. ε_j^* eine bestimmte Verteilung unterstellen. Aus nutzentheoretischen Überlegungen ist keine Verteilung besonders ausgezeichnet. Deshalb bietet sich die Normalverteilung als Kandidat an. Eine erneute Lektüre von Abschnitt 2.2.3 zeigt, daß diese Annahme zum multinomialen Probit-Modell (mit ungeordneten Kategorien) führt, das für mehr als zwei Kategorien wegen der numerischen Bestimmung der mehrdimensionalen Integrale nicht praktikabel ist. Wir wollen nun zeigen, daß sich im Fall von *extremwertverteilten* Variablen ε_j bzw ε_j^* das multinomiale Logit-Modell für die Auswahlwahrscheinlichkeiten ergibt. Dabei nehmen wir an, daß alle ε_j (ε_j^*) unabhängig voneinander verteilt sind[90].

---

[89]Siehe dazu Maddala (1983), S. 42 .
[90]Auf die Angemessenheit dieser Annahme und eine mögliche Verallgemeinerung gehen wir in den Abschnitten 2.6.5 und 2.6.6 kurz ein. Im übrigen wird sich im nächsten Unterabschnitt zeigen, daß

2.6 Discrete Choice-Modelle

Die Zufallsvariable Y folgt einer (Standard-) Extremwert- oder Gumbelverteilung[91], wenn ihre Dichtefunktion durch

$$f(y) = \exp(-y) \exp[-\exp(-y)] \qquad (2-107)$$

gegeben ist. Für die Verteilungsfunktion gilt[92]

$$\begin{aligned} F(y) &= \int_{-\infty}^{y} \exp(-t) \exp[-\exp(-t)] \, dt \\ &= \exp[-\exp(-y)] \quad . \end{aligned} \qquad (2\text{-}108)$$

Diese Verteilung ist asymmetrisch mit einem Modus von Null und Erwartungswert von 0.577 (Eulersche Konstante). Siehe auch Johnson und Kotz (1970, Kap. 21). Die Extremwertverteilung kann auch als multivariate Verteilung formuliert werden. Betrachten wir hierzu den bivariaten Fall. Die Verteilungsfunktion lautet in diesem Fall

$$F(y_1, y_2) = \exp\left\{-\left[\exp(-\varrho^{-1} y_1) + \exp(-\varrho^{-1} y_2)\right]^{\varrho}\right\} \qquad (2-109)$$

mit $0 < \varrho \leq 1$ [93]. Johnson and Kotz (1972, S. 256) haben diese Verteilung als "Gumbels bivariate Extremwertverteilung Typ B" bezeichnet.

2.6.4 Maximierung des extremwertverteilten Nutzens

Es wird behauptet, daß, falls die ε_j in (2-101) bzw. die ε_j^* in (2-106) unabhängig voneinander standard-extremwertverteilt sind[94], die Auswahlwahrscheinlichkeit für

---

der Erwartungswert von ε_j bzw. ε_j^* beliebig sein kann, da nur die *Differenz* der Störterme betrachtet wird.

[91]Siehe auch Anhang A.7 .

[92]Man verifiziere das Ergebnis anhand der Beziehung $dF(y)/dy = f(y)$, die allgemein für stetige Zufallsvariablen gilt. Siehe Mood et al. (1974), S. 61 .

[93]McFadden hat durch numerische Berechnungen gezeigt, daß die Korrelation zwischen y_1 und y_2 im Intervall $[1-\varrho, 1-\varrho+0.045]$ liegt, d.h. die Korrelation ist ungefähr $1-\varrho$. Siehe Maddala (1983), S. 71.

[94]Eine standard-extremwertverteilte Zufallsvariable hat den Erwartungswert 0.577 . Deshalb müßten wir strenggenommen $\varepsilon_j - 0.577$ betrachten, um einen Erwartungswert Null in (2-101) zu erhalten.

Kategorie j gegeben ist durch

$$\begin{aligned} P(Y=j) &= P(U_j > U_k, j \neq k) \\ &= \frac{\exp(\mu_j)}{\sum_{i=1}^{r} \exp(\mu_i)} \quad , \end{aligned} \quad (2\text{-}110)$$

wobei $\{Y = j\}$ wieder das beobachtbare Ereignis beschreibt, daß Kategorie j gewählt wird.

Formel (2-110) läßt sich wie folgt beweisen[95]:

$$U_j > U_k \iff \varepsilon_k < \varepsilon_j + \mu_j - \mu_k \quad .$$

Dann ergibt sich bei Beachtung der *Unabhängigkeit* der Zufallsvariablen bei beispielsweise $r = 3$ Kategorien die Auswahlwahrscheinlichkeit für $j = 1$ wie folgt[96]:

$$\begin{aligned} P(Y=j) &= P(U_1 > U_2, U_1 > U_3) \\ &= P(U_1 > U_2) P(U_1 > U_3) \\ &= \prod_{j=2,3} P(U_j < U_1) \\ &= \int_{-\infty}^{\infty} \prod_{j=2,3} P(U_j < u_1 | U_1 = u_1) f(u_1) \, du_1 \\ &= \int_{-\infty}^{\infty} \prod_{j=2,3} F(U_1) f(u_1) \, du_1 \end{aligned} \quad (2\text{-}111)$$

Dabei haben wir beim Übergang von der ersten zur zweiten und von der zweitletzten zur letzten Zeile die Unabhängigkeit der Zufallsvariablen ausgenutzt. Unter Beachtung von (2-111) können wir dann ganz allgemein schreiben:

$$P(Y=j) = \int_{-\infty}^{\infty} \left[\prod_{k \neq j} F(\varepsilon_j + \mu_j - \mu_k) \right] f(\varepsilon_j) \, d\varepsilon_j \quad ,$$

wobei F die Verteilungsfunktion der Standard-Extremwertverteilung und f deren Dichte bezeichnet. Nun gilt

$$\left[\prod_{k \neq j} F(\varepsilon_j + \mu_j - \mu_k) \right] f(\varepsilon_j)$$

---

[95] Wir folgen in diesem Beweis eng der Darstellung von Amemiya (1985), S. 296/297 .

[96] Man vergleiche zum folgenden auch die Ausführungen in Abschnitt 2.2.3 .

2.6 Discrete Choice-Modelle

$$= \left[\prod_{k \neq j} \exp\left(-\exp\left(-\left(\varepsilon_j + \mu_j - \mu_k\right)\right)\right)\right] \exp\left(-\varepsilon_j\right) \exp\left[-\exp\left(-\varepsilon_j\right)\right]$$

$$= \prod_{k \neq j} \exp\left[-\varepsilon_j - \exp\left(-\varepsilon_j\right)\left[\exp\left(-\mu_j\right)\exp\left(\mu_k\right) + 1\right]\right]$$

$$= \exp\left[-\varepsilon_j - \exp\left(-\varepsilon_j\right)\left[1 + \sum_{k \neq j} \frac{\exp\left(\mu_k\right)}{\exp\left(\mu_j\right)}\right]\right] \quad .$$

Wir schreiben

$$\begin{aligned}\lambda_j &= \log\left[1 + \sum_{k \neq j} \frac{\exp\left(\mu_k\right)}{\exp\left(\mu_j\right)}\right] \\ &= \log\left[\frac{\exp\left(\mu_j\right)}{\exp\left(\mu_j\right)} + \sum_{k \neq j} \frac{\exp\left(\mu_k\right)}{\exp\left(\mu_j\right)}\right] \\ &= \log \sum_{k=1}^{r} \frac{\exp\left(\mu_k\right)}{\exp\left(\mu_j\right)}\end{aligned}$$

und damit für die Wahrscheinlichkeit für Kategorie j

$$\begin{aligned}P(Y = j) &= \int_{-\infty}^{\infty} \exp\left[-\varepsilon_j - \exp\left(-\varepsilon_j\right)\exp\left(\lambda_j\right)\right] d\varepsilon_j \\ &= \exp\left(-\lambda_j\right) \int_{-\infty}^{\infty} \exp\left[-\varepsilon_j + \lambda_j - \exp\left(-\varepsilon_j + \lambda_j\right)\right] d\varepsilon_j \\ &= \exp\left(-\lambda_j\right) \int_{-\infty}^{\infty} \exp\left[-e_j - \exp\left(-e_j\right)\right] de_j \\ &= \exp\left(-\lambda_j\right) \quad ,\end{aligned}$$

wobei $e_j = \varepsilon_j - \lambda_j$ ist und das Integral in der vorletzten Zeile wegen (2-103) den Wert Eins besitzt. Damit erhalten wir das behauptete Resultat.

2.6.5 Unabhängigkeit von irrelevanten Alternativen

Das multinomiale Logit-Modell läßt sich also gemäß Abschnitt 2.6.4 als Modell für Auswahlwahrscheinlichkeiten unter der Hypothese der Nutzenmaximierung interpretieren. Dabei werden die Reste ε_j als unabhängig extremwertverteilt angenommen.

Dies führt allerdings zu einem Phänomen, das unter der Bezeichnung "Unabhängigkeit von irrelevanten Alternativen" (IIA property) bekannt geworden ist[97]. Angenommen, jemand hat die Auswahl zwischen drei Verkehrsmitteln (siehe auch Abbildung 2/3):

1 = Fahrt mit dem Auto
2 = Fahrt mit einem *rotem* Bus
3 = Fahrt mit einem *blauen* Bus

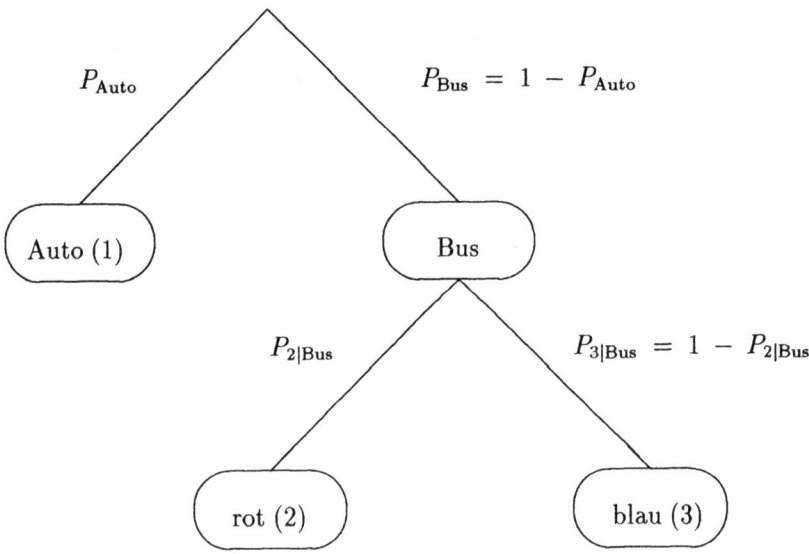

Abbildung 2/3

---

[97]Siehe zum folgenden Maddala (1983), Kap. 3.2, und Amemiya (1985), S. 298 .

2.6 Discrete Choice-Modelle

Es sei x_j wieder der Vektor der alternativen-spezifischen Attribute[98]. Dann erhalten wir

$$p_j = \frac{\exp(x_j'\beta)}{\sum_{k=1}^{3} \exp(x_k'\beta)} \quad , j = 1, 2, 3 \qquad (2-112)$$

und für das Verhältnis der Auswahlwahrscheinlichkeiten p_1 und p_2

$$\frac{p_1}{p_2} = \exp\left((x_1 - x_2)'\beta\right) \quad ,$$

d.h. die Relation ist *un*abhängig davon, welche Ausprägung die dritte Kategorie hat. Etwas anders gesagt: Die Auswahlwahrscheinlichkeit zwischen *zwei* Alternativen wird nicht von den übrigen Alternativen berührt:

$$P(Y = 1 \mid Y = 1 \text{ oder } Y = 2) = \frac{\exp(x_1'\beta)}{\exp(x_1'\beta) + \exp(x_2'\beta)} \quad . \qquad (2-113)$$

Diese - unplausible - Eigenschaft hängt natürlich damit zusammen, daß die einzelnen Komponenten voneinander unabhängig verteilt sind[99]. Wir betrachten deshalb im folgenden Unterabschnitt ein Modell, das im Rahmen des Logit-Ansatzes auch Korrelation zwischen einzelnen Alternativen zuläßt.

2.6.6 Ein genistetes Logit-Modell für drei Alternativen

Dazu betrachten wir noch einmal das oben in Abbildung 2/3 angesprochene Auswahlproblem. Der Nutzen der einzelnen Alternativen sei durch (2-104) gegeben und die Störterme ε_j folgen einer trivariaten Extremwertverteilung. Wir unterstellen nun, daß ε_2 und ε_3 gemäß (2-109) gemeinsam extremwertverteilt sind mit Korrelationsparameter ϱ[100], während ε_1 von ε_2 und ε_3 unabhängig verteilt ist.

Wir wollen nun zeigen, daß die Auswahlwahrscheinlichkeiten für die drei Alternativen durch

$$P_{\text{Auto}} = \frac{\exp(\mu_1)}{\exp(\mu_1) + [\exp(\varrho^{-1}\mu_2) + \exp(\varrho^{-1}\mu_3)]^\varrho} \qquad (2-114)$$

---

[98]Der Vektor sozioökonomischer Variablen (z) bleibt unberücksichtigt.
[99]Hausman und Wise (1978) weisen daraufhin, daß im Fall des Probit-Modells dieselben unplausiblen Eigenschaften auftauchen, falls Unabhängigkeit unterstellt wird.
[100]Da durch ϱ die Ähnlichkeit von Alternativen modelliert werden soll, nennt man ϱ auch "Ähnlichkeitsparameter".

und
$$P_{2|\text{Bus}} = \frac{\exp\left(\varrho^{-1}\mu_2\right)}{\exp\left(\varrho^{-1}\mu_2\right) + \exp\left(\varrho^{-1}\mu_3\right)} \qquad (2-115)$$
gegeben sind. Man beachte, daß durch diese beiden Formeln auch alle anderen Wahrscheinlichkeiten aus Abbildung 2/3 gegeben sind: Durch (2-115) erhalten wir $P_{3|\text{Bus}} = 1 - P_{2|\text{Bus}}$; ferner ist die Wahrscheinlichkeit, einen Bus auszuwählen, $P_{\text{Bus}} = 1 - P_{\text{Auto}}$. Schließlich ist die unbedingte Wahrscheinlichkeit für die Alternative A_2 (Roter Bus) dann durch
$$P_2 = P_{2|\text{Bus}}\, P_{\text{Bus}} \qquad (2-116)$$
gegeben. Entsprechendes gilt für P_3.

Bevor wir die in (2-114) und (2-115) gegebenen Wahrscheinlichkeiten ableiten, sind noch drei Bemerkungen notwendig:

a) Mit $\varrho = 1$ reduzieren sich (2-114), (2-115) auf das übliche Logit-Modell für drei Kategorien. Deshalb schließt der Beweis von (2-114), (2-115) auch das (speziellere) Resultat aus Abschnitt 2.6.4 ein, daß die Auswahlwahrscheinlichkeiten bei *unabhängig* extremwertverteilten ε_j durch die logistische Spezifikation gegeben sind. Andererseits ist das IIA-Phänomen nicht mehr allgemein gültig: Die Auswahl zwischen Auto und rotem Bus ist nicht mehr unabhängig davon, ob man sich für den blauen Bus entscheidet.

b) Die Auswahlwahrscheinlichkeiten folgen in beiden Stufen der Logistischen Verteilung. Siehe (2-114) und (2-115). Dabei ist die Wahl zwischen A_2 (Roter Bus) und A_3 (Blauer Bus) "genistet" in die Entscheidung zwischen Bus und Auto in der ersten Stufe.

c) Die Schätzung der Parameter kann über die Maximierung der vollen Likelihoodfunktion erfolgen. Es ist aber auch möglich, zweistufig in der Weise zu schätzen, daß jeweils über das multinomiale Logit-Modell zuerst die Entscheidung zwischen rotem und blauem Bus geschätzt wird, um dann mit Hilfe der hier erhaltenen Parameter die verbleibenden der ersten Stufe zu berechnen[101].

---

[101]Über die bei der zweistufigen Methode auftretenden Probleme berichtet beispielsweise Hensher (1986). Siehe auch McFadden (1981), Abschnitt 5.18.

2.6 Discrete Choice-Modelle

Wir wollen nun die Formel (2-114) für $P_1 = P_{\text{Auto}}$ beweisen:

$$\begin{aligned}
P_1 &= P(U_1 > U_2, U_1 > U_3) \\
&= P(\mu_1 + \varepsilon_1 > \mu_2 + \varepsilon_2, \mu_1 + \varepsilon_1 > \mu_3 + \varepsilon_3) \\
&= P(\varepsilon_2 < \mu_1 + \varepsilon_1 - \mu_2, \varepsilon_3 < \mu_1 + \varepsilon_1 - \mu_3) \\
\\
&= \int_{-\infty}^{\infty} F(\mu_1 + \varepsilon_1 - \mu_2, \mu_1 + \varepsilon_1 - \mu_3) f(\varepsilon_1) d\varepsilon_1 \\
\\
&= \int_{-\infty}^{\infty} \exp\left\{-\left[\exp(-\varrho^{-1}(\mu_1 + \varepsilon_1 - \mu_2)) + \exp(-\varrho^{-1}(\mu_1 + \varepsilon_1 - \mu_3))\right]^{\varrho}\right\} \times \\
&\quad \times \exp(-\varepsilon_1) \exp\left[-\exp(-\varepsilon_1)\right] d\varepsilon_1 \\
\\
&= \int_{-\infty}^{\infty} \exp(-\varepsilon_1) \exp\Big\{-\exp(-\varepsilon_1) \\
&\quad - \left[\exp(-\varrho^{-1}(\mu_1 + \varepsilon_1))\right] \left[\exp(-\varrho^{-1}\mu_2) + \exp(-\varrho^{-1}\mu_3)\right]^{\varrho}\Big\} d\varepsilon_1 \\
\\
&= \int_{-\infty}^{\infty} \exp(-\varepsilon_1) \exp\left[-\alpha \exp(-\varepsilon_1)\right] d\varepsilon_1
\end{aligned}$$

mit

$$\alpha = 1 + \exp(-\mu_1) \left[\exp(-\varrho^{-1}\mu_2) + \exp(-\varrho^{-1}\mu_3)\right]^{\varrho} .$$

Nun gilt wegen (2-107)

$$\int_{-\infty}^{\infty} \alpha \exp(-\varepsilon_1) \exp\left[-\alpha \exp(-\varepsilon_1)\right] d\varepsilon_1$$

$$= \int_{-\infty}^{\infty} \exp(-\varepsilon_1^*) \exp\left(-\exp(-\varepsilon_1^*)\right) d\varepsilon_1^* = 1$$

wobei $\varepsilon_1^* = \varepsilon_1 - \log\alpha$. P_1 ist demnach gleich $1/\alpha$ und nach Erweiterung mit $\exp(\mu_1)$ erhalten wir (2-114).

Für den Beweis von (2-115) nutzen wir aus, daß für eine bivariate Verteilungsfunktion F und die dazugehörige Dichtefunktion f allgemein gilt:

$$\int_{-\infty}^{a} f(\varepsilon_1, \varepsilon_2) d\varepsilon_2 = \frac{\partial}{\partial \varepsilon_1} F(\varepsilon_1, a) . \qquad (2-117)$$

Im Fall der bivariaten Extremwertverteilung (2-109) können wir für die rechte Seite schreiben:

$$\frac{\partial}{\partial \varepsilon_1} \left[\exp\left(-\left(\exp\left(-\varrho^{-1} \varepsilon_1\right) + \exp\left(\varrho^{-1} a\right)\right)^\varrho\right)\right]$$

$$= F(\varepsilon_1, a)(-\varrho) \left[\exp\left(-\varrho^{-1} \varepsilon_1\right) + \exp\left(-\varrho^{-1} a\right)\right]^{\varrho-1} \times$$
$$\times (-\varrho^{-1}) \exp\left(-\varrho^{-1} \varepsilon_1\right)$$
$$= F(\varepsilon_1, a) \left[\exp\left(-\varrho^{-1} \varepsilon_1\right) + \exp\left(-\varrho^{-1} a\right)\right]^{\varrho-1} \exp\left(-\varrho^{-1} \varepsilon_1\right) \quad (2\text{-}118)$$

Wir betrachten nun die Wahrscheinlichkeit, Alternative A_2 (Roter Bus) zu wählen, gegeben, daß überhaupt die Alternative Bus gewählt wird. Dafür brauchen wir nur U_2 mit U_3 zu vergleichen.

$$\begin{aligned}
P_{2|\text{Bus}} &= P(U_2 > U_3) \\
&= P(\mu_2 + \varepsilon_2 > \mu_3 + \varepsilon_3) \\
&= P(\varepsilon_3 < \mu_2 + \varepsilon_2 - \mu_3) \\
\\
&= \int_{-\infty}^{\infty} \left[\int_{-\infty}^{\mu_2 - \mu_3 + \varepsilon_2} f(\varepsilon_2, \varepsilon_3)\, d\varepsilon_3 \right] d\varepsilon_2 \\
\\
&= \int_{-\infty}^{\infty} \left[\frac{\partial}{\partial \varepsilon_2} F(\varepsilon_2, \mu_2 - \mu_3 + \varepsilon_2) \right] d\varepsilon_2 \\
\\
&= \int_{-\infty}^{\infty} \exp\left\{-\left[\exp\left(-\varrho^{-1}\varepsilon_2\right) + \exp\left(-\varrho^{-1}(\mu_2 - \mu_3 + \varepsilon_2)\right)\right]^\varrho\right\} \times \\
&\quad \times \left[\exp\left(-\varrho^{-1}\varepsilon_2\right) + \exp\left(-\varrho^{-1}(\mu_2 - \mu_3 + \varepsilon_2)\right)\right]^{\varrho-1} \exp\left(-\varrho^{-1}\varepsilon_2\right) d\varepsilon_2 \\
\\
&= \int_{-\infty}^{\infty} \exp\left\{-\left[\exp\left(-\varrho^{-1}\varepsilon_2\right)\left(1 + \exp\left(-\varrho^{-1}(\mu_2 - \mu_3)\right)\right)\right]^\varrho\right\} \times \\
&\quad \times \left[\exp\left(-\varrho^{-1}\varepsilon_2\right)\left(1 + \exp\left(-\varrho^{-1}(\mu_2 - \mu_3)\right)\right)\right]^{\varrho-1} \exp\left(-\varrho^{-1}\varepsilon_2\right) d\varepsilon_2 \\
\\
&= \int_{-\infty}^{\infty} \exp\left\{-A^\varrho \left[\exp\left(-\varrho^{-1}\varepsilon_2\right)\right]^\varrho\right\} A^{\varrho-1} \left[\exp\left(-\varrho^{-1}\varepsilon_2\right)\right]^{\varrho-1} \times
\end{aligned}$$

2.6 Discrete Choice-Modelle

$$\times \exp(-\varrho^{-1} \varepsilon_2) \, d\varepsilon_2$$

$$= A^{-1} \int_{-\infty}^{\infty} \exp\left\{-A^{\varrho} \left[\exp(-\varrho^{-1} \varepsilon_2)\right]^{\varrho}\right\} A^{\varrho} \left[\exp(-\varrho^{-1} \varepsilon_2)\right]^{\varrho} d\varepsilon_2$$

$$= A^{-1} \int_{-\infty}^{\infty} \exp\left\{-A^{\varrho} \exp(-\varepsilon_2)\right\} A^{\varrho} \exp(-\varepsilon_2) \, d\varepsilon_2$$

$$= A^{-1} \int_{-\infty}^{\infty} \exp\left\{-\exp(-\varepsilon_2^*)\right\} \exp(-\varepsilon_2^*) \, d\varepsilon_2^*$$
$$= A^{-1}$$

mit $A = 1 + \exp(-\varrho^{-1}(\mu_2 - \mu_3))$ und $\varepsilon_2^* = \varepsilon_2 - \log A^{\varrho}$. Durch Erweiterung des Ausdrucks A^{-1} mit $\exp(\varrho^{-1} \mu_2)$ erhält man unmittelbar (2-115).

2.6.7 ML - Schätzung

Für die Schätzung des Discrete-Choice Modells gelten die Ausführungen bezüglich des Logit-Modells in Abschnitt 2.1. Allerdings ergeben sich durch die zusätzliche Berücksichtigung von kategorienspezifischen Variablen weitere Probleme, die hier kurz angesprochen werden sollen. Insbesondere soll gezeigt werden, daß die ML-Schätzer möglicherweise nicht existieren, wenn die kategorienspezifischen Variablen nicht genügend Variation aufweisen. Beispielsweise untersucht Ronning (1989m) die Entscheidung von Touristen zugunsten eines bestimmten Reiselandes und verwendet dabei die Kaufkraftparität als Einflußgröße, die aber für alle Touristen eines Landes identisch ist. Siehe auch das Beispiel in Abschnitt 2.6.8.

Wir betrachten die Auswahlwahrscheinlichkeiten

$$p_{tj} = \frac{\exp(x_{tj}' \beta + z_t' \alpha_j)}{\sum_{k=1}^{r} \exp(x_{tk}' \beta + z_t' \alpha_k)} \quad (2-119)$$

mit der Normierung $\alpha_r = 0$. Dann erhalten wir aus der Maximierung der Loglikelihoodfunktion

$$L = \sum_t \sum_j y_{tj} \log p_{tj} \quad (2-120)$$

die folgenden Bedingungen erster Ordnung[102]:

$$\frac{\partial L}{\partial \beta} = \sum_t \sum_j (y_{tj} - p_{tj}) x_{tj} \stackrel{!}{=} 0 \qquad (2\text{-}121)$$

$$\frac{\partial L}{\partial \alpha_j} = \sum_t (y_{tj} - p_{tj}) z_t \stackrel{!}{=} 0 \, , \, j = 1, \ldots, r-1 \qquad (2\text{-}122)$$

Wenn wir definieren:

$$y_t = \begin{pmatrix} y_{t1} \\ y_{t2} \\ \vdots \\ y_{tr} \end{pmatrix} \qquad p_t = \begin{pmatrix} p_{t1} \\ p_{t2} \\ \vdots \\ p_{tr} \end{pmatrix}$$

$$\underset{r \times [m+K(r-1)]}{W_t} = \begin{bmatrix} x'_{t1} & z'_t & 0 & 0 \\ x'_{t2} & 0 & z'_t & 0 \\ \vdots & & & \ddots \\ x'_{t,r-1} & 0 & 0 & z'_t \\ x'_{t,r} & 0 & 0 & 0 \end{bmatrix}$$

dann können wir diese $m + K(r-1)$ Bedingungen erster Ordnung auch kompakt wie folgt schreiben:

$$\sum_t W'_t (y_t - p_t) = 0 \quad . \qquad (2-123)$$

Wir betrachten nun den Fall $x_{tj} = x_j$ für alle t sowohl bei Vorgabe eines "Absolutgliedes" ($z_{t1} \equiv 1$) als auch bei Spezifikation ohne Absolutglied. Man beachte, daß unser Resultat unterstellt, daß *alle* Komponenten im Vektor x_{tj} von t unabhängig sind. Inhaltlich bedeutet dies, daß *alle* kategorienspezifischen Einflußvariablen zwar bezüglich der Kategorien variieren (beispielsweise die Kaufkraftparität einzelner Länder unterschiedlich ist), jedoch den identischen Wert für alle Untersuchungseinheiten besitzen, die eine bestimmte Kategorie wählen (d.h. alle Touristen eines bestimmten Ziellandes werden durch dieselbe Kaufkraftparität beeinflußt).

Im ersten Fall $z_{t1} \equiv 1$ ergibt sich der Defekt in der ML-Schätzung unmittelbar aus den Bedingungen erster Ordnung in (2-121) und (2-122): Aus (2-122) erhalten wir[103]

$$\sum_t (y_{tj} - p_{tj}) = 0 \quad , \quad j = 1, \ldots, r \quad , \qquad (2-124)$$

---

[102]Siehe dazu Ronning (1988e). Vergleiche auch Abschnitt 2.1.3.

[103]Man beachte, daß $\sum_j y_{tj} = \sum_j p_{tj} = 1$ für alle t. Deshalb gilt (2-124) auch für $j = r$.

2.6 Discrete Choice-Modelle

und für den Gradienten $\partial L/\partial \beta$ in (2-121) können wir schreiben:

$$\sum_j x_j \left[\sum_t (y_{tj} - p_{tj}) \right] \quad . \qquad (2-125)$$

Dieser Ausdruck ist wegen (2-124) natürlich stets Null, unabhängig von den Werten, die x_j annimmt. Die Gleichungen des Systems sind also nicht länger voneinander unabhängig!

Wir wollen nun annehmen, daß z_t *kein Eins-Element* enthält, jedoch wiederum $x_{tj} = x_j$ gilt. Wir zerlegen die Matrix W_t wie folgt:

$$W_t = (W_1, W_{2t})$$

wobei

$$\underset{[r \times m]}{W_1} = \begin{pmatrix} x'_1 \\ x'_2 \\ \vdots \\ x'_{r-1} \\ x'_r \end{pmatrix} \qquad \underset{[r \times K(r-1)]}{W_{2t}} = \begin{pmatrix} z'_t & 0 & & 0 \\ 0 & z'_t & & 0 \\ & & \ddots & \\ 0 & 0 & & z'_t \\ 0 & 0 & & 0 \end{pmatrix}$$

Dann lauten die Bedingungen erster Ordnung

$$W'_1 \sum_t (y_t - p_t) \stackrel{!}{=} 0 \qquad (2\text{-}126)$$

$$\sum_t W'_{2t} (y_t - p_t) \stackrel{!}{=} 0 \qquad (2\text{-}127)$$

Das erste Teilsystem ist ein homogenes Gleichungssystem von der Form $Ax = 0$, wobei A eine $(m \times r)$ Matrix und x ein r–dimensionaler Vektor ist. Bekanntlich hat solch ein System nur dann eine nichttriviale Lösung, wenn $rg(A) < r$ gilt. Für den Fall, daß W'_1 maximalen Rang besitzt, d.h. $rg(W'_1) = min\{m, r\}$ gilt, reduziert sich diese Bedingung auf $m < r$, d.h. die Anzahl kategorienspezifischer Variablen muß geringer sein als die Anzahl der Kategorien. Für den Fall $K = 0$, d.h. ohne sozioökonomische Variablen, gilt $W_{2t} = 0$, also ist

$$m < r$$

notwendig und hinreichend für die Existenz des ML-Schätzers. (Beweis als Übungsaufgabe.) Ob diese Bedingung auch für den Fall $K > 0$ gilt, konnte bisher nicht gezeigt werden.

2.6.8 Ein Beispiel

Zur Illustration der Schätzung eines Discrete-Choice-Modells verwenden wir einen Datensatz aus der "Reiseanalyse". Diese Erhebung des "Studienkreises für Tourismus e.V." analysiert jährlich anhand einer Stichprobe von annähernd 6.000 Personen das Reiseverhalten der deutschen Bevölkerung. Wir wollen untersuchen, wovon die Reiseentscheidung zugunsten eines bestimmten Landes abhängt.[104] Dabei unterstellen wir, daß das Individuum in einer ersten Stufe entscheidet, ob es überhaupt eine Reise unternehmen will. In der zweiten Stufe wählt es zwischen Inlands- und Auslandsreise und in einer dritten Stufe wählt es, sofern es sich für das Ausland entschieden hat, ein bestimmtes Land ($L(i), i = 1, \ldots, m$). Siehe dazu Abbildung 2/4, die auch den Einfluß verschiedener sozioökonomischer Variablen sowie der kategorienabhängigen Variablen Kaufkraftparität deutlich macht. Die Abbildung zeigt eine *drei*stufige Entscheidung, d.h. wir unterstellen, daß die Alternativen Inland und Ausland miteinander korreliert sind, während die Alternative "Keine Reise" davon unabhängig verteilt ist. Dies entspricht der Struktur der Verkehrsmittelwahl in Abbildung 2/3. Zusätzlich unterstellen wir jedoch eine identische Korrelation zwischen allen ausländischen Alternativen. Dies bedeutet, daß neben den zu schätzenden Strukturparametern *zwei* Korrelationsparameter (RHO1 und RHO2) zu schätzen sind, die beide im Intervall [0, 1] liegen sollen. In der im folgenden präsentierten Schätzung unterstellen wir, daß die Entscheidung in der *obersten Stufe* von der Einwohnerzahl (EZ) des Wohnorts des Individuums abhängt. In der *mittleren Stufe*, in der zwischen Inland und Ausland gewählt wird, soll die Organisationsform (OF) der Reise sowie das Pro-Kopf-Einkommen (PKE) eine Rolle spielen und in der *untersten Stufe* soll die Entscheidung für ein bestimmtes Ausland vom Alter (AL) abhängig sein. Daneben soll der Kaufkraftunterschied (KKU) der einzelnen Länder gegenüber einer Reise im Inland einen Einfluß haben. Die sozioökonomischen Einflußvariablen (mit Ausnahme der Einkommensvariablen) erscheinen in qualitativer Form, um nicht-monotone Beziehungen einzufangen. Dies wäre nicht möglich, wenn beispielsweise statt

---

[104]Das Beispiel basiert auf Ergebnissen der Untersuchung von Ronning (1989m).

2.6 Discrete Choice-Modelle

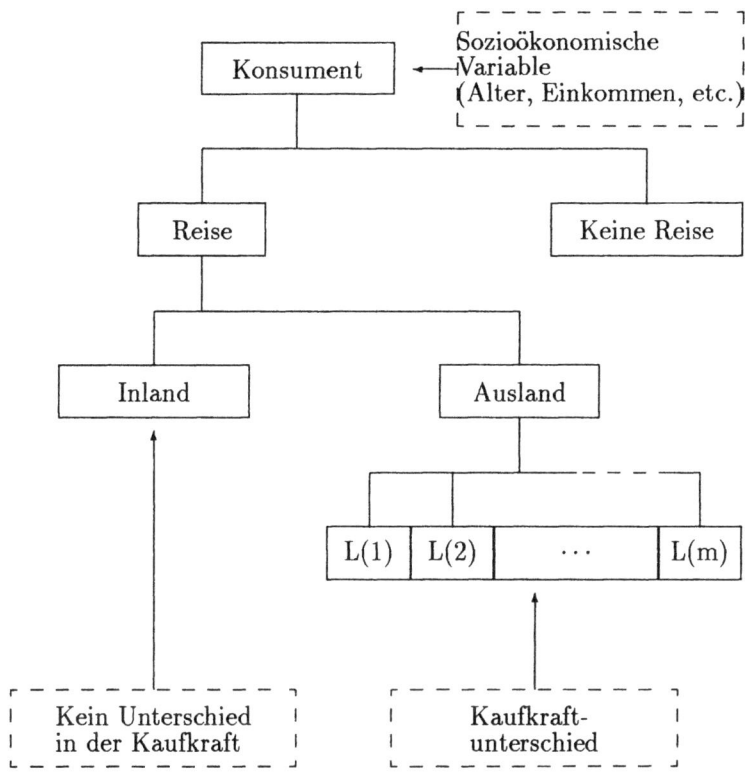

Abbildung 2/4: Die Struktur der Reiseentscheidung

der Altersgruppen das stetige Merkmal Alter verwendet worden wäre. Andererseits steigt dadurch die Zahl der zu schätzenden Parameter.

Tabelle 2.9 präsentiert die Ergebnisse der sequentiellen Schätzung[105], bei der die Schätzung einer bestimmten Stufe die Ergebnisse der jeweils darunter liegenden Stufe als Input berücksichtigt. RHO1 bezeichnet den Korrelationsparameter für den Zusammenhang zwischen In- und Ausland und RHO2 den für die ausländischen Länder. Beide Parameter sollten zwischen 0 und 1 liegen, wobei ein Wert nahe bei 1

---

[105]Siehe dazu die Bemerkung c) in Abschnitt 2.6.6. Die Standardfehler der Schätzer berücksichtigen die sequentielle Natur der Schätzung. Siehe Ronning (1989m) S. 437.

Tabelle 2.9
Schätzung des dreistufigen genisteten Logit-Modells

A. Schätzwerte für die oberste Stufe

Konstante	RHO1	EZ1	EZ2
−0.422	2.982*	−1.151*	−0.410*

B. Schätzwerte für die mittlere Stufe

Konstante	RHO2	OF1	OF2	PKE
−4.335*	0.876*	1.559*	0.988*	0.619*

C. Schätzwerte für die unterste Stufe

KKU
−0.007

	AL1	AL2	AL3	AL4
Norwegen	−1.285	−1.103	−9.215	−0.746
Dänemark	0.366	0.920	1.019	−0.481
Schweden	−0.458	−0.276	0.129	−1.999
Großbritannien	1.101	−0.797	−0.103	−1.826
Jugoslawien	2.293	1.848*	1.949*	0.146
Schweiz	0.393	0.470	1.364	0.709
Italien	2.378*	2.514*	2.965*	2.168*
Griechenland	1.549	0.702	0.479	−0.839
Österreich	2.660*	2.624*	3.588*	2.541*
Holland	1.206	0.695	1.165	−0.557
Frankreich	2.332*	1.566*	1.096	−0.157
Spanien	2.786*	2.537*	2.799*	1.499*
Türkei	−0.009	−0.114	−0.520	−1.549

Erläuterungen:
Parameter mit * signifikant von 0 verschieden (5%)
(für die Korrelationsparameter signifikant von 1 verschieden).
AL1 < 25 , 25 ≤ AL2 ≤ 39 , 40 ≤ AL3 ≤ 57 ,
58 ≤ AL4 ≤ 70 Jahre.
NI1 < 5000 Einwohner , 5000 ≤ NI2 < 100000 Einwohner.
OF1 = Pauschalreise ,
OF2 = durch Reisebüro organisierte Reise.

auf geringe Korrelation hinweist.[106] Dies ist für RHO2 der Fall, während RHO1 die Restriktion verletzt und deshalb strenggenommen nicht interpretierbar ist.[107]

Alle Koeffizienten der sozioökonomischen Variablen sind signifikant von Null ver-

---

[106]Siehe Bemerkung a) in Abschnitt 2.6.6.
[107]Die Verletzung der Restriktion ist eine sehr häufige Erfahrung bei der Schätzung des genisteten Logit-Modells. Börsch-Supan (1990) hat gezeigt, daß auch Werte des Korrelationsparameters (Ähnlichkeitsparameters), die größer als 1 sind, mit der Nutzenmaximierungs-Hypothese verträglich sind.

schieden, allerdings für das Alter nicht bezüglich aller Länder.[108] Dagegen ist der geschätzte Parameter, der den Einfluß der Kaufkraftparität beschreibt, nicht signifikant von Null verschieden. Dies mag daran liegen, daß die Kaufkraft für alle Individuen eines bestimmten Landes konstant ist und insofern für den Einzelnen nur sehr begrenzte Aussagefähigkeit hat.[109]

2.7 Multivariate Modelle

Alle Modelle, die wir in diesem Kapitel bisher behandelt haben, betrachten nur eine einzige abhängige Variable. Andererseits ist typischerweise nicht das Verhalten einer Variablen, sondern mehrerer Variablen gemeinsam von Interesse. Beispielsweise haben König und Nerlove in einer Reihe von Arbeiten mehrere Konjunkturtestvariablen (Produktionspläne, Lagereinschätzung, Auftragsbestandeinschätzung und die erwartete Geschäftsentwicklung) nebeneinander betrachtet[110]. Wie in Abschnitt 1 bereits angekündigt, werden wir uns auf Modelle beschränken, in denen ausschließlich *qualitative* abhängige Variablen eine Rolle spielen und dabei auch nur auf den *bivariaten* Fall eingehen. Amemiya (1985, S. 311) weist darauf hin, daß multivariate Modelle mit mehreren diskreten abhängigen Variablen als Spezialfall eines Modells mit *einer* diskreten abhängigen Variablen interpretiert werden können. Dazu betrachten wir die gemeinsame Verteilung von zwei binären Zufallsvariablen, Y_1 und Y_2, in der Tabelle

---

[108] Bei der Interpretation der Schätzergebnisse ist zu beachten, daß für die sozioökonomischen Variablen jeweils die Koeffizienten einer Alternative auf Null gesetzt wurden, um eine eindeutige Parametrisierung zu erreichen. Siehe (2-34). Dies war in der obersten Stufe die Alternative "keine Reise", in der mittleren Stufe die Alternative "Inland" und in der untersten Stufe das Land USA. Ferner wird für die qualitativen sozioökonomischen Variablen (Dummy-Variablen) jeweils eine Kategorie ausgelassen, da sonst exakte Kollinearität bestehen würde. Dies sind für die Einwohnerzahl (EZ) und das Alter (AL) jeweils die oberste Klasse. Für die Organisationsform (OF) wurde die Kategorie "Reise selbst organisiert" ausgelassen.

[109] Wegen der fehlenden Variation dieser Einflußvariablen über die Individuen kann in der untersten Stufe kein Absolutglied spezifiziert werden. Siehe Abschnitt 2.6.7 sowie Ronning (1988e).

[110] Siehe z.B. König, Nerlove und Oudiz (1982).

2.10.

Tabelle 2.10		
Y_2 \ Y_1	0	1
0	P_{00}	P_{01}
1	P_{10}	P_{11}

Man kann Tabelle 2.10 auch als Verteilung der diskreten Zufallsvariablen Y betrachten, die vier verschiedene Ausprägungen mit den Wahrscheinlichkeiten P_{00}, P_{01}, P_{10} und P_{11} annimmt. Demnach bleiben die Ergebnisse der schließenden Statistik aus den univariaten Modellen hier gültig.

2.7.1 Loglineares Wahrscheinlichkeitsmodell

Wir betrachten zwei diskrete Variable Y_1 und Y_2 mit $r+1$ bzw. $s+1$ *ungeordneten* Kategorien. Siehe Tabelle 2.11 .

Tabelle 2.11						
Y_2 \ Y_1	0	1	2	... j	...	s
0						
1						
2						
⋮				⋮		
i	...	...	...	... P_{ij}		
⋮						
r						

Wir beginnen mit dem binären Fall ($r = s = 1$) und schreiben die gemeinsamen Wahrscheinlichkeiten für die beiden Zufallsvariablen wie folgt:

$$P(Y_1 = i, Y_2 = j) = \frac{1}{D} \exp(\alpha_1 Y_1 + \alpha_2 Y_2 + \alpha_{12} Y_1 Y_2) \ . \qquad (2-128)$$

Dabei ist D derart gewählt, daß die Summe aller gemeinsamen Wahrscheinlichkeiten gleich Eins ist. Dann erhalten wir:

$$\begin{aligned} P_{00} &= D^{-1} \\ P_{10} &= D^{-1} \exp(\alpha_1) \\ P_{01} &= D^{-1} \exp(\alpha_2) \\ P_{11} &= D^{-1} \exp(\alpha_1 + \alpha_2 + \alpha_{12}) \end{aligned} \qquad (2-129)$$

2.7 Multivariate Modelle

Somit ergibt sich für D:

$$D = 1 + \exp(\alpha_1) + \exp(\alpha_2) + \exp(\alpha_1 + \alpha_2 + \alpha_{12}) \quad . \qquad (2-130)$$

Für die *Randwahrscheinlichkeiten* erhalten wir

$$P_{0\bullet} = D^{-1}(1 + \exp(\alpha_2)) \qquad (2\text{-}131)$$

$$P_{\bullet 0} = D^{-1}(1 + \exp(\alpha_1)) \qquad (2\text{-}132)$$

Durch Vergleich von $P_{0\bullet} \cdot P_{\bullet 0}$ mit P_{00} sehen wir, daß Y_1 und Y_2 genau dann voneinander unabhängig sind, wenn $\alpha_{12} = 0$ gilt (Übungsaufgabe). Ferner ergibt sich für die *bedingten Wahrscheinlichkeiten*

$$P_{0|0} = \frac{P_{00}}{P_{\bullet 0}} = \frac{1}{1 + \exp(\alpha_1)} \qquad (2\text{-}133)$$

$$P_{0|1} = \frac{P_{01}}{P_{\bullet 1}} = \frac{\exp(\alpha_2)}{\exp(\alpha_2) + \exp(\alpha_1 + \alpha_2 + \alpha_{12})}$$

$$= \frac{1}{1 + \exp(\alpha_1 + \alpha_{12})} \qquad (2\text{-}134)$$

Auch anhand dieser Formeln kann man verifizieren, daß $P_{0\bullet} = P_{0|0} = P_{0|1}$, falls $\alpha_{12} = 0$ gilt (Übungsaufgabe). Schließlich erkennt man aus den Formeln (2-128) bis (2-134), daß bedingte und gemeinsame Wahrscheinlichkeiten eine logistische Spezifikation aufweisen, nicht aber die Randwahrscheinlichkeiten.

Der Name "loglinear" rührt von der folgenden Darstellung der bedingten Wahrscheinlichkeiten her:

$$\log \frac{P(Y_1 = 1 \mid Y_2)}{P(Y_1 = 0 \mid Y_2)} = \log \frac{\exp(\alpha_1 + \alpha_2 Y_2 + \alpha_{12} Y_2)}{\exp(\alpha_2 Y_2)}$$

$$= \alpha_1 + \alpha_{12} Y_2 \qquad (2\text{-}135)$$

Einerseits erkennt man in (2-135) die enge Beziehung zum logistischen Modell. Siehe vor allem (2-26). Im Unterschied zu diesem ist die Einflußvariable hier eine binäre oder "Dummy"-Variable, d.h. die rechte Seite von (2-135) hat die in der Varianzanalyse der linearen Modelle typische Form. Um die Verallgemeinerung auf beliebig viele Kategorien (siehe Tabelle 2.11) zu beschreiben, benötigen wir erst einmal den Fall einer gemeinsamen Verteilung von k *binären* Variablen. Beispielsweise ergibt sich für den Fall von $k = 3$ binären Variablen (Y_1, Y_2, Y_3) das folgende loglineare Wahrscheinlichkeitsmodell:

$$P(Y_1 = i, Y_2 = j, Y_3 = k)$$
$$= D^{-1} \exp(\alpha_1 Y_1 + \alpha_2 Y_2 + \alpha_3 Y_3 + \\ + \alpha_{12} Y_1 Y_2 + \alpha_{13} Y_1 Y_3 + \alpha_{23} Y_2 Y_3 + \alpha_{123} Y_1 Y_2 Y_3) \quad (2-136)$$

Auch dieses Modell läßt sich in loglinearer Form für bedingte Wahrscheinlichkeiten darstellen. Beispielsweise gilt

$$\log \frac{P(Y_1 = 1 \mid Y_2, Y_3)}{P(Y_1 = 0 \mid Y_2, Y_3)}$$

$$= \log \left(\frac{\exp(\alpha_1 + \alpha_2 Y_2 + \alpha_3 Y_3 + \alpha_{12} Y_2 + \alpha_{13} Y_3 + \alpha_{23} Y_2 Y_3 + \alpha_{123} Y_2 Y_3)}{\exp(\alpha_2 Y_2 + \alpha_3 Y_3 + \alpha_{23} Y_2 Y_3)} \right)$$

$$= \alpha_1 + \alpha_{12} Y_2 + \alpha_{13} Y_3 + \alpha_{123} Y_2 Y_3$$

Die Verwandtschaft zum Modell der Varianzanalyse ist hier noch deutlicher als im bivariaten Fall. Hier wie dort sprechen wir von einem "Saturierten" Modell, wenn alle Interaktionen bis zur Ordnung k spezifiziert werden. Wesentlich in der statistischen Analyse ist, ob diese Interaktionsterme von Null verschieden sind, was auf eine Assoziation zwischen den betreffenden Variablen hinweist. Man kann zeigen (Übungsaufgabe), daß im Fall von $k = 3$ binären abhängigen Variablen stochastische Unabhängigkeit genau dann gegeben ist, wenn alle Interaktionen (von der Ordnung 2 *und* 3) gleich Null sind.

Wir wenden uns nun wieder dem Fall $k = 2$ zu, lassen jetzt aber beliebig viele Kategorien zu (siehe Tabelle 2.11). Mit Hilfe von binären Hilfsvariablen, deren Konstruktion wir am Beispiel einer (3×3) Kontingenztafel ($r = s = 2$) illustrieren, werden wir das Modell für zwei polytome Variablen auf ein Modell mit ausschließlich binären bzw. dichotomen Variablen zurückführen. Wir definieren die binären Zufallsvariablen

$$Z_1 = \begin{cases} 1 & \text{falls} \quad Y_1 = 0 \\ 0 & \text{sonst} \end{cases}$$

$$Z_2 = \begin{cases} 1 & \text{falls} \quad Y_1 = 1 \\ 0 & \text{sonst} \end{cases}$$

$$Z_3 = \begin{cases} 1 & \text{falls} \quad Y_2 = 0 \\ 0 & \text{sonst} \end{cases}$$

$$Z_4 = \begin{cases} 1 & \text{falls} \quad Y_2 = 1 \\ 0 & \text{sonst} \end{cases}$$

2.7 Multivariate Modelle

Diese vier binären Zufallsvariablen erlauben $2^4 = 16$ verschiedene Konstellationen, die in Tabelle 2.12 dargestellt sind. Da jedoch niemals Z_1 und Z_2 bzw. Z_3 und Z_4 gleichzeitig 1 sein können, fallen von den 16 Möglichkeiten 7 Möglichkeiten fort: Die Tabelle 2.12 markiert die unzulässigen Konstellationen durch einen Stern.

Tabelle 2.12

Z_1	Z_2	Z_3	Z_4	
0	0	0	0	
0	0	0	1	
0	0	1	0	
0	0	1	1	*
0	1	0	0	
0	1	0	1	
0	1	1	0	
0	1	1	1	*
1	0	0	0	
1	0	0	1	
1	0	1	0	
1	0	1	1	*
1	1	0	0	*
1	1	0	1	*
1	1	1	0	*
1	1	1	1	*

Die restlichen $16 - 7 = 9$ Konstellationen korrespondieren mit den verschiedenen Konstellationen, die die beiden trichotomen Variablen Y_1 und Y_2 beschreiben können. Siehe Tabelle 2.13 .

Tabelle 2.13

Y_1	Y_2	Z_1	Z_2	Z_3	Z_4
0	0	1	0	1	0
1	0	0	1	1	0
2	0	0	0	1	0
0	1	1	0	0	1
1	1	0	1	0	1
2	1	0	0	0	1
0	2	1	0	0	0
1	2	0	1	0	0
2	2	0	0	0	0

Wir können nun das loglineare Modell für die beiden trichotomen Variablen Y_1 und Y_2 als Modell für die vier binären Variablen Z_1, Z_2, Z_3, Z_4 darstellen. Dafür benutzen wir eine (2-136) entsprechende Formulierung, müssen aber berücksichtigen, daß stets $Z_1 \cdot Z_2 = 0$ und $Z_3 \cdot Z_4 = 0$ gilt. Dies führt dazu, daß bestimmte Interaktionsparameter gleich Null sind. Insbesondere entfallen alle Interaktionen der Ordnung 3 und 4 (Übungsaufgabe).

Wenden wir uns nun der *Schätzung* des loglinearen Wahrscheinlichkeitsmodells zu. Wir haben gesehen, daß sowohl gemeinsame als auch bedingte Wahrscheinlichkeiten der Logit-Spezifikation folgen und deshalb relativ einfach zu schätzen sind. Siehe dazu die Ausführungen im Abschnitt 2.1. Weiter vereinfacht wird die Schätzung im Fall *saturierter* Modelle. Dort sind die betreffenden relativen Häufigkeiten aus der Kontingenztabelle die ML-Schätzwerte für die betreffenden Wahrscheinlichkeiten. Wir illustrieren dies für das Modell (2-128), also den Fall einer Vierfeldertafel, wie ihn Tabelle 2.2 in Abschnitt 2.1.1 angibt. Dabei bezeichnet n_{ij} die (absolute) Häufigkeit für Zelle (i,j). Die vier Wahrscheinlichkeiten sind durch (2-129) gegeben. Deshalb lautet die Likelihoodfunktion

$$\mathcal{L} = \left(\frac{1}{D}\right)^{n_{00}} \left(\frac{\exp(\alpha_1)}{D}\right)^{n_{10}} \left(\frac{\exp(\alpha_2)}{D}\right)^{n_{01}} \left(\frac{\exp(\alpha_1+\alpha_2+\alpha_{12})}{D}\right)^{n_{11}} \quad (2-137)$$

und für die logarithmierte Likelihoodfunktion erhalten wir

$$\begin{aligned} L &= n_{10}\,\alpha_1 + n_{01}\,\alpha_2 + n_{11}(\alpha_1+\alpha_2+\alpha_{12}) - n\log D \\ &= (n_{10}+n_{11})\,\alpha_1 + (n_{01}+n_{11})\,\alpha_2 + n_{11}\,\alpha_{12} - n\log D \end{aligned} \quad (2\text{-}138)$$

Die Bedingungen erster Ordnung lauten dann

$$\frac{\partial L}{\partial \alpha_1} = n_{10}+n_{11} \;-\; \frac{n}{\tilde{D}}\left(\exp(\tilde{\alpha}_1)+\exp(\tilde{\alpha}_1+\tilde{\alpha}_2+\tilde{\alpha}_{12})\right) \stackrel{!}{=} 0 \quad (2\text{-}139)$$

$$\frac{\partial L}{\partial \alpha_2} = n_{01}+n_{11} \;-\; \frac{n}{\tilde{D}}\left(\exp(\tilde{\alpha}_2)+\exp(\tilde{\alpha}_1+\tilde{\alpha}_2+\tilde{\alpha}_{12})\right) \stackrel{!}{=} 0 \quad (2\text{-}140)$$

$$\frac{\partial L}{\partial \alpha_{12}} = n_{11} \;-\; \frac{n}{\tilde{D}}\exp(\tilde{\alpha}_1+\tilde{\alpha}_2+\tilde{\alpha}_{12}) \stackrel{!}{=} 0 \quad . \quad (2\text{-}141)$$

Subtraktion der dritten Gleichung von den ersten beiden ergibt

$$n_{10} - \frac{n}{\tilde{D}}\exp(\tilde{\alpha}_1) = 0$$

und

$$n_{01} - \frac{n}{\tilde{D}}\exp(\tilde{\alpha}_2) = 0 \quad .$$

2.7 Multivariate Modelle

Die Gleichungen (2-139) bis (2-141) werden damit zu

$$\exp(\tilde{\alpha}_1) = \tilde{D}\frac{n_{10}}{n} \qquad (2\text{-}142)$$

$$\exp(\tilde{\alpha}_2) = \tilde{D}\frac{n_{01}}{n} \qquad (2\text{-}143)$$

$$\exp(\tilde{\alpha}_1 + \tilde{\alpha}_2 + \tilde{\alpha}_{12}) = \tilde{D}\frac{n_{11}}{n} \ . \qquad (2\text{-}144)$$

Aus (2-130) erhalten wir unter Beachtung von (2-142) bis (2-144)

$$\begin{aligned}\tilde{D} - 1 &= \tilde{D}\left(\frac{n_{10} + n_{01} + n_{11}}{n}\right) \\ &= \tilde{D}\left(\frac{n - n_{00}}{n}\right) \\ &= \tilde{D} - \tilde{D}\left(\frac{n_{00}}{n}\right)\end{aligned}$$

oder

$$\tilde{D} = \frac{n}{n_{00}} \ . \qquad (2-145)$$

Setzen wir schließlich (2-145) in die Gleichungen (2-142) bis (2-144) ein, so ergeben sich die gesuchten ML-Schätzer als

$$\tilde{\alpha}_1 = \log\left(\frac{n_{10}}{n_{00}}\right) \qquad (2\text{-}146)$$

$$\tilde{\alpha}_2 = \log\left(\frac{n_{01}}{n_{00}}\right) \qquad (2\text{-}147)$$

$$\tilde{\alpha}_{12} = \log\left(\frac{n_{00}\,n_{11}}{n_{10}\,n_{01}}\right) \ . \qquad (2\text{-}148)$$

Schließlich sei noch auf die Möglichkeit hingewiesen, weitere, insbesondere stetige Einflußvariable im loglinearen Wahrscheinlichkeitsmodell zu berücksichtigen. Nerlove und Press (1973) haben vorgeschlagen, die "Haupteffekte" α_i von einem Einflußgrößenvektor x abhängig zu machen. Wählen wir z. B:

$$\alpha_1 = x'\beta$$

und setzen dies in das bedingte Modell (2-133) *und* (2-134) ein, so sind wir wieder bei dem altbekannten logistischen Modell (2-6) aus Abschnitt 2.1, das nun neben dem Vektor x stetiger Einflußgrößen noch die qualitative Einflußgröße Y_2 aufweist:

$$P(Y_1 = 0 \,|\, Y_2, x) = \frac{1}{1 + \exp(x'\beta + \alpha_{12} Y_2)}$$

Die Schätzung *bedingter* Wahrscheinlichkeitsmodelle ist das *übliche* Verfahren in der Ökonometrie[111], da dies die Interpretation der Ergebnisse oft erleichtert: Für gegebene Werte der exogenen Variablen erhalten wir die Wahrscheinlichkeit für die verschiedenen Ausprägungen der endogenen Variablen. Siehe dazu z.B. König, Nerlove und Oudiz (1982), die mit Hilfe der qualitativen Daten des IFO-Konjunkturtests das Verhalten von Unternehmungen analysieren. Andererseits muß man sich darüber klar sein, daß bei diesem Vorgehen nicht alle Parameter des loglinearen Wahrscheinlichkeitsmodells geschätzt werden. Betrachten wir dazu nochmals das bedingte Modell (2-135)

$$\log \frac{P(Y_1 = 1 \,|\, Y_2)}{P(Y_1 = 0 \,|\, Y_2)} = \alpha_1 + \alpha_{12} Y_2 \quad .$$

In dieser Formulierung fehlt der Parameter α_2; seinen Wert können wir aus dem korrespondierenden bedingten Modell für Y_2 schätzen:

$$\log \frac{P(Y_2 = 1 \,|\, Y_1)}{P(Y_2 = 0 \,|\, Y_1)} = \alpha_2 + \alpha_{12} Y_1 \quad .$$

Die Schätzung des Interaktionsparameters α_{12} mittels der Maximum-Likelihood-Methode führt übrigens in beiden Modellen zum gleichen Wert. In beiden Fällen ergibt sich[112]:

$$\tilde{\alpha}_{12} = \log \left(\frac{n_{00}\, n_{11}}{n_{10}\, n_{01}} \right) \quad .$$

Betrachtet man dagegen unsaturierte Modelle, so ist die automatische Erfüllung der Restriktionen, die von den verschiedenen bedingten Wahrscheinlichkeitsmodellen zu

---

[111]Alle in den Abschnitten 2.1 bis 2.6 betrachteten Modelle gingen von einer bedingten Verteilung aus!

[112]Dies Resultat erhält man, wenn man für das Modell (2-133) und (2-134) die Methoden aus Abschnitt 2.1.1, insbesondere die Formel (2-23) benutzt. Denselben Schätzwert hatten wir in (2-148) bei gemeinsamer Schätzung aller drei Parameter erhalten.

erfüllen sind, nicht mehr gegeben. Wir verweisen dazu auf die Diskussion bei Maddala (1983, S. 106-108).

2.7.2 Multivariate Probit-Modelle

Wir betrachten in diesem Unterabschnitt die gemeinsame Verteilung von mehreren abhängigen Variablen mit *geordneten* Kategorien. Deshalb nehmen wir an, daß die latenten Y_i^* dem Schwellenwertmodell (2-67) folgen. Zusätzlich unterstellen wir hier, daß die Zufallsvariablen *gemeinsam normalverteilt* sind. In der Darstellung beschränken wir uns allerdings auf den bivariaten Fall, d.h. wir unterstellen für die beiden Zufallsvariablen Y_1^* und Y_2^*:

$$\begin{pmatrix} Y_1^* \\ Y_2^* \end{pmatrix} \sim N\left(\begin{pmatrix} \mu_1 \\ \mu_2 \end{pmatrix}, \begin{pmatrix} \sigma_1^2 & \varrho\,\sigma_1\sigma_2 \\ \varrho\,\sigma_1\sigma_2 & \sigma_2^2 \end{pmatrix} \right) \qquad (2-149)$$

und für die beiden beobachtbaren Variablen nehmen wir an, daß

$$Y_i = \begin{cases} 1 & \text{falls} & Y_i^* \leq \gamma_1^{(i)} \\ 2 & \text{falls} & \gamma_1^{(i)} < Y_i^* \leq \gamma_2^{(i)} \\ \vdots & & \\ h_i & \text{falls} & \gamma_{h_i-1}^{(i)} < Y_i^* \end{cases} \qquad (2-150)$$

für $i = 1, 2$, $h_1 = r$, $h_2 = s$ gilt. Im folgenden verwenden wir für die Schwellenwerte die Symbole a und b statt der Symbole $\gamma^{(1)}$ und $\gamma^{(2)}$. Dann lassen sich die Zellenwahrscheinlichkeiten π_{ij} wie folgt schreiben (siehe auch Abbildung 2/5):

$$\begin{aligned} \pi_{ij} &= P(Y_1 = i, Y_2 = j) \\ &= F_2(a_i, b_j) - F_2(a_i, b_{j-1}) - F_2(a_{i-1}, b_j) + F_2(a_{i-1}, b_{j-1}) \end{aligned} \qquad (2\text{-}151)$$

Dabei ist $F_2(a, b)$ die gemeinsame Verteilungsfunktion der Normalverteilung für $P(Y_1^* \leq a, Y_2^* \leq b)$ mit Korrelationsparameter ϱ. Die Abhängigkeit von diesem Parameter machen wir deutlich, wenn wir die Wahrscheinlichkeiten durch die Verteilungsfunktion Φ_2 der bivariaten Standardnormalverteilung ausdrücken:

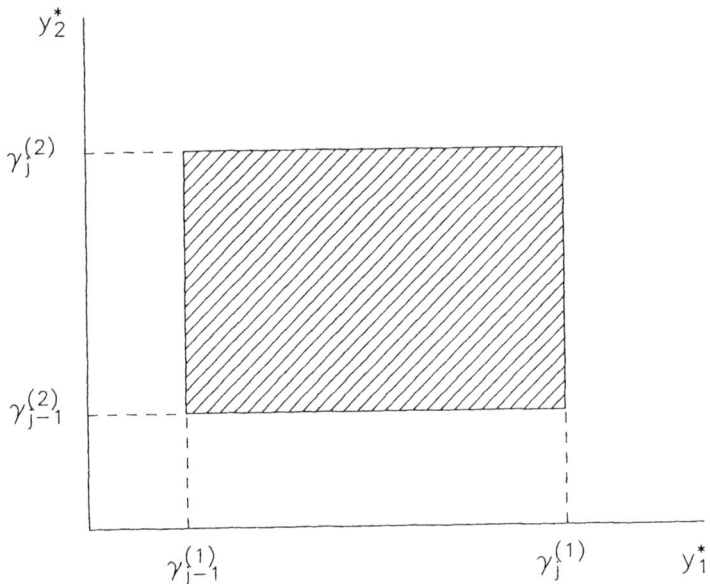

Abbildung 2/5

$$
\begin{aligned}
P(Y_1^* &\leq a_i, Y_2^* \leq b_j) \\
&= P\left(\frac{Y_1^* - \mu_1}{\sigma_1} \leq \frac{a_i - \mu_1}{\sigma_1}, \frac{Y_2^* - \mu_2}{\sigma_2} \leq \frac{b_j - \mu_2}{\sigma_2}\right) \\
&= \Phi_2\left(\frac{a_i - \mu_1}{\sigma_1}, \frac{b_j - \mu_2}{\sigma_2}; \varrho\right)
\end{aligned}
\qquad (2\text{-}152)
$$

Daraus ersieht man, daß für eine eindeutige Parametrisierung Restriktionen notwendig sind. Wir setzen

$$
\begin{aligned}
\mu_1 &= \mu_2 = 0 \\
\sigma_1 &= \sigma_2 = 1
\end{aligned}
\qquad (2-153)
$$

Es werden vorerst keine exogenen Variablen berücksichtigt.

Zu schätzen sind dann noch die $r - 1 + s - 1$ Schwellenwerte sowie der Korrelationskoeffizient ϱ. Dabei stehen als Beobachtungsbefund die bivariaten Häufigkeiten für die beobachtbaren Variablen Y_1 und Y_2 zur Verfügung. Man spricht in diesem

2.7 Multivariate Modelle

Zusammenhang von *polychorischer Korrelation*. Die Schätzmethode soll im folgenden ausführlich dargestellt werden.[113] Ausgangspunkt sind die (unbekannten) Wahrscheinlichkeiten π_{ij}, für die wir aufgrund der Normierung (2-153) auch schreiben können:

$$\pi_{ij} = \Phi_2(a_i, b_j; \varrho) - \Phi_2(a_{i-1}, b_j; \varrho) - \Phi_2(a_i, b_{j-1}; \varrho) + \Phi_2(a_{i-1}, b_{j-1}; \varrho) ,$$
(2 – 154)

und die Likelihoodfunktion

$$\mathcal{L} = \prod_{i=1}^{r} \prod_{j=1}^{s} \pi_{ij}^{n_{ij}} \qquad (2-155)$$

bzw. die Loglikelihoodfunktion

$$L = \sum_{i=1}^{r} \sum_{j=1}^{s} n_{ij} \log \pi_{ij} . \qquad (2-156)$$

Für die Maximum-Likelihood-Schätzung benötigen wir (zumindest) die ersten Ableitungen der bivariaten Verteilungsfunktion Φ_2. Dazu beachten wir, daß die Dichte φ_2 der bivariaten Verteilung durch die Dichte φ der univariaten Verteilung wie folgt ausgedrückt werden kann:

$$\begin{aligned}
\varphi_2(y, z; \varrho) &= \left[2\pi(1-\varrho^2)^{\frac{1}{2}}\right]^{-1} \cdot \exp\left[-\frac{y^2 - 2\varrho y z + z^2}{2(1-\varrho^2)}\right] \\
&= \varphi(y)\, \varphi\left(\frac{z-\varrho y}{(1-\varrho^2)^{\frac{1}{2}}}\right) \frac{1}{(1-\varrho^2)^{\frac{1}{2}}} .
\end{aligned} \qquad (2\text{-}157)$$

Außerdem benötigen wir Placketts "Reduktionsformel"[114]

$$\frac{\partial \varphi_2(y, z; \varrho)}{\partial \varrho} = \frac{\partial^2 \varphi_2(y, z; \varrho)}{\partial y\, \partial z} . \qquad (2-158)$$

Für die bivariate Verteilungsfunktion erhalten wir demnach

$$\begin{aligned}
\Phi_2(y, z; \varrho) &= \int_{-\infty}^{y} \int_{-\infty}^{z} \varphi_2(u, v; \varrho)\, du\, dv \\
&= \int_{-\infty}^{y} \varphi(u)\, \Phi\left(\frac{z-\varrho u}{(1-\varrho^2)^{\frac{1}{2}}}\right) du .
\end{aligned} \qquad (2\text{-}159)$$

---
[113]Dabei lehnen wir uns an die Darstellung in Ronning und Kukuk (1990) an.
[114]Siehe Plackett (1954). Der Beweis dieses Ergebnisses ist nicht ganz einfach.

Ableitung dieses Ausdrucks nach y_1 ergibt

$$\frac{\partial \Phi_2(y, z; \varrho)}{\partial y} = \varphi(y) \Phi\left(\frac{z - \varrho y}{(1 - \varrho^2)^{\frac{1}{2}}}\right) \quad . \tag{2-160}$$

Ein entsprechendes Resultat ergibt sich bei Ableitung nach z. Ferner benötigen wir die Ableitung bezüglich ϱ. Dazu benutzen wir das folgende allgemeine Resultat für die Beziehung zwischen zweidimensionaler Verteilungs- und Dichtefunktion:

$$\frac{\partial^2 \Phi_2(y, z; \varrho)}{\partial y \, \partial z} = \varphi_2(y, z; \varrho) \quad . \tag{2-161}$$

Unter Beachtung von (2-158) ergibt sich dann

$$\frac{\partial \Phi_2(y, z; \varrho)}{\partial \varrho} = \varphi_2(y, z; \varrho) \quad . \tag{2-162}$$

Bei Verwendung dieser Ergebnisse erhalten wir für die partiellen Ableitungen der Loglikelihoodfunktion:

$$\frac{\partial L}{\partial \varrho} = \sum_{i=1}^{r} \sum_{j=1}^{s} \frac{n_{ij}}{\pi_{ij}} \frac{\partial \pi_{ij}}{\partial \varrho} \tag{2-163}$$

$$\frac{\partial L}{\partial a_k} = \sum_{i=1}^{r} \sum_{j=1}^{s} \frac{n_{ij}}{\pi_{ij}} \frac{\partial \pi_{ij}}{\partial a_k} \qquad k = 1, \ldots, r-1 \tag{2-164}$$

$$\frac{\partial L}{\partial b_m} = \sum_{i=1}^{r} \sum_{j=1}^{s} \frac{n_{ij}}{\pi_{ij}} \frac{\partial \pi_{ij}}{\partial b_m} \qquad m = 1, \ldots, s-1 \tag{2-165}$$

Unter Beachtung von (2-162) können wir (2-163) jetzt wie folgt schreiben:

$$\frac{\partial L}{\partial \varrho} = \sum_{i=1}^{r} \sum_{j=1}^{s} \frac{n_{ij}}{\pi_{ij}} \{\varphi_2(a_i, b_j; \varrho) - \varphi_2(a_{i-1}, b_j; \varrho) -$$
$$- \varphi_2(a_i, b_{j-1}; \varrho) + \varphi_2(a_{i-1}, b_{j-1}; \varrho)\} \tag{2-166}$$

Für die Ableitung der Wahrscheinlichkeiten nach den Schwellenwerten ist zu beachten, daß die π_{ij} nur von a_i und a_{i-1} bzw. von b_j und b_{j-1} abhängen. Siehe (2-154). Deshalb erhalten wir

$$\frac{\partial \pi_{ij}}{\partial a_k} = \begin{cases} 0 & \text{wenn } k \neq i \text{ und } k \neq i-1 \,; \\ \dfrac{\partial \Phi_2(a_k, b_j)}{\partial a_k} - \dfrac{\partial \Phi_2(a_k, b_{j-1})}{\partial a_k} & \text{wenn } k = i \,; \\ -\dfrac{\partial \Phi_2(a_k, b_j)}{\partial a_k} + \dfrac{\partial \Phi_2(a_k, b_{j-1})}{\partial a_k} & \text{wenn } k = i-1 \,. \end{cases}$$
$$\tag{2-167}$$

2.7 Multivariate Modelle

Demnach ergibt sich für die Ableitung der Loglikelihoodfunktion nach den Schwellenwerten a_i :

$$\frac{\partial L}{\partial a_k} = \sum_{i=1}^{r} \left(\frac{n_{ki}}{\pi_{ki}} - \frac{n_{k+1;i}}{\pi_{k+1;i}} \right) \varphi(a_k) \left[\Phi \left\{ \frac{b_i - \varrho\, a_k}{(1 - \varrho^2)^{\frac{1}{2}}} \right\} - \Phi \left\{ \frac{b_{i-1} - \varrho\, a_k}{(1 - \varrho^2)^{\frac{1}{2}}} \right\} \right] . \qquad (2-168)$$

Für die Ableitung bezüglich b_m lautet das entsprechende Resultat:

$$\frac{\partial L}{\partial b_m} = \sum_{j=1}^{s} \left(\frac{n_{jm}}{\pi_{jm}} - \frac{n_{j;m+1}}{\pi_{j;m+1}} \right) \varphi(b_m) \left[\Phi \left\{ \frac{a_j - \varrho\, b_m}{(1 - \varrho^2)^{\frac{1}{2}}} \right\} - \Phi \left\{ \frac{a_{j-1} - \varrho\, b_m}{(1 - \varrho^2)^{\frac{1}{2}}} \right\} \right] . \qquad (2-169)$$

Die Maximum-Likelihood-Schätzwerte ergeben sich als Lösungen der gleich Null gesetzten ersten Ableitungen.

Wegen der bereits für zwei Variable recht komplexen Berechnung hat Olsson (1979) eine *zweistufige Schätzmethode* vorgeschlagen, die nach neueren Erkenntnissen ein sinnvolles Vorgehen darstellt[115]. Wir definieren die relativen Häufigkeiten durch $f_{ij} = n_{ij}/\sum_{i,j} n_{ij}$ und berechnen dann die marginalen kumulierten Häufigkeiten

$$p_{i\bullet} = \sum_{k=1}^{i} \sum_{j=1}^{s} f_{kj} \qquad (2-170)$$

und

$$p_{\bullet j} = \sum_{i=1}^{r} \sum_{k=1}^{j} f_{ik} \quad . \qquad (2-171)$$

Unter der Annahme der Normalverteilung erhalten wir daraus folgende Schätzungen für die Schwellenwerte:

$$\hat{a}_i = \Phi^{-1}(p_{i\bullet}) \qquad (2-172)$$

sowie

$$\hat{b}_j = \Phi^{-1}(p_{\bullet j}) \quad . \qquad (2-173)$$

Diese Schätzwerte setzen wir in (2-162) ein und bestimmen daraus den Schätzwert für ϱ. Offensichtlich ist dieses Maximierungsproblem sehr viel einfacher zu lösen[116]. Die

---
[115] Siehe z.B. Ronning und Kukuk (1990) und die dort genannte Literatur.
[116] Für den Fall von zwei Variablen mit jeweils nur zwei Kategorien, d.h. $r = s = 2$, ist dieses Verfahren mit der Maximum-Likelihood-Schätzung, die in einer Übungsaufgabe ausführlich dargestellt werden soll, identisch. Siehe Hamdan (1970).

praktische Bedeutung dieses zweistufigen Verfahrens ist bei der Analyse von mehr als zwei Variablen noch größer[117].

Bisher wurden in diesem Unterabschnitt Einflußgrößen vernachlässigt. Üblicherweise wird man auch im bivariaten Probit-Modell einen Einflußgrößenvektor x mit einbeziehen. Entsprechend dem univariaten Fall geschieht dies über die Mittelwerte μ_1 und μ_2, d.h.

$$\begin{aligned}\mu_1 &= x'\beta_1 \\ \mu_2 &= x'\beta_2\end{aligned} \qquad (2-174)$$

wobei der Vektor x kein Eins-Element enthalten soll. Statt (2-152) erhalten wir jetzt

$$\Phi_2\left(\frac{\gamma_i^{(1)} - x'\beta_1}{\sigma_1}, \frac{\gamma_j^{(2)} - x'\beta_2}{\sigma_2}; \varrho\right) \qquad (2-175)$$

mit der in der Probit-Analyse üblichen Normierung

$$\sigma_1 = 1, \ \sigma_2 = 1 \ . \qquad (2-176)$$

Zu schätzen sind nun also die Koeffizientenvektoren β_1 und β_2, der Korrelationskoeffizient ϱ sowie die Schwellen für beide Variablen. Anwendungen dieses Modells sind wegen der aufwendigen Schätzprozedur selten. Für zwei dichotome abhängige Variable haben Ashford und Sowden (1970) die Krankheitsbilder von Bergleuten und deren Einflußfaktoren untersucht. Siehe dazu auch Amemiya (1985, S. 317), der darauf hinweist, daß man im Fall vieler Beobachtungen pro Zelle auf die Minimum-Chiquadrat-Methode zurückgreifen kann[118].

2.8 Simultane Logit- und Probit-Modelle

2.8.1 "Klassische" simultane Modelle

In der klassischen Ökonometrie zeichnet sich ein "simultanes" Modell dadurch aus, daß (gemeinsam) abhängige Variablen als erklärende Variablen in der strukturellen

---

[117]Siehe Kukuk (1990).

[118]Eine ausführlichere Darstellung findet sich in Amemiya (1974).

2.8 Simultane Logit- und Probit-Modelle

Form des Modells auftauchen. Siehe dazu Schneeweiß (1978, Teil III). Beispielsweise ist das folgende ein simultanes Modell:

$$\begin{aligned}\gamma_{11}\,y_{1t} + \gamma_{12}\,y_{2t} + \beta_{11}\,x_{1t} + \beta_{12}\,x_{2t} + u_{1t} &= 0 \\ \gamma_{21}\,y_{1t} + \gamma_{22}\,y_{2t} + \beta_{21}\,x_{1t} + \beta_{22}\,x_{2t} + u_{2t} &= 0\end{aligned} \qquad (2-177)$$

Dabei sind y_1 und y_2 die beiden gemeinsam abhängigen Variablen dieses Zwei-Gleichungsmodells mit x_1 und x_2 als den beiden exogenen Variablen. Kompakter kann man dafür auch schreiben:

$$\Gamma\,y_t + \mathrm{B}\,x_t + u_t = 0 \quad , \qquad (2-178)$$

wobei

$$\Gamma = \begin{pmatrix} \gamma_{11} & \gamma_{12} \\ \gamma_{21} & \gamma_{22} \end{pmatrix} \quad , \quad \mathrm{B} = \begin{pmatrix} \beta_{11} & \beta_{12} \\ \beta_{21} & \beta_{22} \end{pmatrix}$$

$$y_t = \begin{pmatrix} y_{1t} \\ y_{2t} \end{pmatrix} \quad , \quad x_t = \begin{pmatrix} x_{1t} \\ x_{2t} \end{pmatrix} \quad , \quad u_t = \begin{pmatrix} u_{1t} \\ u_{2t} \end{pmatrix}$$

Für Γ unterstellen wir vollen Rang sowie die Normierung $\gamma_{ii} = 1$, $\forall i$. Man nennt (2-177) bzw. (2-178) die *strukturelle Form*, weil sie zeigt, wie die einzelnen endogenen Variablen y_{it} von den übrigen Einflußvariablen abhängen. Wenn man (2-178) mit Γ^{-1} prämultipliziert, so erhält man die *reduzierte Form*

$$y_t = \Pi\,x_t + \varepsilon_t \quad , \qquad (2-179)$$

wobei

$$\Pi = -\,\Gamma^{-1}\,\mathrm{B} \quad , \qquad \varepsilon_t = -\,\Gamma^{-1}\,u_t \qquad (2-180)$$

gilt. Wenn man die Matrix Π kennt, dann kann man daraus nur unter bestimmten Bedingungen die Koeffizientenmatrizen Γ und B der strukturellen Form bestimmen. Dies ist das *Identifikationsproblem* in simultanen Gleichungsmodellen. Beispielsweise wären die Koeffizienten in beiden Gleichungen des Modells (2-177) identifiziert, wenn $\beta_{12} = 0$ und $\beta_{21} = 0$ gelten würde. Anders ausgedrückt: Die Schätzung der reduzierten Form ermöglicht zwar eine Schätzung für den Erwartungsvektor der gemeinsamen (bedingten) Verteilung der y_t, doch sind im allgemeinen beliebig viele Strukturen aus dieser reduzierten Form ableitbar. Nur im Fall der Identifikation ist die Relation zwischen Π einerseits und Γ und B andererseits eindeutig.

2.8.2 Das Identifikationsproblem

Der Vollständigkeit halber bzw. der besseren Verfügbarkeit wegen sollen hier die Identifikationsbeziehungen dargestellt werden, die sich in jedem Ökonometrie-Buch, das simultane Modelle behandelt, nachlesen lassen[119]. Dazu nehmen wir an, daß das Modell G endogene und K exogene Variablen enthält.
Es folgt aus (2-180)

$$\Gamma \Pi = - B \qquad (2-181)$$

oder auch

$$\gamma'_i \Pi = - \beta'_i \quad , i = 1, \ldots, G \quad , \qquad (2-182)$$

wobei γ'_i die i-te Zeile aus Γ und β'_i die i-te Zeile aus B ist. Wir unterstellen nun, daß in der i-ten Gleichung $G^* + 1$ endogene Variablen[120] und $K^* \leq K$ exogene Variablen stehen. Insbesondere bei Betrachtung der ersten Gleichung ($i = 1$) gilt dann für die beiden Vektoren:

$$\gamma_i = \begin{pmatrix} 1 \\ \bar{\gamma}_{i1} \\ 0 \end{pmatrix} \quad , \quad \beta_i = \begin{pmatrix} \beta_{i1} \\ 0 \end{pmatrix} \quad .$$

Dabei wurde die Normierung der Matrix Γ (d.h. $\gamma_{ii} \equiv 1$) ausgenutzt. $\bar{\gamma}_{i1}$ ist ein G^*-dimensionaler Parameter-Vektor der "eingeschlossenen" endogenen Variablen und β_{i1} ein K^*-dimensionaler Parameter-Vektor der "eingeschlossenen" exogenen Variablen.
Bei Zerlegung der Matrix Π in

$$\Pi = \left(\begin{array}{c|c} \pi_{i1} & \pi_{i0} \\ \underline{\Pi_{i1}} & \underline{\Pi_{i0}} \\ \underline{\Pi_{i1}} & \underline{\Pi_{i0}} \end{array} \right) \quad \begin{array}{l} \text{1 Zeile} \\ \} \ G^* \text{ Zeilen} \\ \} \ G - G^* - 1 \text{ Zeilen} \end{array}$$

$$\underbrace{}_{K^* \text{ Spalten}} \quad \underbrace{}_{K - K^* \text{ Spalten}}$$

können wir (2-182) dann wie folgt schreiben:

$$\pi_{i1} + \bar{\gamma}'_{i1} \Pi_{i1} = -\beta'_{i1} \qquad (2-183)$$

---
[119]Siehe beispielsweise Schneeweiß (1978), Kap. 10 oder Schönfeld (1971), Kap. 15 . Wir vernachlässigen dabei die mögliche Identifikation über Restriktionen auf die Kovarianzmatrix. Siehe dazu auch Fomby et al. (1984), Kap. 20.5 .
[120]G^* bezeichnet die Zahl der rechtsstehenden abhängigen Variablen. Hierzu tritt die linksstehende abhängige Variable.

2.8 Simultane Logit- und Probit-Modelle

$$\pi_{i0} + \bar{\gamma}'_{i1} \Pi_{i0} = 0 \qquad (2\text{-}184)$$

Aus der Gleichung (2-184) folgt, daß für $\bar{\gamma}_{i1}$ eine eindeutige Lösung existiert, wenn

$$\text{rg}(\Pi_{i0}) = G^* \quad (\text{"Rangbedingung"}) \qquad (2-185)$$

gilt. Notwendig dafür ist die Bedingung

$$K - K^* \geq G^* \quad (\text{"Ordnungsbedingung"}) \; . \qquad (2-186)$$

Aus (2-183) ergibt sich, daß β_{i1} dann eindeutig gegeben (identifiziert) ist, wenn $\bar{\gamma}_{i1}$ identifiziert ist, d.h. dafür gilt ebenfalls die Bedingung (2-185).

2.8.3 Identifikation im Fall qualitativer abhängiger Variablen

Wir wollen hier kurz das Problem der Identifikation für den Fall darstellen, daß der G-dimensionale Vektor y_t G_1 latente und $G - G_1$ stetige (beobachtbare) Variablen enthält[121]. Für die ersteren soll dabei gelten, daß

$$y_{it} = \begin{cases} 1 & \text{falls} \quad y^*_{it} > 0 \\ 0 & \text{sonst} \end{cases}, i = 1, \ldots, G_1 \; , \qquad (2-187)$$

und $y_{it} = y^*_{it}$ für $i = G_1 + 1, \ldots, G$. Der Vektor y_t hat also in den ersten G_1 Komponenten nur Nullen und Einsen und in den restlichen $G - G_1$ Komponenten beliebige reelle Zahlen. Aus (2-187) folgt, daß diese Definition ebenfalls für y^*_{it}/λ_i, $\lambda_i > 0$, gilt, was dazu führt, daß die latenten Variablen nur bis auf einen multiplikativen Faktor bestimmt sind. Demnach lassen sich die betreffenden Zeilen der Matrix Π nur bis auf diese Konstante λ_i^{-1} bestimmen, es ist also nur $\Lambda \Pi$ identifiziert, wobei

$$\underset{[G \times G]}{\Lambda} = \begin{pmatrix} \lambda_1 & & & & & \\ & \ddots & & & & \\ & & \lambda_{G_1} & & & \\ & & & 1 & & \\ & & & & \ddots & \\ & & & & & 1 \end{pmatrix} \; .$$

---

[121] Die Darstellung folgt Maddala und Lee (1976) sowie Maddala (1983), Kap. 5.1. Dort wird neben der Identifikation von Γ und B auch die Identifikation der Kovarianzmatrix der Struktur-Residuen betrachtet.

Maddala und Lee (1976) interpretieren λ_i^2 als Varianz der Residuen in der betreffenden Gleichung der reduzierten Form. Denn Prämultiplikation von (2-179) mit Λ ergibt

$$\Lambda\, y_t = \Lambda\, \Pi\, x_t + \Lambda\, \varepsilon_t \quad . \qquad (2-188)$$

Im Rahmen der erwähnten Interpretation von λ_i wählen wir die Skalierung also derart, daß

$$Var\,(\varepsilon_{it}/\lambda_i) = 1 \quad , i = 1,\ldots,G_1 \qquad (2-189)$$

gilt.

Wir betrachten nun die Identifikation der strukturellen Form. Aus

$$\Gamma\, y_t + B\, x_t + u_t = \Gamma\, \Lambda^{-1}\, \Lambda\, y_t + B\, x_t + u_t \qquad (2-190)$$

ersehen wir, daß Γ nicht identifizierbar ist. Vielmehr sind nur $\Lambda\,\Gamma\,\Lambda^{-1}$ und $\Lambda\, B$ identifiziert. Dies folgt aus Abschnitt 2.8.2. Dort hatten wir die Beziehung (2-181) betrachtet und dabei ausgenutzt, daß die Diagonalelemente in Γ alle 1 sind. Die Diagonalelemente von $\Gamma\,\Lambda^{-1}$ sind jedoch alle gleich $1/\lambda_i$. Deshalb müssen wir (2-190) mit Λ prämultiplizieren und erhalten

$$\Lambda\,\Gamma\,\Lambda^{-1}\,\Lambda\,y_t + \Lambda\, B\, x_t + \Lambda\, u_t = 0 \quad .$$

Anders gesagt: Wir müssen statt (2-181) die Beziehung

$$(\Lambda\,\Gamma\,\Lambda^{-1})\,(\Lambda\,\Pi) + \Lambda\, B = 0 \qquad (2-191)$$

betrachten, die sich aus (2-181) durch Prämultiplikation mit Λ ergibt.

2.8.4 Simultane Logit-Modelle

Simultane Logit-Modelle werden zur Analyse von mehreren gemeinsam abhängigen qualitativen Variablen mit ungeordneten Kategorien eingesetzt. Beispielsweise untersuchen Schmidt und Strauss (1975) ein Modell für die beiden qualitativen abhängigen Variablen

2.8 Simultane Logit- und Probit-Modelle

* Beschäftigungsqualität (3 Ausprägungen) und
* Beschäftigungsbranche (2 Ausprägungen)

mit den exogenen Variablen Rasse, Geschlecht, Schulbildung und Berufserfahrung. Man beachte, daß die erste abhängige Variable ordinal ist, während die zweite Variable ungeordnete Kategorien aufweist. In der erwähnten Arbeit wird die Ordinalität der ersten Variablen nicht ausgenutzt!

Wir wollen zunächst annehmen, daß beide abhängige Variable im Modell *dichotom* sind, d.h. $y_{it} \in \{0,1\}$ für $i = 1, 2$ und alle t. Ferner sei[122]

$$p_{it} = P\{y_{it} = 1\} \qquad (2-192)$$

Dann können wir das simultane Logit-Modell wie folgt schreiben:

$$p_{1t} = \frac{1}{1 + \exp\left(-(\gamma_{12} y_{2t} + x'_t \beta_1)\right)}$$

$$p_{2t} = \frac{1}{1 + \exp\left(-(\gamma_{21} y_{1t} + x'_t \beta_2)\right)}$$

Unter Verwendung der Logit-Transformation läßt sich dieses Zwei-Gleichungsmodell auch wie folgt schreiben:

$$\log\left(\frac{p_{1t}}{1 - p_{1t}}\right) = \gamma_{12} y_{2t} + x'_t \beta_1$$
$$\log\left(\frac{p_{2t}}{1 - p_{2t}}\right) = \gamma_{21} y_{1t} + x'_t \beta_2 \qquad (2-193)$$

Dabei sind x_t und β_i K-dimensionale Vektoren. Ferner ist jeweils die beobachtbare dichotome Variable y als Einflußgröße spezifiziert. Beachtenswert ist, daß auf der "linken Seite" Wahrscheinlichkeiten stehen. Darin unterscheidet sich dieses Modell fundamental vom simultanen *Probit-* Modell, das wir im Unterabschnitt 2.8.5 betrachten.

---

[122] Im Kapitel 2.8 benutzen wir für die Zufallsvariablen kleine Buchstaben, also y_{it} statt Y_{it}. Dies entspricht der Schreibweise für klassische Modelle (siehe Abschnitt 2.8.1).

2 MODELLE FÜR QUALITATIVE ABHÄNGIGE VARIABLEN

Wir wollen nun zeigen, daß in simultanen Logit-Modellen bestimmte Parameterrestriktionen erfüllt sein müssen, damit das Modell sinnvoll ist. Ähnliche Probleme treten bei simultanen Probit-Modellen (siehe Abschnitt 2.8.5) und simultanen Tobit-Modellen (siehe Abschnitt 3.5.2) auf. Man spricht in diesem Zusammenhang von "Konsistenz-" oder auch "Kohärenzbedingungen"[123]. Für unser Modell lautet diese Konsistenzbedingung[124]

$$\gamma_{12} = \gamma_{21} \qquad (2-194)$$

Dies läßt sich wie folgt beweisen: Da y_{1t} und y_{2t} nur die Werte 0 und 1 annehmen, können wir unter Vernachlässigung des Beobachtungsindexes t schreiben:

$$\begin{aligned}
\gamma_{12} &= \log \frac{P(y_1 = 1 \,|\, y_2 = 1)}{P(y_1 = 0 \,|\, y_2 = 1)} - \log \frac{P(y_1 = 1 \,|\, y_2 = 0)}{P(y_1 = 0 \,|\, y_2 = 0)} \\
&= \log \frac{P(y_1 = 1,\, y_2 = 1)}{P(y_1 = 0,\, y_2 = 1)} - \log \frac{P(y_1 = 1,\, y_2 = 0)}{P(y_1 = 0,\, y_2 = 0)} \\
&= \log \frac{P(y_1 = 1,\, y_2 = 1)\, P(y_1 = 0,\, y_2 = 0)}{P(y_1 = 0,\, y_2 = 1)\, P(y_1 = 1,\, y_2 = 0)}
\end{aligned}$$

Auf der anderen Seite gilt

$$\begin{aligned}
\gamma_{21} &= \log \frac{P(y_2 = 1 \,|\, y_1 = 1)}{P(y_2 = 0 \,|\, y_1 = 1)} - \log \frac{P(y_2 = 1 \,|\, y_1 = 0)}{P(y_2 = 0 \,|\, y_1 = 0)} \\
&= \log \frac{P(y_2 = 1,\, y_1 = 1)}{P(y_2 = 0,\, y_1 = 1)} - \log \frac{P(y_2 = 1,\, y_1 = 0)}{P(y_2 = 0,\, y_1 = 0)} \\
&= \log \frac{P(y_2 = 1,\, y_1 = 1)\, P(y_2 = 0,\, y_1 = 0)}{P(y_2 = 0,\, y_1 = 1)\, P(y_2 = 1,\, y_1 = 0)}
\end{aligned}$$

Schmidt und Strauss (1985, S. 747) zeigen, daß für den Fall von zwei qualitativen abhängigen Variablen mit *beliebig vielen* Kategorien folgende "konsistente" Spezifika-

---
[123]Für eine allgemeine Analyse siehe Gourieroux u.a. (1980).
[124]Weitere Restriktionen auf β_1 und β_2 sind natürlich notwendig, um Identifikation zu erreichen. Darauf gehen wir nicht ein.

2.8 Simultane Logit- und Probit-Modelle

tion gewählt werden muß:

$$\log \frac{P(y_{1t} = i \mid y_{2t})}{P(y_{1t} = 1 \mid y_{2t})} = \sum_{k=2}^{n} \alpha_{ik} y_{2tk}^{*} + x_t' \beta_1 \quad , i = 2, \ldots, m$$

$$\log \frac{P(y_{2t} = j \mid y_{1t})}{P(y_{2t} = 1 \mid y_{1t})} = \sum_{l=2}^{m} \alpha_{lj} y_{1tl}^{*} + x_t' \beta_2 \quad , j = 2, \ldots, n$$

(2 − 195)

Dabei gilt für die mit einem Stern versehenen Variablen:

$$y_{1tl}^{*} = \begin{cases} 1 & \text{wenn} \quad y_{1t} = l \\ 0 & \text{sonst} \end{cases} \quad l = 1, \ldots, m$$

$$y_{2tk}^{*} = \begin{cases} 1 & \text{wenn} \quad y_{2t} = k \\ 0 & \text{sonst} \end{cases} \quad k = 1, \ldots, n$$

Demnach sind die α-Koeffizienten bestimmten Symmetriebedingungen unterworfen. Im Beispiel zu Beginn dieses Abschnittes hat die erste gemeinsam abhängige Variable $m = 3$ Kategorien und die zweite gemeinsam abhängige Variable $n = 2$ Kategorien. Beispielsweise ergibt sich für $i = 3, j = 2$

$$\log \frac{P(y_{1t} = 3 \mid y_{2t} = 2)}{P(y_{1t} = 1 \mid y_{2t} = 2)} = \alpha_{32} + x_t' \beta_1$$

$$\log \frac{P(y_{2t} = 2 \mid y_{1t} = 3)}{P(y_{2t} = 1 \mid y_{1t} = 3)} = \alpha_{23} + x_t' \beta_2$$

und im Fall $i = j = 2$ würde in beiden Gleichungen α_{22} auftreten, was dem oben angesprochenen Spezialfall (2-194) für zwei dichotome Variablen entspricht. Die Parameter-Restriktionen beziehen sich also nur auf die Koeffizienten α_{ii} (Übungsaufgabe!). Bei der Schätzung der Parameter, die im Prinzip der ML-Schätzung von Logit-Modellen entspricht, müssen diese Konsistenzbedingungen natürlich beachtet werden.

2.8.5 Simultane Probit-Modelle

Im folgenden wollen wir unterstellen, daß die gemeinsam abhängigen (beobachteten) Variablen *ordinal* skaliert sind, also geordnete Kategorien aufweisen. Andernfalls würden wir wieder auf die Probleme stoßen, die sich bei Probit-Modellen für ungeordnete Kategorien ergeben[125]. Wir haben zu Beginn dieses Kapitels mehrfach darauf

---
[125]Siehe dazu den Hinweis bei Heckman (1978), S. 937, sowie die Ausführungen in Abschnitt 2.2.2 .

hingewiesen, daß die Unterscheidung zwischen Modellen für geordnete bzw. ungeordnete Kategorien nur bei Variablen mit mehr als zwei Ausprägungen notwendig ist. Da in der Literatur simultane Probit-Modelle überwiegend für *dichotome* abhängige Variablen formuliert worden sind, ist dort die Betonung der Ordnung der Kategorien überflüssig.

Die engere Beziehung der simultanen Probit-Modelle zum klassischen Strukturmodell[126] zeigt sich darin, daß dieses hier als Ausgangspunkt dient. Allerdings sind jetzt einige oder alle gemeinsam abhängigen Variablen latent, also unbeobachtbar. Siehe Abschnitt 2.8.2 . Daher wird zusätzlich, wie auch im univariaten Probit-Modell, eine Beziehung zwischen den latenten Variablen (y^*) und den beobachtbaren Variablen (y) formuliert.

Es bleibt dem Ökonometriker oft überlassen, ob und in welchem Umfang er in seinem Modell beobachtbare Variablen anstelle der latenten spezifiziert. Wir betrachten dazu das folgende Beispiel[127]: Es sei y_{1t}^* die "öffentliche Meinung über Ausländer", von der wir annehmen, daß man sie auf einer (eindimensionalen) Skala messen kann. Ferner mißt y_{2t}^* das (beobachtbare) Einkommen von Farbigen, d.h. $y_{2t}^* = y_{2t}$. Es wird nun angenommen, daß der Staat ein Gesetz zum Schutz von Ausländern erläßt, wenn die öffentliche Meinung gegenüber den Ausländern "negativ" ist:

$$y_{1t} = \begin{cases} 1 & \text{falls} \quad y_{1t}^* < 0 \\ 0 & \text{falls} \quad y_{1t}^* \geq 0 \end{cases} , \qquad (2-196)$$

d.h. im Fall $y_{1t}^* < 0$ wird das Gesetz erlassen. Es ist durchaus denkbar, daß sowohl y_{1t}^* als auch y_{1t} auf das Einkommen $y_{2t}^* = y_{2t}$ Einfluß nehmen und deshalb als Einflußvariablen spezifiziert werden sollten. Man beachte, daß die Dummy-Variable y_{1t} hier mit einem speziellen Ereignis (Erlaß eines Gesetzes) verknüpft wird.

Diese Verwendung von beobachtbaren endogenen dichotomen Variablen beschert uns jedoch wieder Konsistenzprobleme. Dazu betrachten wir das folgende einfache

---

[126]Siehe Abschnitt 2.8.1 .

[127]Das Beispiel wurde von Heckman (1978), S. 933 in leicht modifizierter Form übernommen.

2.8 Simultane Logit- und Probit-Modelle

Modell, das dem Artikel von Schmidt (1981, S. 427) entnommen ist: Wie im Beispiel des letzten Abschnitts betrachten wir die beiden Variablen Beschäftigungsqualität und Beschäftigungsbranche, nehmen allerdings an, daß die *latente* Variable y_{1t}^* (Beschäftigungsqualität), die hier als dichotom angenommen wird, von der zweiten endogenen, jedoch beobachtbaren Variablen y_{2t} (Beschäftigungsbranche) abhängt, andererseits die Auswahl der Beschäftigungsbranche von der *beobachteten* Beschäftigungsqualität determiniert wird. Ferner sollen exogene Einflußgrößen auf die beiden abhängigen Variablen einwirken. Dann lautet das Modell wie folgt:

$$\begin{aligned} y_{1t}^* &= \gamma_{12}\, y_{2t} + x_t\, \beta_1 + \varepsilon_{1t} \\ y_{2t} &= \gamma_{21}\, y_{1t} + x_t\, \beta_2 + \varepsilon_{2t} \end{aligned} \tag{2-197}$$

$$y_{1t} = \begin{cases} 1 & \text{wenn} \quad y_{1t}^* > 0 \\ 0 & \text{wenn} \quad y_{1t}^* \leq 0 \end{cases} \tag{2-198}$$

Drei Bemerkungen zu diesem Modell mögen von Nutzen sein:

a) Die im folgenden dargestellte Parameterrestriktion würde dann nicht auftauchen, wenn y_{1t}^* und y_{2t}^* auf der rechten Seite als Einflußgrößen erscheinen würden.

b) Nur in der ersten Gleichung erscheint die latente Variable als abhängige Variable. Andere Modelle, in denen y_{1t}^* und y_{2t}^* "links" erscheinen, werden von Maddala und Lee (1976) behandelt.

c) Die gemeinsam abhängigen Variablen y_{1t}^* und y_{2t}^* sind bivariat normalverteilt. Da wir auf die Schätzung des Modells nicht näher eingehen, verzichten wir hier auf die Präsentation der exakten Verteilungsannahmen.

Wir wollen nun zeigen, daß für das Modell (2-197), (2-198) die Parameterrestriktion:

$$\gamma_{12}\, \gamma_{21} = 0 \tag{2-199}$$

gelten muß oder, anders gesagt, daß mindestens einer der beiden Koeffizienten Null sein muß. Im Fall, daß exakt ein γ_{ij} Null ist, erhalten wir also ein *rekursives Modell*. Um (2-199) zu beweisen, setzen wir die zweite Gleichung von (2-197) in die erste ein und erhalten:

$$y_{1t}^* = (\gamma_{12}\, \gamma_{21})\, y_{1t} + x_t\, (\beta_1 + \gamma_{12}\, \beta_2) + (\varepsilon_{1t} + \gamma_{12}\, \varepsilon_{2t}) \quad . \tag{2-200}$$

Für (2-198) können wir dann unter Verwendung von (2-200) schreiben:

$$y_{1t} = 0 \quad \text{wenn} \quad \varepsilon_{1t} + \gamma_{12}\,\varepsilon_{2t} \leq -x_t\,(\beta_1 + \gamma_{12}\,\beta_2) - 0$$

$$y_{1t} = 1 \quad \text{wenn} \quad \varepsilon_{1t} + \gamma_{12}\,\varepsilon_{2t} > -x_t\,(\beta_1 + \gamma_{12}\,\beta_2) - \gamma_{12}\,\gamma_{21}$$

Die Variable y_{1t} hat dann und nur dann ein eindeutiges Ergebnis, wenn $\gamma_{12}\,\gamma_{21} = 0$ gilt. Dies entspricht der Restriktion (2-199).

Man kann die Restriktion (2-199) auch unter Verwendung eines allgemeineren Resultats ableiten: Es sei y^* eine latente Variable, deren beobachtbares Äquivalent entweder dichotom oder zensiert ist, d.h.:

$$y = \begin{cases} 1 & \text{falls} \quad y^* > 0 \\ 0 & \text{sonst} \end{cases} \qquad (2-201)$$

oder

$$y = \begin{cases} y^* & \text{falls} \quad y^* > 0 \\ 0 & \text{sonst} \end{cases} \qquad (2-202)$$

Dann ist die Gleichung

$$y^* = \beta\,x + \gamma\,y + u$$

logisch inkonsistent, sofern nicht

$$\gamma = 0 \qquad (2-203)$$

gilt. Der Beweis dazu findet sich bei Maddala (1983, S. 118). Unter Verwendung dieses Ergebnisses folgt (2-199) unmittelbar aus (2-203).

2.8.6 Abschließende Bemerkungen

Die Ausführungen im Unterabschnitt 2.8 haben einige Modelle für mehrere abhängige Variablen behandelt[128]. Dabei blieb ein Bereich unerörtert, der in der neueren ökonometrischen Literatur unter der Bezeichnung "Ungleichgewichtsmodelle" bekannt geworden ist. Eng damit verwandt ist das "Switching Regression"-Modell. Wie eine

---
[128]Eine weit ausführlichere Darstellung von simultanen Probit- (und Tobit-) Modellen mit zahlreichen empirischen Anwendungen findet sich bei Pohlmeier (1989).

2.8 Simultane Logit- und Probit-Modelle

Lektüre, beispielsweise auch die von Maddala (1983, Kap. 9 u. 10), zeigt, würde deren Berücksichtigung eine Erweiterung des Stoffs erfordern, die dem didaktischen Ziel einer kurzgefaßten Einführung in das Gebiet mikroökonometrischer Methoden zuwiderliefe. Andererseits sollte diese Einführung auch eine Vorstellung davon vermitteln, was sich hinter den beiden Begriffen verbirgt. Deshalb werden die beiden Modelle im folgenden *kurz* vorgestellt.

Das "Switching-Regression"-Modell geht davon aus, daß es mehrere Zustände ("regimes") gibt, die durch eine Indikatorvariable beschrieben werden. Im einfachsten Fall, d.h. für zwei Zustände, ist I eine dichotome Variable. Je nachdem, welcher Zustand in einer Beobachtungsperiode herrscht, soll die beobachtete endogene Variable y_t durch unterschiedliche Strukturmodelle erklärt werden. Im Fall von nur zwei Zuständen schreiben wir dies wie folgt[129]:

$$y_{1t}^* = x_{1t}' \beta_1 + u_{1t}$$
$$y_{2t}^* = x_{2t}' \beta_2 + u_{2t} \qquad (2\text{-}204)$$
$$y_t = \begin{cases} y_{1t}^* & \text{falls} \quad I_t = 1 \\ y_{2t}^* & \text{falls} \quad I_t = 0 \end{cases} \qquad (2\text{-}205)$$

Zusätzlich kann man annehmen, daß die Zustandsvariable I von einer latenten Zustandsvariablen I^* über eine Schwellenwertrelation abhängt und dabei ihrerseits von einem Vektor exogener Variablen beeinflußt wird:

$$I_t^* = z_t' \gamma + \varepsilon_t \qquad (2\text{-}206)$$
$$I_t = \begin{cases} 1 & \text{falls} \quad I_t^* > 0 \\ 0 & \text{sonst} \end{cases} \qquad (2\text{-}207)$$

Für die gemeinsame Verteilung der Residuen in Beobachtungsperiode t wird dabei eine Normalverteilung unterstellt:

$$(u_1, u_2, \varepsilon) \sim N(0, \Sigma) \quad, \quad \Sigma = \begin{pmatrix} \sigma_1^2 & \sigma_{12} & \sigma_{1\varepsilon} \\ \sigma_{12} & \sigma_2^2 & \sigma_{2\varepsilon} \\ \sigma_{1\varepsilon} & \sigma_{2\varepsilon} & \sigma_\varepsilon^2 \end{pmatrix} \qquad (2-208)$$

Natürlich ist y_t stets beobachtbar. Falls zusätzlich I_t beobachtet werden kann, spricht

---
[129]Siehe zum folgenden Maddala (1983), S. 283/284.

man davon, daß die "Regimezustände" bekannt sind[130]. Außerdem spricht man im Fall $\sigma_{1\varepsilon} = \sigma_{2\varepsilon} = 0$ vom *exogenen* Wechsel der Regimezustände ("switch"), sonst von einem *endogenen* Wechsel. Die Simultaneität zwischen y_1^*, y_2^* und I^* kommt also in diesem Modell über die Kovarianzstruktur zustande!

Wir betrachten nun die einfachste Form eines Ungleichgewichtsmodells[131]:

$$\begin{array}{rl} y_{1t}^* &= x_{1t}'\beta_1 + u_{1t} \\ y_{2t}^* &= x_{2t}'\beta_2 + u_{2t} \\ y_t &= \min(y_{1t}^*, y_{2t}^*) \end{array} \qquad (2-209)$$

Dabei sei y_1^* die Nachfrage, y_2^* das Angebot und y das realisierte Marktvolumen, das beobachtbar ist. x_{1t} und x_{2t} enthalten den Preis als Einflußgröße. Für die dritte Zeile können wir auch schreiben

$$\begin{array}{rl} I_t^* &= y_{2t}^* - y_{1t}^* \\ I_t &= \begin{cases} 1 & \text{falls} \quad y_{2t}^* > y_{1t}^* \quad (\text{oder } I_t^* > 0) \\ 0 & \text{sonst} \end{cases} \\ y_t &= \begin{cases} y_{1t}^* & \text{falls} \quad I_t = 1 \\ y_{2t}^* & \text{falls} \quad I_t = 0 \end{cases} \end{array}$$

Dies zeigt die Verwandtschaft mit dem SRM mit *endogenem* Regimewechsel, denn die Residuen von I_t^* sind ja in diesem Fall mit der Differenz $u_2 - u_1$ identisch, die Kovarianzen $\sigma_{1\varepsilon}$ und $\sigma_{2\varepsilon}$ aus (2-208) also notwendigerweise von Null verschieden.

In diesem Modell sind y_1^* und y_2^* typischerweise nicht beobachtbar, demzufolge natürlich auch I_t nicht. Um Informationen über den jeweiligen Regimezustand, d.h. den jeweiligen Wert von I_t, zu erhalten, haben Fair und Jaffee (1972) unter anderem folgende Spezifikation vorgeschlagen:

$$I_t = \begin{cases} 1 & \text{falls} \quad P_t > P_{t-1} \\ 0 & \text{falls} \quad P_t \leq P_{t-1} \end{cases} \qquad (2-210)$$

Dabei ist P_t der Preis des Gutes. Damit wird der jeweilige Regimezustand beobachtbar. Wenn man ferner unterstellt, daß die Preisänderung proportional zur Differenz

---

[130] Im Englischen ist die Ausdrucksweise "sample separation known" üblich. Siehe z.B. Maddala (1983), Kap. 10 . Das identische Modell dient im übrigen der Berücksichtigung des Phänomens der Selbst-Selektion (self-selection), Maddala (1983), S. 261 .

[131] Siehe Maddala (1983), S. 296 .

2.8 Simultane Logit- und Probit-Modelle

zwischen Angebot und Nachfrage ist, kann man die traditionellen ökonometrischen Methoden verwenden[132].

---

[132]Siehe z.B. Fomby et al. (1984), Kap. 25.4, sowie die kritischen Bemerkungen zu diesem Ansatz bei Maddala (1983), S. 294 .

2.9 Übungsaufgaben

Abschnitt 2.1

2.9.1 Aufgabe 1

a) Zeigen Sie, daß die beiden Vektoren

$$x_1 = \begin{pmatrix} 1 \\ a \end{pmatrix} \quad \text{und} \quad x_2 = \begin{pmatrix} 1 \\ b \end{pmatrix}$$

linear unabhängig sind, sofern $a \neq b$.

b) Zeigen Sie, daß die Matrix $x_1 x_1' + x_2 x_2'$ Rang zwei hat und positiv definit ist.

c) Verifizieren Sie, daß die Matrix H in (2-16) negativ definit ist, sofern mindestens zwei beobachtete Werte der Einflußgröße voneinander verschieden sind.

2.9.2 Aufgabe 2

Zeigen Sie, daß die ML-Schätzung für p_t unter der Nullhypothese, daß die Einflußvariable x keinen Einfluß hat ($\beta = 0$), durch $\tilde{p}_t = m/n$ gegeben ist.

2.9.3 Aufgabe 3

Geben Sie den Zusammenhang zwischen der latenten Variablen Y^* und der Indikatorvariablen Y an. Vergleichen Sie dies mit den Ausführungen in Abschnitt 2.1.1 .

2.9.4 Aufgabe 4

Beweisen Sie (2-31). Schreiben Sie den Vektor der partiellen ersten Ableitungen ausführlich hin. Vergleichen Sie dies mit dem Spezialfall (2-10), (2-11).

2.9.5 Aufgabe 5

a) Zeigen Sie, daß (2-33) nicht eindeutig parametrisiert ist. (Hinweis: Multiplizieren Sie Zähler und Nenner mit $\exp(x'c)$, c ein beliebiger Vektor.)

b) Leiten Sie die Form der Wahrscheinlichkeiten für Y unter der alternativen Restriktion $\sum_{i=1}^{r} \beta_i = 0$ ab. Welche Konsequenzen hat das für die Schätzwerte und deren Standardabweichungen? (Hinweis: Lesen Sie dazu Ronning (1981).)

2.9.6 Aufgabe 6

Verifizieren Sie Sie (2-39) und (2-40).

2.9.7 Aufgabe 7

a) Benutzen Sie ein multinomiales Logit-Programm zur Schätzung des multinomialen Logit-Modells (2-33) unter Verwendung der Daten aus Tabelle 2.5! Lassen Sie dabei die einzelnen Iterationen ausdrucken! Wie verhalten sich die Parameterwerte in den einzelnen Iterationen, und warum ist das so?

b) Zeigen Sie, daß für die Daten in Tabelle 2.5 die Bedingungen erster Ordnung (siehe dazu (2-38)) nicht erfüllt sind. Geben Sie dafür eine plausible Erklärung!

Abschnitt 2.2

2.9.8 Aufgabe 8

a) Benutzen Sie (1-10), um die Ungleichung

$$\varphi(x) + x\,\Phi(x) > 0 \quad \text{für } x < 0$$

(siehe (2-57)) zu beweisen. (Für $x > 0$ ist diese Ungleichung trivialerweise erfüllt!)

b) Beweisen Sie die Identität

$$\frac{1}{x} \exp\left(\frac{-x^2}{2}\right) = \int_x^\infty \left(1 + \frac{1}{y^2}\right) \exp\left(-\frac{y^2}{2}\right) dy$$

und verwenden Sie dieses Resultat für einen (alternativen) Beweis der Definitheit der Hesseschen Matrix (2-54). (Hinweis: Siehe Amemiya (1985), S. 274.)

2.9.9 Aufgabe 9

Beweisen Sie (2-60).

2.9.10 Aufgabe 10

Überprüfen Sie für den Datensatz aus Tabelle 2.5, ob auch für das Probit-Modell die ML-Schätzwerte nicht existieren. (Hinweis: Vergleiche Übungsaufgabe 2.9.7.)

2.9.11 Aufgabe 11

Gegeben sei die untere Dreiecksmatrix

$$T = \begin{pmatrix} a & 0 \\ b & c \end{pmatrix}$$

Bestimmen Sie a, b und c derart, daß

$$TT' = \begin{pmatrix} 1 & \varrho \\ \varrho & 1 \end{pmatrix}$$

gilt.

Hinweis: Für eine beliebige Dimension kann die Dreiecksmatrix T durch die sogenannte Cholesky-Zerlegung bestimmt werden. Siehe beispielsweise Graybill (1969, S. 298/299).

2.9 Übungsaufgaben

2.9.12 Aufgabe 12

Gegeben seien die beiden dreiwertigen Zufallsvariablen U und V, wobei $U \in \{0, 2, 4\}$ und $V \in \{1, 3, 5\}$. Die gemeinsamen Wahrscheinlichkeiten ergeben sich aus der folgenden Tabelle 2.14 :

Tabelle 2.14

U \ V	1	3	5
0	0.05	0.10	0.07
2	0.08	0.14	0.12
4	0.25	0.13	0.06

a) Berechnen Sie die Wahrscheinlichkeit, daß U größer als V ist.

b) Leiten Sie die allgemeine Formel für die Wahrscheinlichkeit ab, daß U größer als V ist.

c) Schraffieren Sie in der 9-Felder-Tafel diejenigen Zellen, die für die Berechnung dieser Wahrscheinlichkeit relevant sind, und vergleichen Sie das Ergebnis mit Abbildung 2/1.

2.9.13 Aufgabe 13

Es seien U_1, U_2 und U_3 gemeinsam normalverteilt mit $E(U_i) = \mu_i$ und Kovarianzmatrix Σ, wobei

$$\Sigma = \begin{bmatrix} \sigma_1^2 & \sigma_{12} & \sigma_{13} \\ \sigma_{21} & \sigma_2^2 & \sigma_{23} \\ \sigma_{31} & \sigma_{32} & \sigma_3^2 \end{bmatrix}$$

a) Zeigen Sie, daß die beiden Zufallsvariablen $Y_{12}^* = U_1 - U_2$ und $Y_{13}^* = U_1 - U_3$ gemeinsam normalverteilt sind mit Erwartungswerten $E(Y_{ij}^*) = \mu_i - \mu_j$ und Kovarianzmatrix

$$\Omega = \begin{bmatrix} \sigma_1^2 + \sigma_2^2 - \sigma_{12} & \sigma_1^2 - \sigma_{12} - \sigma_{13} + \sigma_{23} \\ \sigma_1^2 - \sigma_{12} - \sigma_{13} + \sigma_{23} & \sigma_1^2 + \sigma_3^2 - \sigma_{13} \end{bmatrix}$$

b) Formulieren Sie die Auswahlwahrscheinlichkeit im multinomialen Probit-Modell für Alternative 1 mittels der beiden Variablen Y_{12}^* und Y_{13}^*.

c) Zeigen Sie, daß, wenn die u_i voneinander stochastisch unabhängig verteilt sind, für die Auswahlwahrscheinlichkeit der Alternative 1 gilt:

$$P(Y=1) = \int_{-\infty}^{\mu_1-\mu_2} f(y_{12})\,dy_{12} \quad \int_{-\infty}^{\mu_1-\mu_3} f(y_{13})\,dy_{13} \quad .$$

Abschnitt 2.3

2.9.14 Aufgabe 14

a) Vergleichen Sie die Zahl der Parameter im "geordneten" Logit-Modell mit der Anzahl für das "ungeordnete" Logit-Modell.

b) Zeigen Sie, daß im "binären" Fall (r = 2) "geordnetes" und "ungeordnetes" Logit-Modell identisch sind.

2.9.15 Aufgabe 15

a) Zeigen Sie, daß die Ungleichheits-Relation (2-73) für die Parameter β_i zu einer Form der Auswahlwahrscheinlichkeiten führt, wie sie Abbildung 2/2 zeigt.

b) Welche Form ergibt sich bei Gleichheit von zwei Parametern ?

Abschnitt 2.5

2.9.16 Aufgabe 16

Verifizieren Sie die Formel (2-100) für die Informationsmatrix im Probit-Modell mit Heteroskedastie. Verwenden Sie dabei (1-16).

2.9 Übungsaufgaben

Abschnitt 2.6

2.9.17 Aufgabe 17

Zeigen Sie, daß das Gleichungssystem (2-126), (2-127) (für den Fall K = 0) genau dann eine Lösung hat, wenn $m < r$ gilt. Was bedeutet dies Ergebnis für die praktische Anwendung von "Discrete Choice"-Modellen ?

Abschnitt 2.7

2.9.18 Aufgabe 18

Die gemeinsame Wahrscheinlichkeit von Y_1 und Y_2 sei durch (2-128) gegeben.

a) Zeigen Sie, daß die beiden Zufallsvariablen genau dann voneinander unabhängig sind, wenn $\alpha_{12} = 0$ gilt.

b) Zeigen Sie alternativ, daß im Fall $\alpha_{12} = 0$ die drei Formeln (2-131), (2-134) und (2-135) identisch sind.

2.9.19 Aufgabe 19

Zeigen Sie, daß im loglinearen Wahrscheinlichkeitsmodell für drei binäre Zufallsvariable (siehe (2-136)) stochastische Unabhängigkeit vorliegt, wenn alle Interaktionsparameter Null sind.

2.9.20 Aufgabe 20

Stellen Sie das loglineare Wahrscheinlichkeitsmodell für zwei trichotome Variablen durch vier binäre Variablen dar und geben Sie an, welche Interaktionsterme modellbedingt identisch Null sein müssen.

2.9.21 Aufgabe 21

Skizzieren Sie die ML-Schätzung der beiden Schwellenwerte und des Korrelationskoeffizienten im bivariaten Probit-Modell mit zwei binären Indikatorvariablen für den Fall $r = s = 2$. (Hinweis: Siehe Ronning und Kukuk (1990) und die dort angegebene Literatur.)

Abschnitt 2.8

2.9.22 Aufgabe 22

Geben Sie Anzahl der durch (2-195) im simultanen Logit-Modell implizierten Restriktionen an.

3 Modelle für begrenzt abhängige Variablen

3.1 Allgemeine Bemerkungen

In diesem Kapitel sollen einige Modelle behandelt werden, bei denen Stutzung und Zensierung (siehe Kapitel 1.2.3) eine Rolle spielen und die heute üblicherweise unter dem Begriff "Tobit-Modelle" zusammengefaßt werden[133]. Insbesondere werden wir das "Standard"-Tobit-Modell behandeln. Amemiya (1985) präsentiert eine ausführliche Systematik von anderen Tobit-Modellen. Wir gehen hier nur auf zwei Modelle ein, die diese Erweiterungen illustrieren. Das eine Modell behandelt das Problem der "endogenen Schichtung", das andere ist das sogenannte "Friktionsmodell". Außerdem werden wir - entsprechend Abschnitt 2 - kurz Aspekte *simultaner* Tobit-Modelle behandeln.

3.2 Das Standard-Tobit-Modell

3.2.1 Das Modell

James Tobin (1958) hat sich mit der Analyse von Konsumausgaben für dauerhafte Konsumgüter beschäftigt. Dabei ergab sich tendenziell für viele Güter ein Plot für Einkommen und Ausgaben, wie ihn die Abbildung 3/1 zeigt. Einige Haushalte hatten demnach "Nullkonsum", andere hatten Ausgaben, die deutlich über Null lagen und mit dem Einkommen positiv korrelierten[134]. Man könnte den Nullkonsum der betreffenden Haushalte genauso wie den Konsum der kaufenden Haushalte interpretieren.

---

[133]Der Begriff "Tobit" leitet sich vom Namen des bekannten amerikanischen Ökonomen James Tobin ab, der als erster diese Art von Modellen betrachtete. Siehe Abschnitt 3.2.1. Tobin selbst sprach von Modellen mit "begrenzt abhängigen" (limited dependent) Variablen. Dieser Ausdruck wurde hier als Kapitel-Überschrift übernommen.

[134]Wir vernachlässigen die in der empirischen Wirtschaftsforschung wesentliche Unterscheidung zwischen "Ausgabe" für ein Gut und "Konsum" eines Gutes.

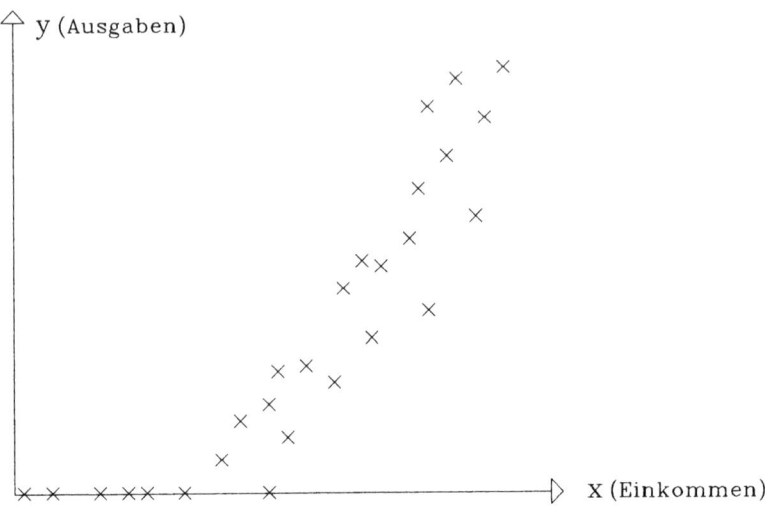

Abbildung 3/1

Damit würde man jedoch die qualitative Unterscheidung zwischen "Konsum" (bzw. "Kauf") und "keinem Konsum" (bzw. "Nichtkauf") vernachlässigen. Wir benötigen deshalb ein Modell, das einerseits die qualitative Unterscheidung zwischen den beiden genannten Situationen und andererseits die Höhe des Konsums in Abhängigkeit von der Einflußvariablen Einkommen berücksichtigt.

Es sei Y der beobachtbare Konsum eines bestimmten Gutes und y_0 derjenige Betrag, der zum Erwerb eines Konsumgutes mindestens ausgegeben werden muß. Wir bezeichnen y_0 als *Mindestkonsum* (für das betrachtete Gut) und lassen zu, daß dieser für die verschiedenen Haushalte unterschiedlich groß ist. Beispielsweise ist ein Farbfernseher auf dem Land nicht unter DM 350,- zu haben, während in der Stadt der Mindestbetrag DM 300,- ist. Andererseits werden Farbfernseher angeboten, die mehrere tausend Mark kosten. Außerdem steht es jedem Haushalt frei, mehrere Fernsehgeräte zu kaufen. Die Variable Y nimmt also entweder Werte im Intervall

3.2 Das Standard-Tobit-Modell

$[y_0, \infty)$ oder den Wert Null an. Wir berücksichtigen nun die Einflußvariable x, die das Haushaltseinkommen angibt, indem wir zwischen dieser Einflußvariablen und einer latenten Variablen Y^*, die den geplanten bzw. gewünschten Konsum beschreibt, folgende (lineare) Beziehung[135] unterstellen:

$$Y^* = \beta_1 + \beta_2 x + \varepsilon \qquad (3-1)$$

Dabei ist ε eine Zufallsvariable mit Erwartungswert Null und Varianz σ^2, die alle anderen nicht beobachtbaren Einflüsse berücksichtigt. (3-1) läßt sich als eine (stochastische) Nachfragerelation interpretieren, in der die durch den Mindestkonsum y_0 gegebene Restriktion ignoriert wird. Was passiert nun, wenn sich für bestimmtes Einkommen x und bestimmten Wert von ε (sowie Parameterwerte β_1 und β_2) ein Wert für Y^* ergibt, der kleiner als y_0 ist? In diesem Fall wird der Haushalt in seinem Konsum "rationiert" und muß auf das nachgefragte Gut ganz verzichten. Formal können wir also für den beobachtbaren Konsum Y schreiben:

$$Y = \begin{cases} Y^* & \text{falls } Y^* \geq y_0 \\ 0 & \text{falls } Y^* < y_0 \end{cases}, \qquad (3-2)$$

wobei Y^* durch (3-1) bestimmt wird.

Wir wollen nun die drei unbekannten Parameter β_1, β_2 und σ^2 aus den Beobachtungspaaren

$$\begin{array}{ccccccc} x_1 & , \ldots , & x_{n_0} & , & x_1 & , \ldots , & x_{n_1} \\ 0 & , \ldots , & 0 & , & y_1 & , \ldots , & y_{n_1} \end{array}$$

mit $n = n_0 + n_1$ schätzen. Dabei haben wir die Beobachtungen so geordnet, daß die ersten n_0 Beobachtungen die "Nichtkäufe" und die restlichen n_1 Beobachtungen die "Käufe" enthalten, für die $y_t \geq y_0$ gilt. Wir nennen die ersten n_0 Beobachtungspaare auch die "zensierten" und die übrigen n_1 Paare die "unzensierten" Beobachtungen. Es wird angenommen, daß die Verteilung von Y^* durch die bedingte Dichte

$$f_t(y_t^*) \equiv f_t(y_t^* \mid x_t; \beta_1, \beta_2, \sigma^2) \qquad (3-3)$$

---
[135] Man könnte auch eine nichtlineare Beziehung formulieren.

bestimmt ist[136]. Für die ersten n_0 Beobachtungen wollen wir die Wahrscheinlichkeit[137]

$$F_t(y_{0t}) \equiv \int_{-\infty}^{y_{0t}} f_t(y_t^* \mid x_t; \beta_1, \beta_2, \sigma^2) \, dy_t^* \qquad (3-4)$$

bestimmen, die vom jeweiligen Haushaltseinkommen x_t, vom haushaltsspezifischen Mindestkonsum y_{0t} sowie von den unbekannten und zu schätzenden Parametern abhängt. Für die restlichen n_1 Beobachtungen unterstellen wir, daß sie durch die Dichte (3-3) generiert wurden. Unter der üblichen Annahme, daß die einzelnen Beobachtungen unabhängig voneinander erzeugt wurden, gelangen wir dann zu der folgenden Likelihoodfunktion:

$$\mathcal{L} = \prod_0 F_t(y_{0t}) \prod_1 f_t(y_t) \qquad , \qquad (3-5)$$

wobei "0" die Menge der nicht-kaufenden Haushalte und "1" diejenige der kaufenden Haushalte symbolisiert. Der Mindestkonsum y_0 variiert über die Haushalte und wird als bekannt vorausgesetzt.

Im folgenden präsentieren wir das *Standard-Tobit-Modell*, das für alle Untersuchungseinheiten identischen Mindestkonsum unterstellt, d.h. $y_{0t} = y_0$ für alle t. Wir zeigen weiter unten, daß dann $y_0 = 0$ gesetzt werden kann, was in der folgenden Formulierung bereits berücksichtigt ist. Ferner benutzen wir den Vektor x als Vektor der exogenen Variablen.

$$\begin{array}{rl} Y^* & = N(\mu, \sigma^2) \\ \mu & = x'\beta \\ Y & = \begin{cases} Y^* & \text{falls } Y^* > 0 \\ 0 & \text{falls } Y^* \leq 0 \end{cases} \end{array} \qquad (3-6)$$

---

[136]Üblicherweise unterstellt man die Normalverteilung. Siehe dazu die Ausführungen über das Standard-Tobit-Modell weiter unten.

[137]Diese Wahrscheinlichkeit für das Ereignis "Nichtkauf" schließt das Ereignis $\{Y^* = y_0\}$ ein, was einen Kauf in Höhe des Mindestkonsums darstellt. Andererseits gilt für die hier als stetig unterstellte Zufallsvariable $P(Y^* \leq y_0) = P(Y^* < y_0)$, d.h. das Ereignis $\{Y^* = y_0\}$ hat Wahrscheinlichkeit Null und verändert deshalb die betrachtete Wahrscheinlichkeit nicht. Ein *beobachteter* Konsum in Höhe von y_0 wird vielmehr, wie bereits oben angegeben, als "Kauf" interpretiert. Im unten dargestellten Standard-Tobit-Modell, das für alle Haushalte identischen Mindestkonsum annimmt, verschwindet das hier angeschnittene Problem.

3.2 Das Standard-Tobit-Modell

Üblicherweise schreibt man das Modell in der folgenden, äquivalenten Form:

$$\begin{aligned} Y^* &= x'\beta + \varepsilon \\ \varepsilon &\sim N(0, \sigma^2) \\ Y &= \begin{cases} Y^* & \text{falls } Y^* > 0 \\ 0 & \text{falls } Y^* \leq 0 \end{cases} \end{aligned} \qquad (3-7)$$

Warum kann man in diesem Modell den Mindestkonsum gleich Null setzen? Da y_0 nur für die Bestimmung der Wahrscheinlichkeit $P(Y^* \leq y_0)$ von Bedeutung ist und andererseits (im Fall nur eines Regressors x)

$$P(Y^* \leq y_0) = P\left(\frac{Y^* - \mu}{\sigma} \leq \frac{y_0 - \mu}{\sigma}\right)$$

$$= \Phi\left(\frac{y_0 - \beta_1 - \beta_2 x}{\sigma}\right) \qquad (3\text{-}8)$$

gilt, sieht man, daß die Differenz $y_0 - \beta_1$ keine eindeutige Parametrisierung darstellt. Wir unterstellen deshalb, daß β_1 so gewählt ist, daß $y_0 = 0$ gilt. Da y_0 als bekannt vorausgesetzt wird, kann man das "wahre β_1" stets durch Addition von y_0 berechnen. Denn es gilt:

$$\Phi\left(\frac{y_0 - \beta_1 - \beta_2 x}{\sigma}\right) = \Phi\left(\frac{0 - (\beta_1 - y_0) - \beta_2 x}{\sigma}\right) \quad .$$

Etwas anders sieht es aus, wenn die y_0 individuell verschieden sind (Übungsaufgabe). Wesentlich ist jedoch in diesem Fall, daß alle y_{0t} bekannt sind. Andernfalls ist das Modell im allgemeinen nicht schätzbar[138]. Für die Likelihoodfunktion ergibt sich unter der üblichen Annahme unabhängig verteilter Beobachtungswerte

$$\mathcal{L} = \prod_0 \Phi\left(\frac{-x_t'\beta}{\sigma}\right) \prod_1 \frac{1}{\sigma} \varphi\left(\frac{y_t - x_t'\beta}{\sigma}\right) \quad . \qquad (3-9)$$

Daraus wird auch klar, daß anders als im Logit-/ Probit-Modell (Kapitel 2) die Varianz σ^2 (bzw. die Standardabweichung σ) in diesem Modell durchaus schätzbar ist, da im zweiten Term der Likelihoodfunktion der Ausdruck y_t/σ über die Beobachtungspunkte t variiert.

Wesentliches Charakteristikum unseres Modells ist zudem, daß auch für den Fall $Y^* \leq Y_0$ die Werte des Einflußgrößenvektors x bekannt sind (im Beispiel von Tobin

---

[138]Siehe Amemiya (1985), S. 363 .

das Einkommen - siehe Abbildung 3/1). Wir nennen das Modell (3-6) bzw. (3-7) deshalb auch *zensiertes Tobit-Modell* (siehe Abschnitt 1.2.3). Wenn dagegen nur für Personen, für die

$$Y^* > 0$$

gilt, Beobachtungen sowohl für die abhängigen als auch für die unabhängigen Variablen vorliegen, dann beschränkt sich unsere Analyse auf die Variable Y, soweit positive Beobachtungen vorliegen. Im Fall der Normalverteilung impliziert dies die bedingte Dichtefunktion

$$
\begin{aligned}
f(y \mid Y^* > 0) &= \frac{1}{P(Y^* > 0)} f(y) \\
&= \frac{1}{1 - \Phi\left(-\frac{x'\beta}{\sigma}\right)} \frac{1}{\sigma} \varphi\left(\frac{y - x'\beta}{\sigma}\right) \\
&= \frac{1}{\sigma} \frac{\varphi\left(\frac{y - x'\beta}{\sigma}\right)}{\Phi\left(\frac{x'\beta}{\sigma}\right)}
\end{aligned}
\tag{3-10}
$$

und die resultierende Likelihoodfunktion lautet

$$\mathcal{L} = \prod_1 \frac{1}{\sigma} \frac{\varphi\left(\frac{y_t - x'_t \beta}{\sigma}\right)}{\Phi\left(\frac{x'_t \beta}{\sigma}\right)} \quad . \tag{3-11}$$

Wir nennen dieses Modell *gestutztes Standard-Tobit-Modell*.

3.2.2 Maximum - Likelihood - Schätzung

Der Arbeit von Olson (1978) folgend wollen wir nun zeigen, daß die Loglikelihoodfunktion des Standard-Tobit-Modells global konkav bezüglich der Parameter

$$\alpha = \frac{1}{\sigma} \beta \quad \text{und} \quad h = \frac{1}{\sigma}$$

ist. Nach dem Invarianzprinzip der ML-Schätzung ist der für α und h gefundene Schätzer auch ML-Schätzer für β und σ, indem man $\hat{\beta} = \hat{\sigma} \hat{\alpha}$ und $\hat{\sigma} = 1/\hat{h}$ berechnet. Für die Loglikelihoodfunktion ergibt sich nach der Reparametrisierung von (3-9):

$$L = \sum_0 \log \Phi(-x'_t \alpha) + n_1 \log h$$

3.2 Das Standard-Tobit-Modell

$$+ \sum_1 \log \varphi(h\, y_t - x'_t \alpha)$$
$$= \sum_0 \log \Phi(-x'_t \alpha) + (n-m) \log h$$
$$- \frac{n_1}{2} \log(2\pi\sigma^2) - \frac{1}{2} \sum_1 (h\, y_t - x'_t \alpha)^2$$

wobei n_1 die Anzahl der Beobachtungen ist, für die $Y_t^* > 0$ gilt. Die Ableitung nach α und h ergibt

$$\frac{\partial L}{\partial \alpha} = \sum_0 \left[-\frac{\varphi(-x'_t \alpha)\, x_t}{\Phi(-x'_t \alpha)} \right] + \sum_1 (h\, y_t - x'_t \alpha)\, x_t$$

$$\frac{\partial L}{\partial h} = \frac{n_1}{h} - \sum_1 (h\, y_t - x'_t \alpha)\, y_t$$

Ferner erhalten wir für die zweiten partiellen Ableitungen

$$\frac{\partial^2 L}{\partial \alpha\, \partial \alpha'} = \sum_0 \left[\frac{\varphi(-x'_t \alpha)}{\Phi(-x'_t \alpha)} \left(x'_t \alpha - \frac{\varphi(-x'_t \alpha)}{\Phi(-x'_t \alpha)} \right) x_t x'_t \right] - \sum_1 x_t x'_t$$

$$\frac{\partial^2 L}{\partial \alpha\, \partial h} = \sum_1 y_t\, x_t$$

$$\frac{\partial^2 L}{\partial h^2} = -\frac{n_1}{h^2} - \sum_1 y_t^2$$

Demnach ergibt sich für die Hessesche Matrix mit $\theta = (\alpha', h)$ sowie $\varphi_t = \varphi(-x'_t \alpha)$, $\Phi_t = \Phi(-x'_t \alpha)$ und $z_t = x'_t \alpha$

$$H = \frac{\partial^2 L}{\partial \theta\, \partial \theta'} = \begin{bmatrix} \sum_0 \frac{\varphi_t}{\Phi_t} \left(z_t - \frac{\varphi_t}{\Phi_t} \right) x_t x'_t & \Big| & 0 \\ \text{---} & \Big| & \text{---} \\ 0 & \Big| & -\frac{n_1}{h^2} \end{bmatrix}$$
$$- \begin{bmatrix} \sum_1 x_t x'_t & \Big| & -\sum_1 y_t\, x_t \\ \text{---} & \Big| & \text{---} \\ -\sum_1 y_t\, x'_t & \Big| & \sum_1 y_t^2 \end{bmatrix} \quad (3\text{-}12)$$

Wie beim binären Probit-Modell[139] verwenden wir wiederum die aus (1-10) folgende Ungleichung, um zu zeigen, daß $z_t - \varphi_t/\Phi_t < 0$ und damit die erste Matrix negativ definit ist. Ferner ist die zweite Matrix positiv definit (Übungsaufgabe). Da sie mit einem negativen Vorzeichen eingeht, ist H insgesamt negativ definit und damit L global konkav[140].

---

[139]Siehe Abschnitt 2.1.1.

[140]Gemäß Amemiya (1985), S. 373, Fußnote 8, ist die Likelihoodfunktion für die ursprüngliche Parametrisierung nicht global konkav. Siehe Greene (1990b) für eine detaillierte Erörterung dieses Phänomens.

3.2.3 Kleinstquadrate - Schätzung des Tobit-Modells

Die Betrachtung der Abbildung 3/1 macht bereits deutlich, daß die übliche Kleinstquadrate-Schätzung unter Verwendung der in Abschnitt 3.2.1 beschriebenen Daten für x und y nur eine verzerrte Schätzung der Parameter β_1 und β_2 im Modell (3-1) ergeben würde: Je mehr Beobachtungen für die abhängige Variable den Wert Null aufweisen, desto stärker wird die Steigung β_2 *unter*schätzt und desto stärker wird der Parameter β_1 *über*schätzt[141]. Natürlich wird dieser Bias tendenziell verschwinden, wenn die Wahrscheinlichkeit $P(Y^* > 0)$ gegen 1 strebt, d.h. - im Fall des Konsums dauerhafter Konsumgüter - der Verbrauch bei allen Haushalten positiv ist. In der empirischen Analyse kann man dies dadurch "erzwingen", daß man das Zeitintervall, in dem Käufe der Haushalte beobachtet werden, genügend groß wählt[142].

Als andere Möglichkeit bietet sich an, die n_0 "Nullbeobachtungen" einfach wegzulassen und nur die n_1 restlichen Beobachtungspaare zu berücksichtigen. Überraschenderweise ist die Schätzung auch in diesem Fall verzerrt. Dazu betrachten wir den (bedingten) Erwartungswert der beobachtbaren Zufallsvariablen Y_t, den man unter Beachtung von (3-7) wie folgt schreiben kann:

$$E(Y_t | Y_t^* > 0) = x_t' \beta + E(\varepsilon_t | Y_t^* > 0) \quad . \qquad (3-13)$$

Dabei wird der zweite Term auf der rechten Seite im allgemeinen ungleich Null sein. Andererseits verlangt der Beweis für die Erwartungstreue des Kleinstquadrate-Schätzers, daß dieser Erwartungswert identisch Null ist[143]. Mit anderen Worten, eine Kleinstquadrate-Schätzung auf der Basis der positiven y_t-Werte wird im allgemeinen zu einer *verzerrten Schätzung* des Parametervektors β führen. Als Übungsaufgabe ist mittels eines Simulationsexperiments zu verifizieren, daß alle Steigungsparameter (asymptotisch) gegen Null verzerrt sind, wenn die exogenen Variablen gemeinsam

---

[141] Greene (1981) hat den Bias für den Steigungsparameter unter der Annahme, daß die exogene Variable normalverteilt ist, explizite abgeleitet.

[142] Siehe dazu Ronning (1988m) und die dort aufgeführte Literatur.

[143] Siehe z.B. Schönfeld (1969), S. 56 .

3.2 Das Standard-Tobit-Modell

normalverteilt sind[144].

Im Fall der für das Standard-Tobit-Modell unterstellten Normalverteilung von Y_t^* (siehe (3-7)) erhalten wir unter Verwendung von (1-10) aus (3-13):

$$E\left(\varepsilon_t \mid Y_t^* > 0\right) = \sigma\, E\left(\left.\frac{\varepsilon_t}{\sigma}\,\right|\, \frac{Y_t^* - x_t'\beta}{\sigma} > -\frac{x_t'\beta}{\sigma}\right)$$

$$= \sigma\, \frac{\varphi\left(-x_t'\beta/\sigma\right)}{1 - \Phi\left(-x_t'\beta/\sigma\right)} \quad . \tag{3-14}$$

Wenn wir die *Hazardrate*[145] λ durch

$$\lambda(x) = \frac{\varphi(x)}{1 - \Phi(x)}$$

definieren, dann können wir (3-14) auch wie folgt schreiben:

$$E\left(Y_t \mid Y_t^* > 0\right) = x_t'\beta + \sigma\, \lambda\left(\frac{-x_t'\beta}{\sigma}\right) \quad . \tag{3-15}$$

Diese Gleichung wird im nächsten Unterabschnitt Basis eines zweistufigen Schätzverfahrens sein, bei dem der Schätzer *unverzerrt* ist.

Zuvor kehren wir noch einmal zu dem bereits anhand der Abbildung 3/1 erläuterten Ergebnis zurück, daß auch bei Verwendung aller n Beobachtungen, also einschließlich der "Nullbeobachtungen", die Kleinstquadrate-Schätzung des Parametervektors β verzerrt ist. Auch dies soll nun analytisch gezeigt werden. Dazu betrachten wir den (unbedingten) Erwartungswert für die beobachtbare Zufallsvariable Y, der sich wie folgt schreiben läßt:

$$E(Y_t) = E\left(Y_t \mid Y_t^* > 0\right) P\left(Y_t^* > 0\right) + E\left(Y_t \mid Y_t^* \le 0\right) P\left(Y_t^* \le 0\right)$$

---

[144] Siehe Goldberger (1981).
[145] Siehe dazu auch Abschnitt 4.4 . Der Begriff "Hazardrate" wird üblicherweise nur für positive Zufallsvariable verwendet. Der Kehrwert der Hazardrate wird in der englischen Literatur auch als "Mill's ratio" bezeichnet. Die Beziehung zwischen Hazardrate und Probit- sowie Tobit-Modell wird in Ronning (1990a) dargestellt.

$$= \left[x_t'\beta + \sigma\lambda\left(\frac{-x_t'\beta}{\sigma}\right)\right]\left[1 - \Phi\left(\frac{-x_t'\beta}{\sigma}\right)\right] + 0\,\Phi\left(\frac{-x_t'\beta}{\sigma}\right)$$

$$= x_t'\beta\left[1 - \Phi\left(\frac{-x_t'\beta}{\sigma}\right)\right] + \sigma\,\varphi\left(\frac{-x_t'\beta}{\sigma}\right) \qquad (3\text{-}16)$$

Da dieser Erwartungswert ebenso wie der in (3-13) im allgemeinen nicht gleich $x_t'\beta$ ist, folgt entsprechend der obigen Argumentation, daß die Kleinstquadrate-Schätzung auch bei Verwendung *aller* Beobachtungen verzerrt ist.

3.2.4 Ein zweistufiges Schätzverfahren

Heckman (1976) hat einen zweistufigen Schätzer für Tobit-Modelle vorgeschlagen, der den technischen Aufwand der Parameterschätzung deutlich reduziert, wenn es sich um komplexere Modelle handelt, während sich für das Standard-Tobit-Modell, für das diese Schätzmethode im folgenden dargestellt wird, nicht unbedingt Vorteile ergeben[146]. Da andererseits in der empirischen Wirtschaftsforschung diese Methode häufig genug verwendet wird und dabei stets die Rede von der Vermeidung des sogenannten "*Selektivitäts-Bias*" (selectivity bias) ist, scheint es nützlich, dieses Verfahren hier kurz vorzustellen. Eine Abwägung möglicher Vor- und Nachteile im Vergleich mit der in Abschnitt 3.2.2 beschriebenen Maximum-Likelihood-Methode erfolgt am Ende dieses Unterabschnitts.

Wir hatten im vorigen Abschnitt gesehen, daß die Verwendung der n_1 unzensierten Beobachtungen zu einer Verzerrung führt, die für den Erwartungswert der beobachtbaren Zufallsvariablen Y in (3-13) angegeben ist. Wir sehen, daß die Differenz zwischen diesem Erwartungswert und der "systematischen Komponente" des Modells (3-1) durch

$$E(\varepsilon_t \,|\, Y_t^* > 0) = \sigma\,\lambda\left(\frac{-x_t'\beta}{\sigma}\right) \qquad (3-17)$$

---

[146] Siehe Amemiya (1985), S. 368. Das von Heckman betrachtete Modell wird in Abschnitt 3.5.1, Formeln (3-64) bis (3-67), dargestellt.

3.2 Das Standard-Tobit-Modell

gegeben ist. Diesen Ausdruck bezeichnen wir als Selektivitäts-Bias[147]. Wohlgemerkt, dieser Bias taucht nur auf, wenn wir mit der Kleinstquadrate-Methode für die nichtzensierten Beobachtungen statt mit der Maximum-Likelihood-Methode für *alle* Beobachtungen schätzen! Das im folgenden dargestellte Verfahren unterstellt aber, daß alle Beobachtungen zur Verfügung stehen.

Wir schreiben (3-15) jetzt wie folgt:

$$\begin{aligned} Y_t &= x_t'\beta + \sigma\lambda_t + [Y_t - E(Y_t|Y_t^* > 0)] \\ &= x_t'\beta + \sigma\lambda_t + \eta_t \qquad \text{für alle } t \text{ mit } Y_t^* > 0 \end{aligned} \qquad (3\text{-}18)$$

wobei $\lambda_t \equiv \lambda(-x_t'\beta/\sigma)$ und $\eta_t = Y_t - E(Y_t|Y_t^* > 0)$. Dabei gilt $E(\eta_t|Y_t^* > 0) = 0$. Im folgenden interpretieren wir (3-18) als lineares Regressionsmodell mit zusätzlicher exogenen Variablen λ_t. Für die bedingte Varianz des Störterms erhalten wir

$$\begin{aligned} V(\eta_t|Y_t^* > 0) &= \sigma^2\, V\left(\frac{\eta_t}{\sigma}\,\bigg|\, \frac{Y_t^* - x_t'\beta}{\sigma} > -\frac{x_t'\beta}{\sigma}\right) \\ &= \sigma^2\, V\left(\eta_t^*\,\bigg|\, \eta_t^* > -\frac{x_t'\beta}{\sigma}\right) \end{aligned}$$

Weil η_t^* standardnormalverteilt ist, folgt aus Übungsaufgabe 1.4.3

$$V(\eta_t^*|Y_t^* > 0) = \sigma^2\left(1 - M_1(M_1 + x_t'\beta)\right) \qquad ,$$

wobei M_1 durch den bedingten Erwartungswert gemäß (1-10) gegeben ist, d.h.

$$M_1 = \frac{\varphi(-x_t'\beta/\sigma)}{1 - \Phi(-x_t'\beta/\sigma)} = \lambda_t \quad .$$

Dies ist die im vorigen Unterabschnitt eingeführte Hazardrate (bzw. Kehrwert von "Mill's ratio"). Deshalb erhalten wir schließlich

$$V(\eta_t|Y_t^* > 0) = \sigma^2\left(1 - \lambda_t x_t'\beta - \lambda_t^2\right) \quad , \qquad (3-19)$$

d.h. unser Regressionsmodell (3-18) hat einen heteroskedastischen Störterm[148].

Man kann nun folgendes *zweistufige Schätzverfahren* anwenden:

---

[147]Siehe z.B. Maddala (1983), S. 259.

[148]Man könnte diese heteroskedastische Struktur durch eine gewichtete Kleinstquadrate-Methode ausnutzen. Siehe dazu Amemiya (1985), Abschnitt 10.4.4.

a) Der Parametervektor $\alpha = \beta/\sigma$ wird aus der qualitativen Information für die abhängige Variable ($Y_t = 0$ bzw. $Y_t > 0$) und den Originalbeobachtungswerten für die exogenen Variablen mittels einer Probit-Analyse geschätzt. Diese Schätzung bezeichnen wir mit $\hat{\alpha}$.

b) Wir setzen $\hat{\lambda}_t = \lambda\left(-x_t'\,\hat{\alpha}\right)$ und schätzen β und σ aus der Regressionsgleichung (3-18) mit $\hat{\lambda}_t$ anstelle des unbekannten λ_t mit Hilfe der Methode der Kleinsten Quadrate. Dabei werden nur die n_1 unzensierten Beobachtungen verwendet.

Die asymptotische Kovarianzmatrix für die Schätzung des Vektors $\theta' = (\beta',\,\sigma)$ ist durch

$$V(\hat{\theta}) = \sigma^2\,(Z'Z)^{-1}\,Z'\left[\Sigma + (I-\Sigma)\,X\,(\underline{X}'D_1\underline{X})^{-1}\,X'(I-\Sigma)\right]Z\,(Z'Z)^{-1} \tag{3-20}$$

gegeben[149], wobei

$$\lambda = (\lambda_1,\lambda_2,\ldots,\lambda_{n_1})'$$

$$\underset{[n_1 \times (k+1)]}{Z} = (X,\lambda)$$

$$\underset{[n_1 \times n_1]}{\Sigma} = \sigma^2 \begin{pmatrix} 1-\lambda_1 x_1'\beta - \lambda_1^2 & & \\ & \ddots & \\ & & 1-\lambda_{n_1} x_{n_1}'\beta - \lambda_{n_1}^2 \end{pmatrix}$$

$$\underset{[n \times n]}{D_1} = \begin{pmatrix} \frac{\varphi_1^2}{\Phi_1(1-\Phi_1)} & & \\ & \ddots & \\ & & \frac{\varphi_n^2}{\Phi_n(1-\Phi_n)} \end{pmatrix}$$

Dabei ist $\underline{X}$ die $(n \times k)$ Regressormatrix für alle t, während X die $(n-m) \times k$ Regressormatrix für die unzensierten Beobachtungen darstellt, die in Schritt b) benutzt wird. Der zweite Term in der eckigen Klammer rührt daher, daß λ nicht bekannt ist, sondern geschätzt wird. Man beachte, daß die in Stufe b) aus den üblicherweise verwendeten Regressionsprogrammen gewonnenen Standardfehler für die Schätzwerte

---
[149]Siehe Amemiya (1985), S. 370.

3.2 Das Standard-Tobit-Modell 133

nicht korrekt sind, sofern nicht obige Formel verwendet wird.

Angesichts der relativ komplizierten Struktur der Kovarianzmatrix für diesen Schätzer läßt sich folgendes Fazit ziehen: Da die Maximum-Likelihood-Schätzung des Standard-Tobit-Modells aufgrund der globalen Konkavität der Loglikelihoodfunktion unproblematisch ist, ist es wenig sinnvoll, dieses zweistufige Verfahren, das sowohl eine Kleinstquadrate-Schätzung als auch eine Probit-Schätzung erfordert, zu verwenden, sofern ein Programm für die ML-Schätzung zur Verfügung steht. Ganz anders sieht es bei der Schätzung von multivariaten Tobit-Modellen aus, die in Abschnitt 3.5.1 besprochen werden.

3.2.5 EM - Schätzung

Der EM - Algorithmus, der von Dempster, Laird und Rubin (1977) entwickelt wurde, stellt eine allgemeine Methode zur Bestimmung von Maximum-Likelihood-Schätzwerten bei "unvollständigen" Daten dar. Dabei können unvollständige Daten beispielsweise gruppierte Daten[150] oder auch die in diesem Kapitel betrachteten zensierten Daten sein. In Anlehnung an Amemiya (1985, Kap. 10.4.6) soll in diesem Unterabschnitt die Methode selbst und im nächsten Unterabschnitt die Anwendung auf das Standard-Tobit-Modell dargestellt werden.

Es sei V^* ein Zufallsvektor *unbeobachtbarer* Variablen, deren Werte eindeutig die Werte eines *beobachtbaren* Zufallsvektors Z bestimmen, während aus Z nicht eindeutig auf Werte von V^* geschlossen werden kann. Beispielsweise bestimmt im Tobit-Modell die Variable Y^* in (3-6) bzw. (3-7) die Ausgaben ($Y > 0$) bzw. die Tatsache, daß nicht gekauft wird ($Y = 0$). Aus der Tatsache, daß nicht gekauft wurde, kann man andererseits nicht auf den Wert der latenten Variablen Y^* schließen!

Im folgenden bezeichnet θ den unbekannten, zu schätzenden Parametervektor. Es sei $f(v^* \mid \theta)$ die gemeinsame Dichtefunktion von V^* und $g(z \mid \theta)$ die gemeinsame

---
[150] Siehe dazu Schader und Schmid (1988).

Dichte- bzw. Wahrscheinlichkeitsfunktion von Z. Ferner sei die bedingte Dichtefunktion von V^* (gegeben z) definiert als

$$k(v^* \mid z; \theta) = \frac{f(v^* \mid \theta)}{g(z \mid \theta)} \quad , \qquad (3-21)$$

weil $f(z \mid v^*) = 1$ und damit $f(v^*, z) = f(z \mid v^*) f(v^*) = f(v^*)$ gilt. Es soll die Loglikelihoodfunktion

$$\begin{aligned} L(\theta \mid z) &= \log g(z \mid \theta) \\ &= \log f(v^* \mid \theta) - \log k(v^* \mid z; \theta) \end{aligned} \qquad (3\text{-}22)$$

bezüglich des Parametervektors θ maximiert werden. Es sei

$$Q(\theta \mid \theta_1 ; z) = E\{\log f(V^* \mid \theta) \mid z, \theta_1\} \qquad (3-23)$$

der Erwartungswert von $\log(f(V^*))$ für gegebenes z und $\theta = \theta_1$, wobei θ_1 der wahre Parametervektor ist. Der EM-Algorithmus besteht darin, daß (3-23) in jedem Schritt maximiert wird, wobei jeweils ein θ_1 vorgegeben wird. Wie das geschieht, wird weiter unten erläutert. Das "E" in der Bezeichnung "EM-Algorithmus" steht für die Erwartungswertbildung in (3-23), und das "M" steht für die Maximierung von (3-23).

Es soll nun gezeigt werden, daß dieses Verfahren wirklich das Maximum der Loglikelihoodfunktion bestimmt. Dazu definieren wir zusätzlich

$$H(\theta \mid \theta_1; z) = E\{\log k(V^* \mid z; \theta) \mid z; \theta_1\} \quad . \qquad (3-24)$$

Dann gilt

$$L(\theta) = Q(\theta \mid \theta_1) - H(\theta \mid \theta_1) \quad . \qquad (3-25)$$

Beweis : Für die rechte Seite schreiben wir ausführlich

$$\begin{aligned} E\{\log f(V^* \mid \theta) \mid z, \theta_1\} &- E\{\log k(V^* \mid z, \theta) \mid z, \theta_1\} \\ &= E\{\log g(z) \mid z, \theta_1\} \\ &= \log g(z) \quad . \end{aligned}$$

Dabei wurde beim Übergang zur zweiten Zeile (3-21) benutzt. Die letzte Zeile ergibt sich, weil z eine feste Größe ist. Die Behauptung folgt dann aus (3-22). □

3.2 Das Standard-Tobit-Modell

Andererseits gilt

$$H(\theta \mid \theta_1) < H(\theta_1 \mid \theta_1) \quad \text{für} \quad \theta \neq \theta_1 \quad . \tag{3-26}$$

Beweis: Wir schreiben für die Differenz

$$H(\theta \mid \theta_1) - H(\theta_1 \mid \theta_1)$$

$$= E\left(\left. \log \frac{k(V^* \mid z, \theta)}{k(V^* \mid z, \theta_1)} \right| z, \theta_1 \right)$$

$$< \log E\left\{ \left. \frac{k(V^* \mid z, \theta)}{k(V^* \mid z, \theta_1)} \right| z, \theta_1 \right\}$$

$$= 0$$

Dabei wurde die Jensensche Ungleichung benutzt, die in diesem Zusammenhang als

$$E(\log(X)) < \log(E(X))$$

für positive Zufallsvariable X geschrieben werden kann[151]. □

Für gegebenes θ_1 sei $M = M(\theta_1)$ der Wert von θ, der $Q(\theta \mid \theta_1)$ in (3-23) maximiert. Dann gilt nach (3-25)

$$L(M) = Q(M \mid \theta_1) - H(M \mid \theta_1) \quad . \tag{3-27}$$

Weil jedoch gemäß der Definition von M

$$Q(M \mid \theta_1) \geq Q(\theta \mid \theta_1) \tag{3-28}$$

und andererseits wegen (3-26)

$$H(M \mid \theta_1) \leq H(\theta_1 \mid \theta_1) \tag{3-29}$$

gilt, erhalten wir aus (3-28) und (3-29)

$$L(M) = Q(M \mid \theta_1) - H(M \mid \theta_1)$$

$$\geq Q(\theta_1 \mid \theta_1) - H(\theta_1 \mid \theta_1)$$

$$= L(\theta_1) \quad .$$

---

[151] Siehe z.B. Mood u.a. (1974), S. 72 .

Demnach wird sich die Loglikelihood-Funktion in jedem Schritt durch Berechnung des Maximums M von (3-23) erhöhen oder zumindest nicht verringern. Weil nun unter geeigneten Regularitätsannahmen[152]

$$\left.\frac{\partial L}{\partial \theta}\right|_{\theta_1} = \left.\frac{\partial Q(\theta \mid \theta_1)}{\partial \theta}\right|_{\theta_1} - \left.\frac{\partial H(\theta \mid \theta_1)}{\partial \theta}\right|_{\theta_1}$$

$$= \left.\frac{\partial Q(\theta \mid \theta_1)}{\partial \theta}\right|_{\theta_1} \qquad (3\text{-}30)$$

gilt, hat L genau dann einen stationären Punkt, wenn Q einen solchen besitzt[153]. Dabei wurde in der ersten Zeile von (3-30) ausgenutzt, daß wegen der Definition von θ_1 der zweite Ausdruck auf der rechten Seite gleich Null ist.

3.2.6 EM - Schätzung des Tobit-Modells

Im Standard-Tobit-Modell ist der unbekannte Parametervektor durch $\theta = (\beta' \, \sigma)'$ gegeben. An die Stelle des Symbols V^* tritt jetzt das Symbol Y^*, das in diesem Fall aber einen n-dimensionalen *Vektor* darstellt. Für die gemeinsame Dichtefunktion der Komponenten des Vektors Y^* erhalten wir:

$$\log f(y^* \mid \theta) = -\frac{n}{2} \log(2\pi\sigma^2) - \frac{1}{2\sigma^2} \sum_{t=1}^{n} (y_t^* - x_t'\beta)^2 \quad . \qquad (3-31)$$

Für den Beobachtungsbefund z ergibt sich der n-dimensionale Vektor

$$z = (y_1, \ldots, y_{n_1}, \underbrace{0, \ldots, 0}_{n_0-\text{mal}}) = (\boldsymbol{y}_1, \boldsymbol{y}_\circ) \quad ,$$

wobei $\boldsymbol{y}_1$ der n_1-dimensionale Vektor der positiven Beobachtungen und $\boldsymbol{y}_\circ$ der n_0-dimensionale Vektor der Null-Beobachtungen ist. Im folgenden berechnen wir die

---

[152] Amemiya (1985), S. 376.

[153] Siehe Wu (1983) für eine Diskussion der Konvergenzeigenschaften. Schader und Schmid (1988) haben den EM-Algorithmus auf die Analyse gruppierter Daten angewendet und geben einige Hinweise bezüglich numerischer Probleme.

3.2 Das Standard-Tobit-Modell

Erwartungswerte einer Funktion von Y^*, gegeben den Beobachtungsbefund z. Soweit sich positive Werte für Y^* ergeben, d.h. $Y_t^* = y_t > 0$, erhalten wir Y^* selbst als Erwartungswert. Dagegen muß bei zensierten Daten, d.h. $Y^* \leq 0$, die Stutzung berücksichtigt werden. Für den Ausdruck $Q(\theta \mid \theta_1)$ ergibt sich deshalb:

$$E\{\log f(Y^* \mid \theta) \mid z, \theta_1\} = -\frac{n}{2}\log(2\pi\sigma^2) - \frac{1}{2\sigma^2}\sum_1 (Y_t^* - x_t'\beta)^2$$

$$-\frac{1}{2\sigma^2}\sum_0 E\left\{(Y_t^* - x_t'\beta)^2 \mid z_t = 0, \theta_1\right\}$$

$$= -\frac{n}{2}\log(2\pi\sigma^2) - \frac{1}{2\sigma^2}\sum_1 (Y_t^* - x_t'\beta)^2$$

$$-\frac{1}{2\sigma^2}\sum_0 V(Y_t^* \mid z_t = 0, \theta_1)$$

$$-\frac{1}{2\sigma^2}\sum_0 \{E(Y_t^* \mid z_t = 0, \theta_1) - x_t'\beta\}^2 ,$$

wobei ausgenutzt wurde, daß[154]

$$E\left\{(Y_t^* - x_t'\beta)^2 \mid z_t = 0\right\}$$
$$= E\left\{(Y_t^* - E(Y_t^* \mid z_t = 0) + E(Y_t^* \mid z_t = 0) - x_t'\beta)^2 \mid z_t = 0\right\} \quad (3-32)$$
$$= V(Y_t^* \mid z_t = 0) + [E(Y_t^* \mid z_t = 0) - x_t'\beta]^2$$

gilt. Für Erwartungswert und Varianz ergeben sich nach den Formeln für gestutzte Zufallsvariablen (siehe Abschnitt 1.2.3 sowie 3.2.3 und 3.2.4):

$$E(Y_t^* \mid z_t = 0, \theta_1) = x_t'\beta_1 - \sigma_1 \frac{\varphi_{t1}}{1 - \Phi_{t1}} \equiv \mu_t^0$$

$$V(Y_t^* \mid z_t = 0, \theta_1) = \sigma_1^2 + x_t'\beta_1 \frac{\sigma_1 \varphi_{t1}}{1 - \Phi_{t1}} - \left[\frac{\sigma_1 \varphi_{t1}}{1 - \Phi_{t1}}\right]^2 \equiv (\sigma_t^0)^2$$

wobei φ_{t1} und Φ_{t1} in Abschnitt 3.2.2 definiert wurden. Der zusätzliche Index "1" deutet an, daß sie die "wahren" Parameter β_1 und σ_1 enthalten. Die *geschätzten* bedingten Momente (für $\theta = \theta_1$ und $z_t = 0$), μ_t^0 und $(\sigma_t^0)^2$ werden jetzt wie die Beobachtungswerte im Schätzer für die zweite Runde benutzt, d.h. man maximiert

$$-\frac{n}{2}\log(2\pi\sigma^2) - \frac{1}{2\sigma^2}\sum_1 (Y_t - x_t'\beta)^2$$

---

[154]Übungsaufgabe!

$$-\frac{1}{2\sigma^2}\sum_0 (\sigma_t^0)^2$$
$$-\frac{1}{2\sigma^2}\sum_0 (\mu_t^0 - x_t'\beta)^2$$

bezüglich β und σ^2. Dies führt zu folgendem Schätzer für β in der zweiten Runde:

$$\hat{\beta}_2 = (\underline{X}'\underline{X})^{-1} \underline{X}' \begin{pmatrix} \boldsymbol{y}_1 \\ \boldsymbol{\mu}^0 \end{pmatrix} \quad,$$

wobei $\boldsymbol{y}_1$ der n_1-dimensionale Vektor der positiven Beobachtungen ist und $\boldsymbol{\mu}^0$ der n_0-dimensionale Vektor der μ_t^0. Wir ersetzen also die fehlenden Beobachtungen für die latente Variable Y^* durch ihre Erwartungswerte. Ferner erhalten wir als Schätzung für σ^2

$$\hat{\sigma}_2^2 = n^{-1} \left[\sum_1 (Y_t - x_t'\beta_2) + \sum_0 (\mu_t^0 - x_t'\beta)^2 + \sum_0 (\sigma_t^0)^2 \right]$$

Man kann zeigen (Übungsaufgabe), daß dieser Iterationsschätzer gegen die Schätzung nach dem ML-Prinzip konvergiert. Von Nachteil ist, daß wir mit dieser Methode keine Schätzung für die Kovarianzmatrix der Schätzer erhalten.

3.2.7 Gütemaße

Auf der Suche nach einem Gütemaß für das Tobit-Modell stellt man überrascht fest, daß in der Literatur kaum Vorschläge hierzu existieren.[155] In Analogie zum linearen Regressionsmodell bietet sich das Bestimmtheitsmaß an, das man für die unzensierten Beobachtungen berechnen könnte. Allerdings ist dabei zu beachten, daß für den (bedingten) Erwartungswert der unzensierten Beobachtungen

$$E(Y_t \mid Y_t^* > 0) = x_t'\beta + \sigma \lambda \left(\frac{-x_t'\beta}{\sigma} \right)$$

mit

$$\lambda(x) = \frac{\varphi(x)}{1 - \Phi(x)}$$

---

[155]Darauf weisen Veall und Zimmermann (1990c) hin, auf deren Arbeit dieser Unterabschnitt weitgehend basiert.

3.2 Das Standard-Tobit-Modell

gilt. Siehe Abschnitt 3.2.3. Entsprechend definieren wir die "theoretischen" Werte als

$$\hat{y}_t = \hat{y}_t^\star + \hat{\sigma}\,\lambda\left(\frac{-x_t'\hat{\beta}}{\hat{\sigma}}\right)\;, \qquad (3-33)$$

wobei

$$\hat{y}_t^\star = x_t'\hat{\beta} \qquad (3-34)$$

die theoretischen Werte im unzensierten Modell angibt und $\hat{\beta}$ und $\hat{\sigma}$ die ML-Schätzer der betreffenden Parameter sind. Als Bestimmtheitsmaß der unzensierten Daten im Tobit-Modell läßt sich dann

$$R_{DH}^2 = \frac{\sum_1 (\hat{y}_t - \overline{\hat{y}})(y_t - \overline{y})}{\sum_1 (\hat{y}_t - \overline{\hat{y}})^2 \sum_1 (y_t - \overline{y})^2} \qquad (3-35)$$

definieren. Der Index "1" deutet an, daß die Summation nur die n_1 unzensierten Daten berücksichtigt. Dasselbe gilt für die Berechnung der arithmetischen Mittel. Dieses Gütemaß wurde von Dhrymes (1986, S. 1603) vorgeschlagen. Veall und Zimmermann (1990c) zeigen in ihrer Simulationsstudie, daß dieses Maß deutlich schlechter abschneidet als ein Maß, das *alle* Beobachtungen berücksichtigt und das in Anlehnung an das von McKelvey und Zavoina für das Probit-Modell vorgeschlagene Maß von ihnen wie folgt definiert wird:

$$R_{MZ}^2 = \frac{\sum_{t=1}^n (\hat{y}_t^\star - \overline{\hat{y}^\star})^2}{\sum_{t=1}^n (\hat{y}_t^\star - \overline{\hat{y}^\star})^2 + n\,\hat{\sigma}^2}\;. \qquad (3-36)$$

Dieses Maß entspricht dem in (2-92) definierten Maß R_{MZ}^2 für das ordinale Probit-Modell mit dem Unterschied, daß im Nenner statt n jetzt der Ausdruck $n\,\hat{\sigma}^2$ erscheint, da σ^2 im Tobit-Modell schätzbar ist. Dieses Gütemaß schneidet bezüglich des Zusammenhangs mit dem Gütemaß für das zugrundeliegende latente Modell am besten von allen Maßen ab, die in der Simulationsstudie untersucht werden.[156]

---

[156] Für unterschiedlichen Anteil zensierter Daten und verschiedene Stichprobenumfänge ergibt sich für R_{MZ}^2 stets annähernd die 45⁰-Linie, wenn man dieses Maß gegen das zugrundeliegende Gütemaß plottet. Dagegen ergeben sich für das Dhrymes-Maß R_{DH}^2 teilweise sehr starke Abweichungen von dieser Linie. Siehe die Abbildungen 1 bis 6 in Veall und Zimmermann (1990c).

3.2.8 Ein Spezifikationstest auf Heteroskedastie

Die bisherigen Ausführungen in diesem Kapitel gingen davon aus, daß die "Standard-Annahmen" für das Tobit-Modell erfüllt sind. Andererseits ist die ML-Schätzung nicht mehr konsistent, wenn beispielsweise Heteroskedastie besteht.[157] Deshalb soll ein entsprechender Test vorgestellt werden, der in ähnlicher Form für das Probit-Modell in Abschnitt 2.5.2 behandelt wurde. Für den Störterm ε im "latenten Modell"[158]

$$Y^* = x'\beta + \varepsilon$$

unterstellen wir

$$V(\varepsilon) = \sigma^2 \exp(2\, z'\gamma) \quad , \qquad (3-37)$$

wobei γ ein m-dimensionaler Vektor ist. Demnach ist der Vektor

$$\theta = \begin{pmatrix} \theta_1 \\ \theta_2 \\ \theta_3 \end{pmatrix} = \begin{pmatrix} \beta \\ \sigma^2 \\ \gamma \end{pmatrix}$$

zu schätzen. Dies geschieht durch Maximierung der Likelihoodfunktion

$$\mathcal{L} = \prod_0 \Phi\left(\frac{-x'_t\beta}{\sigma \exp(z'_t\gamma)}\right) \prod_1 \frac{1}{\sigma \exp(z'_t\gamma)} \varphi\left(\frac{y_t - x'_t\beta}{\sigma \exp(z'_t\gamma)}\right) \quad . \qquad (3-38)$$

Unter der Nullhypothese

$$H_0 : \theta_3 = \gamma = 0$$

reduziert sich die Varianz von ε auf σ^2. Zur Überprüfung dieser Hypothese verwenden wir den Lagrange-Multiplikatoren-Test. Dazu benötigen wir mindestens die ersten Ableitungen der Loglikelihoodfunktion, die wir wie folgt schreiben:

$$\begin{aligned}L &= \sum_{t=1}^{n} \nu_t \left[\log\left(\Phi\left(\frac{-x'_t\beta}{\sigma\exp(z'_t\gamma)}\right)\right)\right] \\ &\quad -(1-\nu_t)\left[\log(\sigma) + z'_t\gamma + \log(\sqrt{2\pi}) + \frac{1}{2}\left(\frac{y_t - x'_t\beta}{\sigma \exp(z'_t\gamma)}\right)^2\right] \quad . \end{aligned} \qquad (3\text{-}39)$$

---
[157] Siehe Amemiya (1985), Kap. 10.5, sowie Greene (1990a), S. 733, und die dort genannten Literatur. Beide Autoren behandeln auch den Fall der Abweichung von der Normalverteilung.

[158] Siehe (3-7).

3.2 Das Standard-Tobit-Modell

Dabei ist $\nu_t = 0$, falls eine zensierte Beobachtung betrachtet wird, und $\nu_t = 1$ sonst. Wir erhalten[159]

$$\frac{\partial L}{\partial \beta} = \sum_{t=1}^{n} a_t\, x_t$$

$$\frac{\partial L}{\partial \sigma^2} = \sum_{t=1}^{n} b_t$$

$$\frac{\partial L}{\partial \gamma} = \sum_{t=1}^{n} \sigma^2\, b_t\, z_t \qquad (3\text{-}40)$$

mit

$$a_t = \sum_{t=1}^{n} \left[\nu_t \frac{(-\varphi_t)}{\Phi_t} + (1-\nu_t) \frac{y_t - x_t'\beta}{\sigma^2 \exp(2 z_t'\gamma)} \right]$$

$$b_t = \sum_{t=1}^{n} \left[\nu_t \frac{\varphi_t}{\Phi_t} \frac{x_t'\beta}{2\sigma^3 \exp(z_t'\gamma)} + (1-\nu_t) \frac{1}{2\sigma^2} \left(\frac{(y_t - x_t'\beta)^2}{\sigma^2 \exp(2 z_t'\gamma)} - 1 \right) \right] \qquad (3\text{-}41)$$

und

$$\Phi_t = \Phi\left(\frac{-x_t'\beta}{\sigma \exp(z_t'\gamma)}\right), \quad \varphi_t = \varphi\left(\frac{y_t - x_t'\beta}{\sigma \exp(z_t'\gamma)}\right).$$

Weiter benötigen wir die Informationsmatrix, deren Berechnung allerdings im Vergleich mit dem Probit-Modell aufwendiger ist. Unter Verwendung von (1-16) können wir schreiben:

$$I(\theta) = E\left[\sum_{t=1}^{n} \begin{pmatrix} a_t^2\, x_t\, x_t' & a_t\, b_t\, x_t & \sigma^2\, a_t\, b_t\, x_t\, z_t' \\ a_t\, b_t\, x_t' & b_t^2 & \sigma^2\, b_t^2\, z_t' \\ \sigma^2\, a_t\, b_t\, z_t\, x_t' & \sigma^2\, b_t^2\, z_t & \sigma^4\, b_t^2\, z_t\, z_t' \end{pmatrix} \right] \qquad (3-42)$$

Die Berechnung erfordert die Bestimmung des *bedingten* Erwartungswertes für Y_t (siehe oben) sowie für Y_t^2. Darauf gehen wir wegen der Komplexität der Formeln nicht im Einzelnen ein.[160] Man kann auch

$$\sum_{t=1}^{n} \begin{pmatrix} a_t^2\, x_t\, x_t' & a_t\, b_t\, x_t & \sigma^2\, a_t\, b_t\, x_t\, z_t' \\ a_t\, b_t\, x_t' & b_t^2 & \sigma^2\, b_t^2\, z_t' \\ \sigma^2\, a_t\, b_t\, z_t\, x_t' & \sigma^2\, b_t^2\, z_t & \sigma^4\, b_t^2\, z_t\, z_t' \end{pmatrix} \qquad (3-43)$$

---

[159]In Abschnitt 3.2.2 haben wir die ML-Schätzung eines *reparametrisierten* Modells betrachtet, in dem die Loglikelihoodfunktion stets ein eindeutiges Maximum besitzt. Greene (1990b) hat darauf hingewiesen, daß für die ML-Schätzung der ursprünglichen Parametrisierung, die wir hier betrachten, der theoretisch mögliche Fall mehrerer Lösungen praktisch nie eintritt.

[160]Der Ausdruck für $E(Y_t)$ wurde, wie erwähnt, bereits weiter oben in diesem Unterabschnitt verwendet. Für $E(Y_t^2 \mid Y_t^* > 0)$ nutzen wir die Beziehungen $E(Y_t^2 \mid Y_t^* > 0) = V(Y_t \mid Y_t^* > 0) + [E(Y_t \mid Y_t^* > 0)]^2$ sowie $V(Y_t \mid Y_t^* > 0) = V(\varepsilon_t \mid Y_t^* > 0)$ aus. Dann können wir mit Hilfe der Formeln (3-15) und (3-19) die Informationsmatrix bestimmen.

mit ML-Schätzwerten anstelle der Parameter als Schätzung der Informationsmatrix benutzen.[161] Die Berechnung der Prüfstatistik erfolgt gemäß Formel (1-35). Unter H_0 ist die LM-Prüfstatistik χ^2-verteilt mit m Freiheitsgraden.

3.3 Friktionsmodelle

Der Begriff der Friktion spielt in vielen Bereichen der Wirtschafts- und Sozialwissenschaften eine Rolle. Beispielsweise entsteht friktionelle Arbeitslosigkeit dadurch, daß Arbeitssuchende erst einmal ein gewisses Maß an Information über den Arbeitsmarkt sammeln, bevor sie sich für einen bestimmten Arbeitsplatz entscheiden. Ein anderes Beispiel für Friktionen ist die eher sprunghafte Adaption neuer Technologien (z.B. Computer) in Firmen, da eine kontinuierliche Adaption mit höheren Umstellungs- und Organisationskosten verbunden wäre. Als drittes Beispiel sei die Portefeuille-Entscheidung eines Wertpapierbesitzers genannt, der wegen der Transaktionskosten keine Umschichtung seines Portefeuilles vornimmt, solange die erwarteten Kursveränderungen geringfügig sind[162]. "Friktionen" treten aber auch bei der Abfrage von Erwartungen und Plänen auf, wie sie beispielsweise im Investitionstest des IFO-Instituts, München, erhoben werden. Dort wird ein Unternehmen mittels Fragebogen nach seinen Investitionsplänen gefragt:

---

a) Wir werden in diesem Jahr Investitionen durchführen: ☐ ja   ☐ nein

b) Wertmäßig werden diese Investitionen im Vergleich zu den Investitionen des vergangenen Jahres sein

   größer   ☐   schätzungsweise um ____%

   etwa gleichgroß   ☐

   kleiner   ☐   schätzungsweise um ____%

---

[161]Siehe Greene (1990a) S. 735. Allerdings muß dieses Vorgehen mit Zurückhaltung betrachtet werden. Siehe dazu Calzolari und Fiorentini (1990).

[162]Solch ein Modell ist beispielsweise von Rosett (1959) betrachtet worden. Siehe auch den Überblick über Friktionsmodelle bei Maddala (1983), Kap. 6.8 .

3.3 Friktionsmodelle

Die Formulierung der Frage unterstellt, daß eine "geringfügige" Veränderung der Investitionen von den Firmen praktisch als "keine Veränderung" angesehen wird, oder daß, mehr formal gesprochen, eine latente Variable Y^*, die die geplante Veränderung beschreibt, innerhalb eines sogenannten "Indifferenzintervalls" nicht beobachtet werden kann. Wenn wir mit Y wieder die beobachtbare Variable bezeichnen, dann läßt sich dies wie folgt formalisieren:

$$Y_t = \begin{cases} Y_t^* & \text{falls} & Y_t^* \leq a \\ "0" & \text{falls} & a < Y_t^* \leq b \\ Y_t^* & \text{falls} & b < Y_t^* \end{cases} \quad (3-44)$$

Dabei symbolisiert "0" die Beobachtung, daß die mittlere Kategorie angekreuzt wurde. In anderen Umfragen, beispielsweise bezüglich der Preisveränderungen, die Konsumenten erwarten, wird nur im Fall *positiver* Veränderungen die Quantifizierung gefordert[163]. In diesem Fall erhalten wir anstelle von (3-44):

$$Y_t = \begin{cases} "-" & \text{falls} & Y_t^* \leq a \\ "0" & \text{falls} & a < Y_t^* \leq b \\ Y_t^* & \text{falls} & b < Y_t^* \end{cases} \quad (3-45)$$

Oftmals wird in der Analyse auch ein *symmetrisches Indifferenzintervall* unterstellt, d.h.

$$a = -b \ .$$

Wir wollen die Schätzung von Friktionsmodellen, bei denen Daten aus Konsumenten- und Unternehmerbefragungen benutzt werden, kurz skizzieren. Dazu unterstellen wir

$$Y_t^* \sim N(\mu, \sigma^2) \ .$$

Die Annahme ist hier insofern problematisch, als *relative* Veränderungen nach unten beschränkt sind, während die Normalverteilung beliebige reelle Zahlen zuläßt. Doch kann man Y^* auch als Logarithmus des Wachstumsfaktors interpretieren, d.h. Logarithmische Normalverteilung für $\exp(Y^*)$ (und damit Normalverteilung für Y^*) unterstellen[164]. Exogene Variablen, die auf den Parameter μ einwirken, berücksichtigen wir aus Gründen der einfacheren Darstellbarkeit nicht[165].

---
[163]Siehe dazu Fishe und Lahiri (1981) und Maddala u.a. (1982).

[164]Siehe Anhang A.2 .

[165]Siehe zum folgenden auch Ronning (1990), Abschnitt 4 .

Wie im Tobit-Modell verfügen wir über einen Beobachtungsbefund, der teilweise qualitativ und teilweise quantitativ ist. Deshalb läßt sich die Likelihoodfunktion für Modell (3-44) wie folgt schreiben:

$$\mathcal{L} = \prod_{S_1} \frac{1}{\sigma} \varphi\left(\frac{y_t - \mu}{\sigma}\right) \prod_{S_2} [\Phi(d) - \Phi(c)] \prod_{S_3} \frac{1}{\sigma} \varphi\left(\frac{y_t - \mu}{\sigma}\right) \quad , \qquad (3-46)$$

während wir für Modell (3-45) folgende Likelihoodfunktion erhalten:

$$\mathcal{L} = \prod_{S_1} \Phi(c) \prod_{S_2} [\Phi(d) - \Phi(c)] \prod_{S_3} \frac{1}{\sigma} \varphi\left(\frac{y_t - \mu}{\sigma}\right) \qquad (3-47)$$

mit $c = (a - \mu)/\sigma$ und $d = (b - \mu)/\sigma$. Ferner bezeichnet S_i die Menge der Beobachtungen in der jeweiligen Kategorie i. In beiden Modellen sind die vier Parameter a, b, μ und σ zu schätzen. In der Möglichkeit zur Schätzung besteht jedoch ein fundamentaler Unterschied zwischen den beiden Modellen: Da die Likelihoodfunktion (3-46) bezüglich des Parameters b monoton wachsend und bezüglich des Parameters a monoton sinkend ist, ergibt sich für Modell (3-44) keine (endliche) Lösung, wenn die Likelihoodfunktion maximiert wird. Man kann zeigen (Übungsaufgabe), daß dieses Problem auch dann besteht, wenn man ein symmetrisches Indifferenzintervall unterstellt.

Einem Vorschlag von Nelson (1977, S. 498) folgend könnte man bei Unbeschränktheit der Loglikelihoodfunktion a und b oder – im Fall eines symmetrischen Indifferenzintervalls – entweder a oder b durch die maximalen negativen bzw. minimalen positiven beobachteten Veränderungen bestimmen und dann die (konzentrierte) Likelihoodfunktion bezüglich μ und σ maximieren. Die Abbildung 3/2 zeigt die auf diese Weise für a und b gewonnenen Schätzwerte für die Maschinenbau-Branche im Ifo-Investitionstest. Dagegen ist das Modell (3-45) bzw. die Likelihoodfunktion (3-47) frei von diesem "Mangel", wenn wir gleichzeitig ein symmetrisches Indifferenzintervall unterstellen. In diesem Fall erhalten wir nämlich für (3-47):

$$\mathcal{L} = \prod_{S_1} \Phi(\frac{a - \mu}{\sigma}) \prod_{S_2} \left[\Phi(\frac{-a - \mu}{\sigma}) - \Phi(\frac{a - \mu}{\sigma})\right] \prod_{S_3} \frac{1}{\sigma} \varphi\left(\frac{y_t - \mu}{\sigma}\right) \qquad (3-48)$$

Der erste Term wächst mit a, während der zweite sinkt, d.h. Monotonie bezüglich des Schwellenwertes a ist nicht länger gegeben. Wir haben also das paradoxe Ergeb-

3.3 Friktionsmodelle

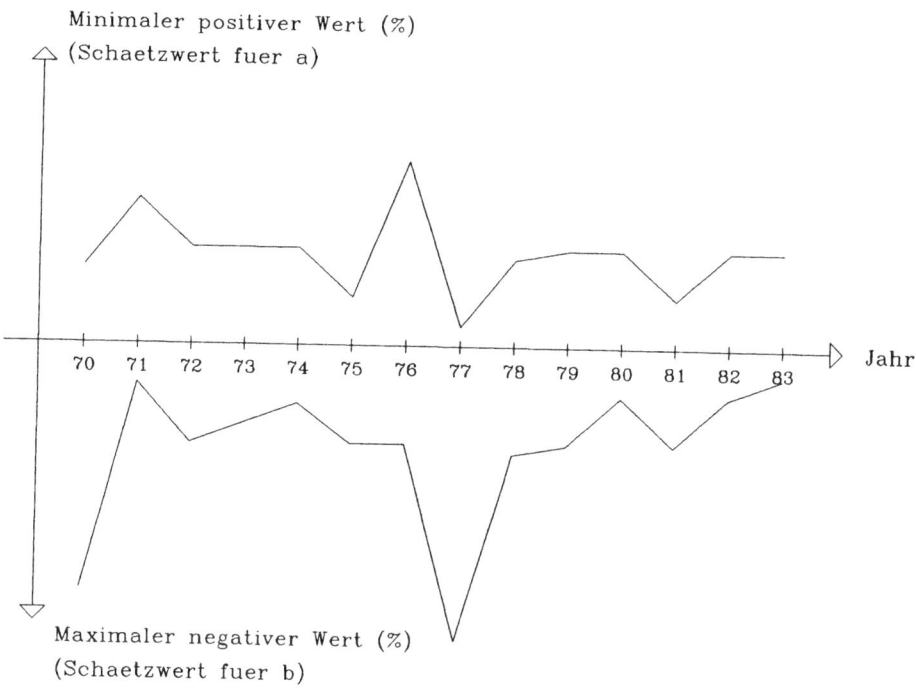

Abbildung 3/2

nis, daß eine Befragung mit *geringerem* Informationsgehalt eine ML-Schätzung der Parameter zuläßt.

Das von Nelson vorgeschlagene Schätzverfahren vermeidet - als Nebenprodukt - eine Inkonsistenz im Modell (3-44), auf die Schönfeld (1982) hingewiesen hat: Bei der Schätzung von a und b in Modell (3-44) kann es durchaus passieren, daß die von einzelnen Unternehmen quantifizierten Veränderungen *innerhalb* des Indifferenzintervalls $[a, b]$ liegen. Deshalb hat Schönfeld vorgeschlagen, die berichteten Veränderungen als Veränderungen außerhalb des Indifferenzintervalls anzusehen. Beispielsweise müssen dann 2%, die ein Unternehmen mit Parameter $b = 1\%$ als geplante Veränderung angibt, als insgesamt $1\% + 2\% = 3\%$ interpretiert werden. Die Likelihoodfunktion, die diese Interpretation berücksichtigt, lautet dann wie folgt:

$$\mathcal{L} = \prod_{S_1} \frac{1}{\sigma} \varphi\left(\frac{(y_t + a) - \mu}{\sigma}\right) \prod_{S_2} [\Phi(d) - \Phi(c)] \prod_{S_3} \frac{1}{\sigma} \varphi\left(\frac{(y_t + b) - \mu}{\sigma}\right)$$
(3 – 49)

Da a und b jetzt auch in den beiden Termen für die äußeren Kategorien auftauchen, ist das Problem der Unbeschränktheit der Likelihoodfunktion bezüglich a und b verschwunden. Andererseits sind nur noch die Ausdrücke $(a - \mu)/\sigma$, $(b - \mu)/\sigma$ und $1/\sigma$ schätzbar, d.h. von den drei Parametern a, b und μ sind nur zwei identifizierbar. Wählt man beispielsweise die Normierung

$$a = 0 \quad ,$$

so ist b als *Breite* des Indifferenzintervalls zu interpretieren[166].

3.4 Modelle mit endogener Schichtung

Alle bisherigen Modelle bezogen sich auf *zensierte* Modelle, mit Ausnahme einer kurzen Präsentation des *gestutzten* Tobit-Modells in Abschnitt 3.2.1[167]. Da vieles in diesem Ansatz methodisch dem Standard-Tobit-Modell sehr ähnlich ist, wird es nicht weiter behandelt. Stattdessen besprechen wir nun ein Modell, das in gewisser Weise eine *Verallgemeinerung des gestutzten Tobit-Modells darstellt*[168].

Untersucht werden soll das Familieneinkommen Y, wobei auch exogene Einflußgrößen wie Bildung und Alter berücksichtigt werden. Die N Einheiten der Grundgesamtheit seien in *zwei* Schichten mit N_i Einheiten ($i = 1, 2$) aufgeteilt. Die beiden Schichten seien nach dem Einkommen getrennt: Familien mit einem Einkommen nicht größer als L befinden sich in Schicht 1 und Familien mit einem Einkommen größer

---

[166]Ronning (1990) hat für alle hier behandelten Spezifikationen die Investitionstestdaten des Ifo-Instituts analysiert.

[167]Siehe auch das Beispiel in Maddala (1983), Kap. 6.9, das auf den Arbeiten von Hausman und Wise (1976, 1977) basiert.

[168]Die Darstellung in diesem Unterabschnitt orientiert sich an der Arbeit von Hausman und Wise (1981). Siehe auch Maddala (1983), Kap. 6.10, sowie Pudney (1989), Kap. 2.5 .

3.4 Modelle mit endogener Schichtung

als L befinden sich in Schicht 2. Demnach ist das Schichtungsmerkmal durch die *endogene* Variable Y gegeben.

$$\overline{\text{Schicht}_1\ (N_1) \quad \overset{\downarrow}{L} \quad \text{Schicht}_2\ (N_2) \quad y}$$

Abbildung 3/3

Die Literatur über Stichprobenverfahren[169] weist darauf hin, daß die zu analysierende Variable nicht gleichzeitig Schichtungsmerkmal sein sollte. Rein technisch gesprochen wird allerdings nie von vornherein auszuschließen sein, daß das Schichtungsmerkmal irgendwann einmal statistisch analysiert wird[170]. Wir werden sehen, daß diese "endogene Schichtung" dann ohne Folgen bei der Schätzung bleibt, wenn aus beiden Schichten proportional zum Schichtenanteil ausgewählt wird, d.h. es werden aus der Grundgesamtheit n Beobachtungen gezogen, und zwar $n_1^* \equiv \pi_1 n$ Beobachtungen aus Schicht 1 und $n_2^* \equiv \pi_2 n$ Beobachtungen aus Schicht 2. Dabei sind

$$\pi_1 = \frac{N_1}{N} \quad , \quad \pi_2 = \frac{N_2}{N} = 1 - \pi_1 \ .$$

die beiden Schichtenanteile. Im folgenden wird statt dessen unterstellt, daß nur ein Anteil von p_i ($p_i \leq 1$) dieser n_i^* Beobachtungen benutzt wird. Man beachte, daß[171]

$$p_1 = 1 \quad \text{und} \quad p_2 = 1$$

den Fall einer *unzensierten Stichprobe* darstellt, für den die klassische Kleinstquadrate-Methode das angemessene Analyseinstrument wäre und sich für

$$p_1 = 1 \quad \text{und} \quad p_2 = 0 \quad \text{(oder umgekehrt)}$$

der *Spezialfall eines gestutzten Tobit-Modells* ergibt. Für Hausman und Wise (1981) stellte sich bei der Analyse von Daten aus dem "Gary Income Maintenance Experiment" das Problem, daß sowohl p_1 als auch p_2 kleiner als 1 waren. Das resultierende Modell soll nun dargestellt werden.

---

[169] Siehe etwa Stenger (1986), Kap. 6 .
[170] Siehe auch die Diskussion in der Literatur zum Begriff "Choice based sampling" im Zusammenhang mit qualitativ abhängigen Variablen, etwa bei Amemiya (1985), Kap. 9.5 .
[171] Genauer: $p_1 = p_2 = \alpha$ für beliebiges α, $0 < \alpha \leq 1$. Warum?

Es sei $f(y)$ die Dichte der Grundgesamtheit. Dann läßt sich die Dichte $h(y)$ für Y in der Stichprobe[172] wie folgt schreiben:

$$h(y_t) = \frac{p_1 f(y_t)}{p_1 P\{Y_t \leq L\} + p_2 P\{Y_t > L\}}, \quad y_t \leq L \qquad (3\text{-}50)$$

$$h(y_t) = \frac{p_2 f(y_t)}{p_1 P\{Y_t \leq L\} + p_2 P\{Y_t > L\}}, \quad y_t > L \ . \qquad (3\text{-}51)$$

Dabei sorgt der Nenner in den beiden Ausdrücken dafür, daß die Fläche unter der Dichtefunktion h auf 1 normiert ist. Man beachte, daß die beiden Größen p_1 und p_2 nicht separat identifiziert werden können. Deshalb benutzen wir im folgenden die Größe

$$p \equiv p_2/p_1 \ .$$

Angenommen, Y_t sei normalverteilt und der Erwartungswert hänge vom Vektor x der exogenen Größen ab, d.h.

$$Y_t \sim N(x_t'\beta, \sigma^2) \ .$$

Dann erhalten wir aus (3-51):

$$h(y_t) = \frac{1}{p + (1-p)\Phi_t} \frac{1}{\sigma} \varphi_t \quad \text{falls } Y_t \leq L \qquad (3\text{-}52)$$

$$h(y_t) = \frac{p}{p + (1-p)\Phi_t} \frac{1}{\sigma} \varphi_t \quad \text{falls } Y_t > L \qquad (3\text{-}53)$$

mit

$$\Phi_t = \Phi\left(\frac{L - x_t'\beta}{\sigma}\right)$$

$$\varphi_t = \varphi\left(\frac{y_t - x_t'\beta}{\sigma}\right) \ . \qquad (3\text{-}54)$$

Es sei $n_i \equiv p_i n_i^* (\leq n_i^*)$ die aktuelle Anzahl von Beobachtungen in den Schichten $i = 1, 2$. Dann können wir für die Likelihoodfunktion schreiben:[173]

$$\mathcal{L} = p^{n_2} \prod_{t=1}^{n} \frac{1}{p + (1-p)\Phi_t} \frac{1}{\sigma} \varphi_t \ . \qquad (3-55)$$

---

[172]Man beachte, daß in diesem Modell keine latente Variable auftaucht, sondern nur Y.

[173]Diese Likelihoodfunktion ist für $n_2 = 0$, d.h. $p = 0$, mit der Likelihoodfunktion (3-11) des gestutzten Tobit-Modells identisch.

3.4 Modelle mit endogener Schichtung

Für bekanntes p würde man $\mathcal{L}$ bezüglich β und σ maximieren. Man beachte, daß dies nicht zu den üblichen Normalgleichungen des linearen Regressionsmodells führt (Übungsaufgabe), ausgenommen natürlich den Fall $p = 1$! Für unbekanntes p läßt sich die Hypothese $p = 1$ überprüfen, nachdem zuerst p, β und σ gemeinsam geschätzt wurden. Siehe dazu den Abschnitt 1.3.4 über Testverfahren. Wir gehen darauf nicht im einzelnen ein. Statt dessen untersuchen wir nun die Auswirkungen der disproportionalen Schichtenauswahl auf den Erwartungswert der endogenen Variablen.

Hierzu betrachten wir die Indikatorvariable W_t, die wie folgt definiert ist:

$$W_t = \begin{cases} 1 & \text{falls} \quad Y_t \leq L \\ 0 & \text{sonst} \end{cases} \quad . \qquad (3-56)$$

Dann ergibt sich für den Erwartungswert der gestutzten Variablen:

$$\begin{aligned} E(Y_t \mid x_t, W_t = 1) &= x_t'\beta - \sigma \frac{\varphi_t}{\Phi_t} \\ E(Y_t \mid x_t, W_t = 0) &= x_t'\beta + \sigma \frac{\varphi_t}{1 - \Phi_t} \end{aligned} \qquad (3\text{-}57)$$

Daraus erhalten wir den (bezüglich W_t) unbedingten Erwartungswert:

$$\begin{aligned} E(Y_t \mid x_t) &= P\{W_t = 1\} E(Y_t \mid x_t, W_t = 1) \\ &\quad + P\{W_t = 0\} E(Y_t \mid x_t, W_t = 0) \\ &= x_t'\beta - \sigma \frac{(p_1 - p_2)\varphi_t}{p_1 \Phi_t + p_2(1 - \Phi_t)} \quad , \end{aligned} \qquad (3\text{-}58)$$

d.h. es ergibt sich in der "Prognose" ein positiver bzw. negativer Bias je nachdem, ob p_1 größer als p_2 ist oder umgekehrt.

Hausman und Wise (1981) betrachten auch die *gewichtete Kleinstquadrate - Schätzung*, wobei p_1 und p_2 als *bekannt* vorausgesetzt werden. Die Schätzwerte resultieren aus der Minimierung von

$$S(\beta, \sigma) = \sum_{t=1}^{n_1} \frac{1}{p_1} (Y_t - x_t'\beta)^2 + \sum_{t=n_1+1}^{n_2} \frac{1}{p_2} (Y_t - x_t'\beta)^2 \quad ,$$

wobei vorausgesetzt wird, daß die ersten n_1 Beobachtungen aus der Schicht 1 stammen. Dieses Vorgehen wäre dann die optimale GLS-Schätzung, wenn für alle t Beobachtungen

$$\text{Var}(Y_t) = \sigma^2 p_i^2 \quad \text{in Schicht } i \, , \, i = 1,2 \quad ,$$

gelten würde. Gemäß Voraussetzung gilt jedoch $\text{Var}(Y_t) = \sigma^2$. Hausman und Wise (1981) benutzen für dieses Schätzverfahren folgende intuitiv einleuchtende Argumentation: Die Beobachtungen aus derjenigen Schicht, die stärker unterrepräsentiert ist, also das kleinere p_i aufweist, sollten stärker gewichtet werden, was durch Multiplikation mit $1/p_i$ erreicht wird.[174]

Die Angemessenheit der gewichteten Kleinstquadrate-Schätzmethode illustrieren Hausman und Wise (1981) anhand des Falls *ohne Einflußgrößen*, d.h. bei Schätzung des Erwartungswertes μ. In diesem Fall ergibt sich als Bias für den gewichteten Kleinstquadrate-Schätzer $\hat{\mu}_{WLS}$:

$$E\left(\hat{\mu}_{WLS}\right) - \mu = \sigma \left(\frac{n_1}{p_1} + \frac{n_2}{p_2}\right)^{-1} \left(\frac{n_1}{p_1}\frac{\varphi}{\Phi} + \frac{n_2}{p_2}\frac{\varphi}{1-\Phi}\right)$$

für alle t[175]. Dieser Bias geht für $n \to \infty$ gegen Null; denn für wachsendes n strebt n_1 gegen $n\, p_1\, \Phi / (p_1\, \Phi + p_2\, (1-\Phi))$ und n_2 gegen $n\, p_2\, (1-\Phi)/(p_1\, \Phi + p_2\, (1-\Phi))$. Setzt man dies in die eckige Klammer ein, so ist das Resultat Null. Der Schätzer ist also asymptotisch erwartungstreu. Da ferner die Varianz für $n \to \infty$ ebenfalls gegen Null strebt[176], ist der gewichtete Kleinstquadrate-Schätzer *konsistent*. Andererseits ergibt sich ein Effizienzverlust. Da zudem die Berechnung der Varianz dieses Schätzers recht kompliziert ist, sollte der ML-Schätzer verwendet werden[177].

---

[174]Dieselbe Idee wird beim Schätzen von Discrete-Choice-Modellen auf der Basis von "Choice based Sampling"-Daten benutzt. Siehe Amemiya (1985), Kap. 9.5 .

[175]Hausman und Wise (1981), Formel (10.16). Man beachte, daß wegen fehlender exogener Variablen, d.h. $x_t \equiv 1$, die Ausdrücke Φ_t und φ_t für alle t identisch groß sind.

[176]Hausman und Wise (1981), S. 376/377 .

[177]Siehe Hausman und Wise (1981), S. 377/378.

3.5 Multivariate und simultane Tobit-Modelle

3.5.1 Ein multivariates Tobit-Modell

Wir nehmen an, daß für zwei latente Variablen, y_1^* und y_2^*, folgendes Modell gilt[178]:

$$\begin{aligned} y_{1t}^* &= x_t' \beta_1 + u_{1t} \\ y_{2t}^* &= x_t' \beta_2 + u_{2t} \end{aligned} \tag{3-59}$$

$$y_{1t} = \begin{cases} 1 & \text{falls } y_{1t}^* > 0 \\ 0 & \text{falls } y_{1t}^* \leq 0 \end{cases} \tag{3-60}$$

$$y_{2t} = \begin{cases} y_{2t}^* & \text{falls } y_{1t}^* > 0 \\ 0 & \text{falls } y_{1t}^* \leq 0 \end{cases} \tag{3-61}$$

$$(u_{1t}, u_{2t}) \sim N(0, \Sigma) \quad, \Sigma = \begin{pmatrix} \sigma_1^2 & \sigma_{12} \\ \sigma_{12} & \sigma_2^2 \end{pmatrix} \quad. \tag{3-62}$$

Die Formulierung (3-59) betrachtet den Fall (teilweise) identischer Einflußgrößen, falls $\beta_1' \beta_2 \neq 0$ gilt, und den Fall unterschiedlicher Einflußgrößen, falls $\beta_1' \beta_2 = 0$ gilt. Das Modell geht also davon aus, daß die Zufallsvariable y_{1t} immer, allerdings nur mit ihrem Vorzeichen, beobachtbar ist, d.h. $y_{1t} \in \{0, 1\}$ für alle t, und die Zufallsvariable y_{2t} beobachtbar ist, sofern $y_{1t}^* > 0$ gilt. Wir betrachten folgendes Beispiel: Einer Hausfrau wird der Lohnsatz ω offeriert. Sie nimmt die Arbeit an ($y_{1t} = 1$), wenn dieser Lohnsatz über ihrem Anspruchslohn ω^0 liegt. Setzen wir $y_1^* = \omega - \omega^0$ und $y_2^* = \omega$, so erhalten wir die Formulierung des obigen Tobit-Modells.

Als Beobachtungsbefund liegen uns n qualitative Beobachtungen für y_{1t} sowie n_1 quantitative Beobachtungen für y_{2t} vor. Demnach gewinnen wir Information über die zu schätzenden Parameter einmal aus der Wahrscheinlichkeit dafür, daß y_{1t}^* größer als Null ist oder nicht. Ferner können wir ausnutzen, daß die n_1 Beobachtungswerte der zweiten endogenen Variaben durch die bedingte Dichte $f(y_{2t} | y_{1t}^* > 0)$ generiert wurden. Dies führt zu folgender Likelihoodfunktion:

$$\mathcal{L} = \prod_0 P(y_{1t}^* \leq 0) \prod_1 f(y_{2t} | y_{1t}^* > 0) P(y_{1t}^* > 0), \tag{3-63}$$

---

[178] Die Darstellung lehnt sich eng an Amemiya (1985), Kap. 10.7 an. Wie im Kapitel 2.8 benutzen wir auch hier Kleinbuchstaben für die Zufallsvariablen.

Sie wird ausschließlich durch Dichte und Verteilungsfunktion der eindimensionalen Standardnormalverteilung dargestellt[179].

Das Modell wird jetzt leicht abgeändert: Auch y_{1t} soll nun quantitativ beobachtbar sein, wenn $y_{1t}^* > 0$ gilt. Dies führt zu folgendem Modell[180]:

$$\begin{aligned} y_{1t}^* &= x_t' \beta_1 + u_{1t} \\ y_{2t}^* &= x_t' \beta_2 + u_{2t} \end{aligned} \tag{3-64}$$

$$y_{1t} = \begin{cases} y_{1t}^* & \text{falls} \quad y_{1t}^* > 0 \\ 0 & \text{falls} \quad y_{1t}^* \leq 0 \end{cases} \tag{3-65}$$

$$y_{2t} = \begin{cases} y_{2t}^* & \text{falls} \quad y_{1t}^* > 0 \\ 0 & \text{falls} \quad y_{1t}^* \leq 0 \end{cases} \tag{3-66}$$

$$(u_{1t}, u_{2t}) \sim N(0, \Sigma) \quad , \quad \Sigma = \begin{pmatrix} \sigma_1^2 & \sigma_{12} \\ \sigma_{12} & \sigma_2^2 \end{pmatrix} \quad . \tag{3-67}$$

Formal haben wir also gegenüber der obigen Formulierung gerade eine einzige Zeile geändert. Mit Blick auf das Beispiel unterstellen wir jetzt, daß der individuelle Anspruchslohn und damit die Differenz $\omega - \omega_0$ für diejenigen Frauen bestimmt werden kann, die die offerierte Arbeit annehmen. Wieder können wir die qualitative Information $y_{1t}^* \leq 0$ für die Schätzung der unbekannten Parameter ausnutzen. Ferner läßt sich nun für die gemeinsame Verteilung der (positiven) y_{1t} und y_{2t} die gemeinsame Dichtefunktion der entsprechenden latenten Variablen verwenden. Daraus ergibt sich die folgende Loglikelihoodfunktion:

$$\mathcal{L} = \prod_0 P(y_{1t}^* \leq 0) \prod_1 f(y_{1t}, y_{2t}) \quad , \tag{3-68}$$

Weil die erste endogene Variable quantitativ beobachtet wird, soweit die entsprechende latente Variable positiv ist, sind alle Parameter dieses Modells identifiziert[181].

---

[179]Siehe dazu Amemiya (1985), S. 386, der auch darauf hinweist, daß σ_1 identifizierbar ist, sofern β_1 und β_2 ein gemeinsames Element haben.

[180]Amemiya (1985), S. 389, bezeichnet es als "Type 3 Tobit Model".

[181]Siehe Amemiya (1985), S. 390 . Heckman (1976) hat eine zweistufige Schätzmethode für dieses Modell entwickelt, die in Abschnitt 3.2.4 für das Standard-Tobit-Modell illustriert wurde. In diesem simultanen Modell sind die rechnerischen Vorteile gegenüber der "vollen" ML-Schätzung bedeutend größer. Siehe Franz (1991), Kap. 2.5, für eine ausführliche Darstellung im Zusammenhang mit der Schätzung von Arbeitsangebotsfunktionen unter Berücksichtigung des "Selektivitäts-Bias". Einige spezielle Aspekte werden von Hübler (1989) behandelt, der das Überstunden-Angebot untersucht.

3.5 Multivariate und simultane Tobit-Modelle

3.5.2 Ein simultanes Tobit-Modell

Simultane Tobit-Modelle[182] sind ebenso wie simultane Probit-Modelle dadurch charakterisiert, daß endogene Variable auf der rechten Seite als Einflußgrößen auftauchen. Dabei können sowohl die latenten als auch die beobachtbaren Variablen spezifiziert werden. In Abschnitt 2.8.6 haben wir ein Beispiel präsentiert, in dem es sinnvoll ist, sogar beide Arten nebeneinander als Einflußgrößen zu betrachten.

In Anlehnung an Schmidt (1981, Kap. 12.2) präsentieren wir hier ein besonders einfaches simultanes Tobit-Modell[183], ohne auf die Identifikation oder Schätzung einzugehen:

$$\begin{aligned} y^*_{1t} &= \gamma_{12}\, y_{2t} + x'_t \beta_1 + \varepsilon_{1t} \\ y^*_{2t} &= \gamma_{21}\, y_{1t} + x'_t \beta_2 + \varepsilon_{2t} \end{aligned} \qquad (3\text{-}69)$$

$$y_{1t} = \begin{cases} y^*_{1t} & \text{falls} \quad y^*_{1t} > 0 \\ 0 & \text{sonst} \end{cases} \qquad (3\text{-}70)$$

$$y_{2t} = y^*_{2t}\ . \qquad (3\text{-}71)$$

In diesem Modell ist y_{1t} eine beobachtbare gestutzte Variable und y_{2t} eine beobachtbare stetige Variable. Man beachte die Asymmetrie. Für die reduzierte Form von y^*_{1t} ergibt sich

$$y^*_{1t} = \frac{1}{1-\gamma_{12}\gamma_{21}}\, [x'_t(\beta_1 + \gamma_{12}\beta_2) + (\varepsilon_{1t} + \gamma_{12}\varepsilon_{2t})] \quad \text{wenn} \quad y^*_{1t} > 0 \quad (3\text{-}72)$$

$$y^*_{1t} = x'_t(\beta_1 + \gamma_{12}\beta_2) + (\varepsilon_{1t} + \gamma_{12}\varepsilon_{2t}) \quad \text{wenn} \quad y^*_{1t} \leq 0 \quad (3\text{-}73)$$

Daraus folgt als *Konsistenzbedingung* unmittelbar, daß y^*_{1t} eindeutig bestimmt ist, wenn

$$1 - \gamma_{12}\gamma_{21} > 0 \qquad (3-74)$$

gilt. Es läßt sich jedoch zeigen, daß (3-74) auch *hinreichend* ist: Falls $1 - \gamma_1 \gamma_2 < 0$ gilt, dann ist die rechte Seite von (3-72) negativ, falls die rechte Seite von (3-73)

---

[182]Die Monographie von Pohlmeier (1989) behandelt in großer Ausführlichkeit die Spezifikation, Identifikation und Schätzung simultaner Tobit-Modelle und präsentiert empirische Anwendungen.

[183]Dies Modell wurde beispielsweise von Sickles und Schmidt (1978) untersucht.

positiv ist. Dies impliziert zwei Lösungen für y_{1t}^*, jedoch *keine* Lösung für y_{1t}. Wenn dagegen die rechte Seite von (3-73) negativ ist, dann ist die rechte Seite von (3-72) positiv. Dies bedeutet zwei Lösungen für y_{1t}^* und zwei Lösungen für y_{1t}. Dagegen ist die Lösung (für y_{1t} und y_{1t}^*) eindeutig, wenn $1 - \gamma_1 \gamma_2 > 0$ gilt. Überraschenderweise ergibt sich dieselbe Bedingung, wenn y_{2t} ebenfalls nur zensiert beobachtet wird[184].

---

[184]Siehe dazu Maddala (1983), S. 205-208, der auch die Identifikationsbedingungen für diese Modelle diskutiert.

3.6 Übungsaufgaben

Abschnitt 3.2

3.6.1 Aufgabe 1

Formulieren Sie das Standard-Tobit-Modell mit individuellen Schwellenwerten. Warum sind diese Schwellenwerte, falls sie als unbekannt angenommen werden, im allgemeinen nicht schätzbar ? Gibt es Bedingungen, unter denen die Schätzbarkeit doch gegeben ist ?

3.6.2 Aufgabe 2

a) Zeigen Sie, daß die Hessesche Matrix (3-12) im Standard-Tobit-Modell negativ definit ist, d.h. daß die zugrundeliegende logarithmierte Likelihoodfunktion global konkav ist.

b) Berechnen Sie den Erwartungswert der Hesseschen Matrix (3-12).

3.6.3 Aufgabe 3

Verifizieren Sie durch ein Simulationsexperiment, daß die Kleinstquadrate-Schätzung des Vektors β im Standard-Tobit-Modell verzerrt ist, wenn nur diejenigen Beobachtungen verwendet werden, für die $Y_t* > 0$ gilt. Überprüfen Sie insbesondere die Behauptung im Text, daß bei *normalverteilten* Regressoren alle Steigungskoeffizienten gegen Null verzerrt sind.

3.6.4 Aufgabe 4

Verifizieren Sie (3-32).

3.6.5 Aufgabe 5

Zeigen Sie, daß der EM-Schätzer gegen den Schätzer nach dem ML-Prinzip konvergiert. (Hinweis: Siehe dazu Amemiya (1985, S. 376) sowie Wu (1983).)

Abschnitt 3.3

3.6.6 Aufgabe 6

Überprüfen Sie die Behauptung, daß die Likelihoodfunktion (3-46) auch im Fall eines symmetrischen Indifferenzintervalls ($a = -b$) bezüglich des Schwellenparameters b unbeschränkt ist.

Abschnitt 3.4

3.6.7 Aufgabe 7

Bestimmen Sie die Normalgleichungen für den Logarithmus der Likelihoodfunktion (3-49). Vergleichen Sie dies mit den Normalgleichungen im Fall des klassischen linearen Regressionsmodells. Kommentieren Sie das Ergebnis.

4 Zeitabhängige Modelle

4.1 Einführende Bemerkungen

Die beiden vorausgegangenen Kapitel haben sich ausschließlich mit Querschnittsdaten beschäftigt. In diesem Kapitel wollen wir nun einige Modelle behandeln, in denen die Zeit eine Rolle spielt. Dies deutet schon der Titel an, doch fassen wir unter dem Begriff "zeitabhängige Modelle" recht unterschiedliche Ansätze zusammen. Als erstes behandeln wir Modelle, die die Häufigkeit des Auftretens eines Ereignisses innerhalb eines bestimmten Zeitintervalls modellieren. Man spricht von Modellen für Zähldaten (englisch: count data). Weiter werden wir Modelle für Verweildauern (Lebenszeiten, Wartezeiten) besprechen, in denen "Zeit" das analysierte Merkmal ist, die aber typischerweise - ebenso wie Modelle für Zähldaten - auf der Basis von Querschnittsdaten analysiert werden. Darüberhinaus werden wir uns mit Modellen für Daten beschäftigen, die zu mehreren Zeitpunkten - und zwar bei denselben Untersuchungseinheiten - erhoben werden. Diese Art von Erhebung nennt man Panelanalyse, die seit langem im Marketing[185] und in der empirischen Sozialforschung[186] eine Rolle spielt. Seitdem den Wirtschaftsforschern Mikrodaten zur Verfügung stehen, sind Modelle für Paneldaten auch in der Ökonometrie üblich geworden[187]. Wir nennen hier die Daten des Ifo-Konjunktur- bzw. Investitionstests sowie die Daten des Sozioökonomischen Panels als Anwendungsbeispiele. Schließlich erläutern wir in diesem Kapitel die Begriffe "Heterogenität" (englisch: heterogeneity) und "Zustandsabhängigkeit" (englisch: state dependence), die oftmals im Zusammenhang mit Paneldaten-Modellen behandelt werden. Dabei ist jedoch der Begriff Heterogenität nicht unbedingt an die Zeitdimension gebunden. Beide Begriffe spielen sowohl in den Verweildauermodellen dieses Kapitels als auch in den Modellen für qualitative abhängige Variable (Kapitel 2) und für beschränkt abhängige Variable (Kapitel 3) eine Rolle.

---

[185]Siehe beispielsweise Rehorn (1978).

[186]Siehe beispielsweise Mayntz u.a. (1971).

[187]Siehe beispielsweise Hsiao (1986) sowie Arminger und Müller (1990).

Abschnitt 4.2 behandelt Modelle für diskrete nichtnegative Variable, d.h. Modelle für Zähldaten. Abschnitt 4.3 behandelt die Entsprechung für stetige nichtnegative Variable. Wichtigstes Anwendungsgebiet ist die Analyse der Verweildauern (englisch: duration models, event history models), doch ist dieser Modelltyp für beliebige nichtnegative stetige Merkmale verwendbar. In Kapitel 4.4 wird dann eine für die Analyse der Verweildauer typische Abwandlung dieser Modelle vorgestellt, die von der sogenannten Hazardrate eines Merkmals bzw. der betreffenden Zufallsvariablen ausgeht. Die Darstellung zeigt, daß beide Ansätze sich zwar interpretatorisch, jedoch nicht formal unterscheiden, wenn auch der Hazardratenansatz gewisse Vorteile bei der Berücksichtigung zensierter Verweildauerdaten besitzt. Abschnitt 4.5 gibt einen kurzen Überblick über Modellformulierungen im Fall von Paneldaten für die verschiedenen behandelten Modelle (Logit, Probit, Tobit, Verweildauern). Dabei wird auch der Begriff "Heterogenität" erläutert. Schließlich behandelt Abschnitt 4.6 dynamische Modelle und den Zusammenhang mit dem Begriff "Zustandsabhängigkeit".

4.2 Modelle für Zähldaten

Wir gehen in diesem Abschnitt davon aus, daß die Zufallsvariable Y Werte aus der Menge der natürlichen Zahlen annimmt, d.h. $Y \epsilon \{0, 1, 2, \ldots\}$. Diese Situation tritt beispielsweise auf, wenn die Zahl der Arbeitslosen in einer Region oder die Anzahl Käufer einer Marke[188] während eines bestimmten Zeitintervalls beobachtet wird. Man spricht deshalb von Zähldaten. Als stochastische Modelle bieten sich die Poissonverteilung und die Negative Binomialverteilung an. Beide Verteilungen sind dadurch charakterisiert, daß Erwartungswert und Varianz nicht unabhängig voneinander variieren können: Im Fall der Poissonverteilung sind beide Momente identisch, im Fall der Negativen Binomialverteilung sind sie zueinander proportional.[189] Dies läßt sich auch inhaltlich interpretieren, denn die beiden Verteilungen unterliegen bestimmten

---

[188]Siehe z.B. Cramer (1969).

[189]Siehe Anhang A.10 und A.11.

4.2 Modelle für Zähldaten 159

Annahmen über den datenerzeugenden Prozeß, die hier kurz dargestellt werden sollen.

4.2.1 Poissonverteilung und Negative Binomialverteilung

Die besser bekannte Poissonverteilung[190], deren Wahrscheinlichkeiten durch

$$P\{Y = j\} = \frac{e^{-\lambda}\lambda^j}{j!}, \quad j = 0, 1, 2, \ldots \quad (4-1)$$

gegeben sind, unterstellt, daß das Auftreten des betrachteten Ereignisses (Arbeitslosigkeit, Kauf) proportional zur Länge des Zeitintervalls ist und daß die Zahl der Ereignisse in nichtüberlappenden Intervallen stochastisch voneinander unabhängig ist[191]. Demnach ist dieses Modell nicht angemessen, wenn die Ereignisse klumpenförmig auftauchen, d.h. falls sich Anmeldungen zur Arbeitslosigkeit am Ende eines Monats häufen oder Konsumenten das Produkt nur am Wochenende kaufen. In beiden Fällen variiert die Wahrscheinlichkeit für das Auftreten des Ereignisses über die Zeit und verletzt die oben beschriebene Annahme.

Für die Negative Binomialverteilung[192] ergeben sich die Wahrscheinlichkeiten wie folgt:

$$P\{Y = j\} = \frac{\Gamma(\theta + j)}{\Gamma(\theta)\,j!} p^\theta (1-p)^j, \quad j = 0, 1, 2, \ldots \quad (4-2)$$

mit Parametern $\theta, \theta > 0$, und $p, 0 < p < 1$. Sofern θ ganzzahlig ist, bezeichnet man die Verteilung als *Pascalverteilung* und schreibt sie wie folgt:

$$P\{Y = j\} = \frac{(\theta + j - 1)!}{(\theta - 1)!\,j!} p^\theta (1-p)^j, \quad j = 0, 1, 2, \ldots \quad (4-3)$$

---

[190]Diese Verteilung betrachtet die Anzahl Ereignisse in einem Intervall von der Länge 1. Will man allgemeiner ein Intervall von der Länge T betrachten, so lautet die Formel

$$P\{Y = j\} = \frac{e^{-\lambda T}(\lambda T)^j}{j!}$$

und man spricht von einem Poissonprozeß.

[191]Siehe z.B. Mood, Graybill und Boes (1974), S. 95. In einer der Übungsaufgaben ist zu zeigen, daß bei zeitlicher Aggregation die Poissonverteilung erhalten bleibt.

[192]Diese diskrete Verteilung entspricht der stetigen Gammaverteilung. Siehe Abschnitt 4.3.

Diese Verteilung ist wie folgt interpretierbar: Bei Durchführung eines Bernoulli-Experiments mit Wahrscheinlichkeit p gibt (4-3) die Wahrscheinlichkeit an, daß in $(\theta + j)$ Versuchen exakt j *Mißerfolge* eingetreten sind, bevor θ Erfolge eintreten. Im Gegensatz zur Binomialverteilung ist also die Zahl der Versuche nicht fix, sondern hängt von der Zahl der (gewünschten) Erfolge ab.

Schließlich ergibt sich für den Spezialfall $\theta = 1$ die *geometrische* Verteilung[193], deren Wahrscheinlichkeiten durch

$$P\{Y = j\} = p(1 - p)^j, \quad j = 0, 1, 2, \ldots \qquad (4-4)$$

gegeben sind und für die man unmittelbar zeigen kann (Übungsaufgabe), daß

$$P\{Y \geq i + j \mid Y \geq i\} = P\{Y \geq j\} \qquad (4-5)$$

gilt. Demnach ist die Information, daß mindestens i mal das Ereignis eingetreten ist, für die Wahrscheinlichkeit ohne Bedeutung, daß das Ereignis mindestens $i + j$ mal eintritt.

4.2.2 Mischung von Poissonverteilungen

Übrigens besitzt auch die Poissonverteilung die Eigenschaft (4-5) (Übungsaufgabe). Dies ist dann nicht mehr überraschend, wenn man weiß, daß sie in gewisser Weise ein Spezialfall der negativen Binomialverteilung ist, da letztere als Mischung von Poissonverteilungen interpretiert werden kann. Der Begriff der Mischung ist später (Abschnitt 4.5) für den Begriff der Heterogenität von Bedeutung. Deshalb wollen wir den Zusammenhang hier kurz skizzieren: Wir wollen annehmen, daß der Parameter λ der Poissonverteilung nicht genau bekannt ist bzw. aufgrund von unbeobachtbaren Einflüssen nicht genau bestimmt werden kann. Deshalb lassen wir verschiedene Werte von λ mit unterschiedlichem Gewicht zu. Da λ eine nichtnegative Größe ist, bietet sich die Dichte der Gammaverteilung[194] (mit Parametern $\alpha = \kappa$ und $\beta = \theta$)

---

[193]Man beachte die Entsprechung zur stetigen Exponentialverteilung.

[194]Siehe Anhang A.3 .

4.2 Modelle für Zähldaten

als Gewichtsfunktion an. Wir betrachten nun den Erwartungswert der gewichteten Poissondichte

$$f_{Po}(\lambda|j) = \frac{e^{-\lambda}\lambda^j}{j!}$$

bezüglich der "Zufallsvariablen" λ und erhalten:

$$\begin{aligned} E_\lambda(f_{Po}(\lambda \mid j)) &= \int_0^\infty \frac{e^{-\lambda}\lambda^j}{j!} \frac{\kappa^\theta}{\Gamma(\theta)} \lambda^{(\theta-1)} e^{-\kappa\lambda} d\lambda \\ &= \frac{\Gamma(\theta+j)}{\Gamma(\theta)\,j!} \frac{\kappa^\theta}{(\kappa+1)^{(\theta+j)}} \\ &= \frac{\Gamma(\theta+j)}{\Gamma(\theta)\,j!} \left(\frac{\kappa}{\kappa+1}\right)^\theta \left(\frac{1}{\kappa+1}\right)^j \end{aligned} \quad (4\text{-}6)$$

Dabei wurde beim Übergang von der ersten zur zweiten Zeile die Identität

$$\frac{\Gamma(a)}{t^a} = \int_0^\infty y^{a-1} e^{-y} d y \qquad (4-7)$$

benutzt. Siehe z.B. Fichtenholz (1978, S. 784). Wir erhalten also eine Negative Binomialverteilung mit Parametern θ und $p = \kappa/(1+\kappa)$ als Modell für die Zähldaten. Siehe Anhang A.11 .

Wenn wir für die Mischverteilung alternativ die Parameter $\alpha = \theta/\kappa$ und $\beta = \theta$ wählen, dann erhalten wir

$$\begin{aligned} E_\lambda(f_{Po}(\lambda \mid j)) &= \frac{\Gamma(\theta+j)}{\Gamma(\theta)\,j!} \left(\frac{\frac{\theta}{\kappa}}{\frac{\theta}{\kappa}+1}\right)^\theta \left(\frac{1}{\frac{\theta}{\kappa}+1}\right)^j \\ &= \frac{\Gamma(\theta+j)}{\Gamma(\theta)\,j!} \left(\frac{\theta}{\theta+\kappa}\right)^\theta \left(\frac{\kappa}{\theta+\kappa}\right)^j \end{aligned} \quad . \quad (4\text{-}8)$$

Dies ist die Dichte der Negativen Binomialverteilung mit den Parametern θ und $p = \theta/(\theta+\kappa)$. Der besondere Vorzug dieser Formulierung ist die besonders einfache Form des Erwartungswertes der Negativen Binomialverteilung. Wir erhalten nämlich dann $E(Y) = \theta(1-p)/p = \kappa$ (siehe Anhang A.11). Auf beide Formulierungen ((4-6) und (4-8)) werden wir bei der Analyse des Modells der Negativen Binomialverteilung (Abschnitt 4.2.4) zurückkommen.

Dasselbe Ergebnis läßt sich auch auf eine etwas andere Art gewinnen, die den Zusammenhang zwischen der Mischung von Verteilungen und der modellierten Heterogenität besser hervorhebt. Dazu unterstellen wir, daß die Variation des Poissonparameters λ durch folgende Beziehung gegeben sei:

$$\lambda = \bar{\lambda}\,\varepsilon \quad .$$

Dabei ist $\bar{\lambda}$ der Durchschnitts- bzw. Erwartungswert von λ, und ε ist eine (nichtnegative) Zufallsvariable mit Erwartungswert Eins, d.h. es soll gelten:

$$E(\lambda) = \bar{\lambda} \quad . \qquad (4-9)$$

Man nennt ε in diesem Zusammenhang auch die "Heterogenitätskomponente". Für die bedingte Poissonwahrscheinlichkeit gegeben ε gilt dann

$$P(Y=j|\varepsilon) = \frac{e^{-\bar{\lambda}\varepsilon}(\bar{\lambda}\,\varepsilon)^j}{j!} \quad . \qquad (4-10)$$

Wir unterstellen nun, daß ε gammaverteilt ist mit Erwartungswert Eins, d.h. wegen $E(\varepsilon) = \theta/\kappa$ müssen die beiden Verteilungsparameter θ und κ identisch groß sein. Die Dichte für ε lautet demnach

$$f(\varepsilon) = \frac{\theta^\theta}{\Gamma(\theta)}\,\varepsilon^{\theta-1}\,e^{-\theta\varepsilon} \quad . \qquad (4-11)$$

Um die unbedingte Wahrscheinlichkeit für das Ereignis $Y=j$ zu erhalten, bilden wir die gemeinsame Dichte und integrieren bezüglich der Heterogenitätskomponente ε; dann erhalten wir

$$\begin{aligned}
P(Y=j) &= \int_0^\infty \frac{e^{-\bar{\lambda}\varepsilon}(\bar{\lambda}\,\varepsilon)^j}{j!}\,\frac{\theta^\theta}{\Gamma(\theta)}\,\varepsilon^{\theta-1}\,e^{-\theta\varepsilon}\,d\varepsilon \\
&= \frac{\theta^\theta}{\Gamma(\theta)}\,\frac{\bar{\lambda}^j}{j!}\int_0^\infty e^{-(\bar{\lambda}+\theta)\varepsilon}\,\varepsilon^{\theta+j-1}\,d\varepsilon \\
&= \frac{\theta^\theta}{\Gamma(\theta)}\,\frac{\bar{\lambda}^j}{j!}\,\frac{\Gamma(\theta+j)}{(\bar{\lambda}+\theta)^{\theta+j}} \\
&= \frac{\Gamma(\theta+j)}{\Gamma(\theta)\,j!}\left(\frac{\theta}{\bar{\lambda}+\theta}\right)^\theta\left(\frac{\bar{\lambda}}{\bar{\lambda}+\theta}\right)^j \quad ,
\end{aligned} \qquad (4\text{-}12)$$

wobei wir wiederum das Resultat (4-7) benutzt haben. Dies entspricht der Formel (4-8) mit $\kappa = \bar{\lambda}$. Unter der Parametrisierung $p = \theta/(\theta+\kappa)$ ist κ also der Erwartungswert der negativ binomialverteilten Zufallsvariablen Y und gibt gleichzeitig den Erwartungswert der Poissonverteilung bei Fehlen der Heterogenitätskomponente (d.h. $\lambda = \bar{\lambda}$) an.

4.2.3 Das Poissonmodell

Im folgenden wird die Häufigkeit untersucht, mit der für ein bestimmtes Untersuchungsobjekt ein bestimmtes Ereignis eintritt. Im Poissonmodell unterstellen wir, daß die Zähldaten (z.B. Anzahl der Arbeitslosigkeitsperioden, Anzahl der Käufe einer Marke) durch eine Poissonverteilung erzeugt werden. Gleichzeitig nehmen wir an, daß eine Einflußvariable x die einzelnen Realisationen beeinflußt[195]. Man denke an die Berufsausbildung von Arbeitnehmern oder das Alter von Käufern. Der Erwartungswert der poissonverteilten Zufallsvariablen ist durch λ gegeben. Dies legt es nahe, die Abhängigkeit von x durch

$$\lambda(x) = \exp(\alpha + \beta x) \qquad (4-13)$$

zu modellieren, was die Nichtnegativität des Poisson-Parameters garantiert[196]. Wenn wir die n Beobachtungswerte der Einflußgröße mit x_i und die Realisationen der (ganzzahligen) Zufallsvariablen Y mit y_i bezeichnen, dann erhalten wir folgende Likelihoodfunktion:

$$\mathcal{L} = \prod_{i=1}^{n} \frac{e^{-\exp(\alpha + \beta x_i)} \left[\exp(\alpha + \beta x_i)\right]^{y_i}}{y_i!} , \qquad (4-14)$$

und für die Loglikelihoodfunktion ergibt sich

$$L = -\sum_i \exp(\alpha + \beta x_i) + \sum_i y_i (\alpha + \beta x_i) - \sum_i \log(y_i!) . \qquad (4-15)$$

Ableitung bezüglich der beiden Parameter ergibt

$$\frac{\partial L}{\partial \alpha} = -\sum_i \exp(\alpha + \beta x_i) + \sum_i y_i \qquad (4\text{-}16)$$

$$\frac{\partial L}{\partial \beta} = -\sum_i x_i \exp(\alpha + \beta x_i) + \sum_i x_i y_i \qquad (4\text{-}17)$$

Ferner erhalten wir für die Hessesche Matrix

$$H = -\sum_i \exp(\alpha + \beta x_i) \, \boldsymbol{x}_i \boldsymbol{x}_i' \qquad (4-18)$$

---

[195]Im gesamten Abschnitt 4 werden wir nur eine einzige Einflußgröße betrachten. Die Erweiterung des Modells auf einen Vektor von Einflußgrößen sollte dem Leser nach Lektüre der Kapitel 2 und 3 keine große Mühe bereiten.

[196]Siehe die Ausführungen in Abschnitt 1.2.

mit $\boldsymbol{x}_i = (1, x_i)'$, die nicht von den y_i abhängt und offensichtlich negativ definit ist, sofern mindestens zwei Werte von x_i voneinander verschieden sind. Die ML-Schätzwerte für die beiden Parameter α und β lassen sich demnach mit den üblichen numerischen Verfahren bestimmen.

Ein einfacher graphischer Test, der zeigt, ob die Poissonverteilung angemessen ist, läßt sich aus der Tatsache ableiten, daß Erwartungswert und Varianz für diese Verteilung identisch sind. Stellt man für verschiedene (Teil-)Stichproben die beiden empirischen Momente (oder deren Logarithmen) in einem Streudiagramm graphisch dar, so sollte sich annähernd die 45°- Linie ergeben. Dabei werden die beiden Momente auf der Basis der *geschätzten* Werte der abhängigen Variablen berechnet! Ergibt sich eine Gerade, die einen größeren oder kleineren Steigungswinkel aufweist, dann sollte man das flexiblere Modell der negativen Binomialverteilung benutzen, das im nächsten Unterabschnitt besprochen wird.

4.2.4 Das Modell der Negativen Binomialverteilung

Wenn man entsprechend dem Poissonmodell ein Modell für die Negative Binomialverteilung spezifizieren will, dann erhebt sich die Frage, in welcher Form die Abhängigkeit von der Einflußgröße x formuliert werden soll. In der Tabelle 4.1 sind für die beiden bereits in Abschnitt 4.2.2 behandelten Alternativen

$$\text{(a)} \quad p = \kappa/(1 + \kappa) \quad \text{und} \quad \text{(b)} \quad p = \theta/(\theta + \kappa)$$

die daraus resultierenden Erwartungswerte, Varianzen und die Verhältnisse der beiden Größen zueinander aufgelistet.

Tabelle 4.1
Alternative Parametrisierungen des Modells der Negativen Binomialverteilung

	Parametrisierung	
	(a) $p = \kappa/(1+\kappa)$	(b) $p = \theta/(\theta + \kappa)$
$E(Y)$	θ/κ	κ
$V(Y)$	$(\theta/\kappa)(1 + 1/\kappa)$	$\kappa(1 + \kappa/\theta)$
$V(Y)/E(Y)$	$1 + 1/\kappa$	$1 + \kappa/\theta$

4.2 Modelle für Zähldaten

Danach ist in der Formulierung (a) das Varianz-Erwartungswert-Verhältnis nur von κ abhängig; in der Formulierung (b) ergibt sich κ als Erwartungswert, während das Verhältnis sowohl von κ als auch von θ abhängig ist.

Wenn man nun die Abhängigkeit der Einflußgröße x durch

$$\kappa(x) = \exp(\alpha + \beta x) \qquad (4-19)$$

spezifiziert, so ergibt sich für die beiden alternativen Parametrisierungen in Tabelle 4.1 ein durchaus unterschiedliches Bild: Insbesondere ist im Fall (b) der Erwartungswert mit demjenigen des Poissonmodells (siehe (4-13)) identisch.

Andererseits ist auch die Parametrisierung

$$\theta(x) = \exp(\alpha + \beta x) \qquad (4-20)$$

möglich, mit der sich unter Alternative (a) ein Erwartungswert ergibt, der dem aus dem Poissonmodell proportional ist. Das Varianz-Erwartungswert-Verhältnis ist hier konstant, während es unter Alternative (b) variiert[197].

Während unter der Parametrisierung (4-20) die beiden Alternativen (a) und (b) in Tabelle 4.1 eigenständige Modelle darstellen, ergibt sich unter Parametrisierung (4-19) Äquivalenz der beiden Alternativen. Dies läßt sich wie folgt zeigen: Wir gehen von der Dichtefunktion

$$\frac{\Gamma(\theta + y)}{\Gamma(\theta) y!} p^\theta (1-p)^y$$

aus. Unter Verwendung von $p = \kappa/(1+\kappa)$ (Alternative (a)) und (4-19) erhalten wir

$$p^\theta (1-p)^y = \left[\frac{\kappa}{1+\kappa}\right]^\theta \left[\frac{1}{1+\kappa}\right]^y$$

---

[197]Hausman u.a. (1984), S. 922, verwenden Alternative (a) in Verbindung mit Spezifikation (4-20). Cameron und Trivedi (1986) gehen von der Alternative (b) aus und verwenden Spezifikation (4-19) zusammen mit einer modifizierten Version von (4-20), nämlich $\theta(x) = (1/\gamma)[\exp(\alpha + \beta x]^k$ mit $k \in \{0,1\}$. Für $k = 1$ ergibt sich Alternative (a) mit $\theta = 1/\gamma$ und $\kappa(x) = \exp(\beta x)$, für $k = 0$ erhalten wir Alternative (a) mit $\theta(x) = \exp(-\log \gamma + \beta x)$ und $\kappa = 1/\gamma$. Siehe auch Paul und Plackett (1978) und Engel (1984).

$$= \left[\frac{\exp(\alpha+\beta x)}{1+\exp(\alpha+\beta x)}\right]^\theta \left[\frac{1}{1+\exp(\alpha+\beta x)}\right]^y$$

$$= \left[\frac{\exp(\alpha)}{\exp(\alpha)+\exp(-\beta x)}\right]^\theta \left[\frac{\exp(-\beta x)}{\exp(\alpha)+\exp(-\beta x)}\right]^y$$

$$= \left[\frac{\exp(c+\alpha)}{\exp(c+\alpha)+\exp(c-\beta x)}\right]^\theta \left[\frac{\exp(c-\beta x)}{\exp(c+\alpha)+\exp(c-\beta x)}\right]^y$$

$$= \left[\frac{\theta}{\theta+\kappa^*}\right]^\theta \left[\frac{\kappa^*}{\theta+\kappa^*}\right]^y$$

mit $\theta = \exp(c+\alpha)$ und $\kappa^* = \exp(c-\beta x)$. Dabei wurde beim Übergang von der drittletzten zur zweitletzten Zeile Zähler wie Nenner mit $\exp(c)^{\theta+y}$ erweitert.

Die vier verschiedenen möglichen Spezifikationen sollen anhand eines empirischen Beispiels (siehe Abschnitt 4.2.5) illustriert werden. Zuvor betrachten wir hier exemplarisch die Maximum-Likelihood-Schätzung nur für den Fall der Spezifikation (4-19) in Verbindung mit Alternative (a) aus Tabelle 4.1[198]. Dann erhalten wir als Likelihoodfunktion

$$\mathcal{L} = \prod_{i=1}^{n} \frac{\Gamma(\theta+y_i)}{\Gamma(\theta)\, y_i!} \frac{\exp(\alpha+\beta x_i)^\theta}{[1+\exp(\alpha+\beta x_i)]^{\theta+y_i}} \qquad (4-21)$$

und die Loglikelihoodfunktion

$$L = \sum_i [\log(\Gamma(\theta+y_i)) - \log(\Gamma(\theta)) - \log(y_i!) + \theta(\alpha+\beta x_i) - $$
$$- (\theta+y_i)\log(1+\exp(\alpha+\beta x_i))] \quad . \qquad (4\text{-}22)$$

Daraus ergeben sich die folgenden ersten Ableitungen:

$$\frac{\partial L}{\partial \alpha} = n\theta - \sum_i (\theta+y_i) \frac{\exp(\alpha+\beta x_i)}{1+\exp(\alpha+\beta x_i)} \qquad (4\text{-}23)$$

$$\frac{\partial L}{\partial \beta} = \theta \sum_i x_i - \sum_i (\theta+y_i)\, x_i \frac{\exp(\alpha+\beta x_i)}{1+\exp(\alpha+\beta x_i)} \qquad (4\text{-}24)$$

$$\frac{\partial L}{\partial \theta} = \sum_i \psi(\theta+y_i) - n\,\psi(\theta) + \sum_i (\alpha+\beta x_i)$$
$$- \sum_i \log(1+\exp(\alpha+\beta x_i)) \quad , \qquad (4\text{-}25)$$

---

[198] Als Übungsaufgabe ist ein weiteres Modell zu behandeln.

4.2 Modelle für Zähldaten

wobei ψ die Digamma-Funktion bezeichnet. Siehe Anhang B. Unter Verwendung von $p_i = \exp(\alpha + \beta x_i)/(1 + \exp(\alpha + \beta x_i))$ und $\gamma = (\alpha, \beta)'$ erhalten wir weiter für die zweiten Ableitungen

$$\frac{\partial^2 L}{\partial \gamma \, \partial \gamma'} = -\sum_i (\theta + y_i) \, p_i \, (1 - p_i) \, \boldsymbol{x}_i \, \boldsymbol{x}_i' \qquad (4\text{-}26)$$

$$\frac{\partial^2 L}{\partial \gamma \, \partial \theta} = \sum_i (1 - p_i) \, \boldsymbol{x}_i \qquad (4\text{-}27)$$

$$\frac{\partial^2 L}{(\partial \theta)^2} = \sum_i \psi_1 (\theta + y_i) - n \, \psi_1 (\theta) \qquad (4\text{-}28)$$

Dabei bezeichnet ψ_1 die Trigamma-Funktion. Siehe Anhang B. Die Trigammafunktion in der Hessematrix ist dafür verantwortlich, daß weder die Überprüfung der negativen Definitheit noch die Ableitung der Informationsmatrix einfach ist[199]. Wir gehen darauf nicht weiter ein. Allerdings lassen sich für den Fall der Geometrischen Verteilung, d.h. für $\theta = 1$, beide Probleme leicht lösen (Übungsaufgabe).

4.2.5 Ein Beispiel

In der ökonometrischen Literatur ist mittels der zuvor besprochenen Modelle mehrfach die Patenttätigkeit von Unternehmen analysiert worden[200]. Für deutsche Unternehmen liegt eine Untersuchung von Schwalbach und Zimmermann (1990) vor[201]. Tabelle 4.2 informiert über die Anzahl der Patente, die die einzelnen Firmen im Zeitraum von 1963 bis 1982 angemeldet haben. Der Datensatz ist dadurch charakterisiert, daß ein großer Anteil der 143 Firmen keine Patente besitzt, während einige wenige Unternehmen eine sehr große Zahl von Patenten angemeldet haben. Siehe Tabelle 4.2. Wegen dieser starken Heterogenität ist zu erwarten, daß die Anpassung durch das Poissonmodell weit schlechter sein wird als die durch das Modell der Negativen Binomialverteilung.

---

[199]Siehe dazu Lawless (1987a), S. 811 und (1987b), S. 211.

[200]Siehe Hausmann et al. (1984) sowie Trivedi und Cameron (1986).

[201]Den beiden Autoren danke ich für die Bereitstellung des Datensatzes. Es wird die Gesamtzahl der Patente betrachtet, also einschließlich der Patente von Tochterunternehmen.

Tabelle 4.2	
Häufigkeitsverteilung der Patente	
Anzahl Patente	Häufigkeit
0	43
1 - 10	36
11 - 100	33
101 - 500	18
501 - 1000	6
> 1000	7
Maximum:	7390
Minimum:	0
Mittelwert:	193.1
Standardabw.:	743.1

Zuerst betrachten wir als einzige Einflußvariable das Risikomaß (RISIKO), das sich als Kovarianz zwischen firmenspezifischer Profitrate und Durchschnittsrate für die gesamte Volkswirtschaft im Zeitraum 1963 bis 1975 ergibt.

Tabelle 4.3					
Schätzergebnisse für Einflußvariable RISIKO					
Parametrisierung		Poissonverteilung			
		Schätzwert	t-Wert		
$\lambda = \exp(\alpha + \beta x)$	α	5.212	801.395		
	β	0.187	28.211		
	L	-56556.9			
	LR	747.8			
		Negative Binomialverteilung			
		Modell			
		(a) $p = \kappa/(1+\kappa)$		(b) $p = \theta/(\theta+\kappa)$	
Parametrisierung		Schätzwert	t-Wert	Schätzwert	t-Wert
$\kappa = \exp(\alpha + \beta x)$	α	-6.986	-27.465	5.124	22.381
	β	-0.469	-1.305	0.469	1.305
	θ	0.155	9.026	0.155	9.023
	L	-646.89		-646.89	
	LR	1.50		1.50	
		Schätzwert	t-Wert	Schätzwert	t-Wert
$\theta = \exp(\alpha + \beta x)$	α	-1.893	-16.415	-1.893	- 16.175
	β	0.094	0.877	0.082	0.635
	κ	0.001	4.057	196.338	4.673
	L	-647.27		-647.44	
	LR	0.74		0.40	

Tabelle 4.3 zeigt die Schätzergebnisse für das Poissonmodell und die vier verschiedenen Spezifikationen im Modell der Negativen Binomialverteilung. Als erstes fällt

4.2 Modelle für Zähldaten

die drastische Reduktion des Wertes der Loglikelihoodfunktion bei Verwendung der Negativen Binomialverteilung auf, die die Heterogenität der verschiedenen Unternehmen berücksichtigt. Das Prüfmaß LR gibt den Wert für den Likelihood-Quotienten-Test bezüglich der Nullhypothese an, daß die Variable RISIKO keinen Einfluß hat. Dieses Prüfmaß ist annähernd χ^2-verteilt mit 1 Freiheitsgrad. Während im Poissonmodell sowohl t-Wert als auch LR-Wert *für* die Ablehnung der Nullhypothese sprechen, zeigen die Schätzergebnisse für die Negative Binomialverteilung, daß RISIKO *keinen* Einfluß hat. Demnach sind die dazu konträren Schätzergebnisse aus dem Poissonmodell nur Ausdruck der *nicht berücksichtigten Heterogenität*.

Tabelle 4.4	
Variablenliste	
Abkürzung	Beschreibung der Variablen
Firmenspezifische Variable	
PAT	Anzahl Patente (der Mutterunternehmung 1982) (abhängige Variable)
KAPINT	Durchschnittliche Kapitalintensität (1966-1975)
RISIKO	Kovarianz (zwischen Eigenkapitalrendite der Firma und Durchschnittswert der Branche, 1966-1975)
DIVERS	Diversifikationsgrad (Anzahl Branchen, in denen die Firma im Jahre 1980 tätig war)
Branchenspezifische Variable	
KONSDUM	Konsumgüterbranchen-Dummy
INVDUM	Investitionsgüterbranchen-Dummy
EXPQUOT	Exportquote der Branche (1982)
IMPQUOT	Importquote der Branche (1982)
ØNOPAT	Durchschnittliche Zahl der Patente in der Industrie (1982)
HERFIN	Herfindahl-Index (1977)
Für die Abgrenzung der 'Branchen' wird die zweistellige Klassifikation verwendet (mit Ausnahme von DIVERS: vierstellige Klassifikation).	

Ferner erkennt man die Äquivalenz der beiden Alternativen (a) und (b) in Tabelle 4.1 unter der Parametrisierung (4-19) aus dem identischen Wert der Loglikelihoodfunktion. Die unterschiedlichen Parameterschätzwerte sind durch die verschiedenen, in Abschnitt 4.2.4 erläuterten Schreibweisen bedingt. Man beachte insbesondere das entgegengesetzte Vorzeichen für die Einflußvariable RISIKO.

Wir betrachten auch eine Schätzung der beiden Modelle, in der neben dem Risikomaß weitere Einflußfaktoren berücksichtigt werden. Schwalbach und Zimmermann (1990) verwenden die in Tabelle 4.4 genannten Variablen. Für das Modell der Negativen Binomialverteilung beschränken wir uns hier auf die Alternative (b) und Parameterisierung (4-19). Tabelle 4.5 gibt die Schätzergebnisse für Poissonverteilung und Negative Binomialverteilung an. Auch hier scheint die Einflußvariable RISIKO im

Tabelle 4.5				
Schätzergebnisse für mehrere Einflußvariable				
	Poisson-Verteilung		Negative Bin.Verteilung	
Variable	Schätzwert	t-Wert	Schätzwert	t-Wert
Konstante	2.983	77.058	1.177	2.122
KONSDUM	-2.030	-33.643	-1.124	-2.308
INVDUM	-0.260	-14.115	0.117	0.247
ΔPROF	1.593	9.211	0.868	0.337
PROFIT	6.898	32.980	7.915	2.458
GRÖSSE	0.859	80.014	1.636	2.815
GRÖSSE2	-0.054	-48.717	-0.140	-2.403
KAPINT	0.124	11.017	0.044	0.334
DIVERS	0.027	45.213	0.047	1.831
RISIKO	-0.257	-22.377	0.136	0.061
EXPQUOT	0.001	19.365	0.001	1.767
IMPQUOT	-0.002	-2.041	-0.002	0.104
ØNOPAT	0.253	6.539	-0.366	-0.317
HERFIN	0.255	1.515	0.637	0.426
θ	—	—	0.335	7.508
L	-9062.81		-598.856	
LR	95736.0		120.19	
FG	13		13	

Poissonmodell wieder einen signifikanten Einfluß zu haben, während im Modell der Negativen Binomialverteilung dieser Einfluß nicht mehr angezeigt wird. Dasselbe gilt für die meisten übrigen Einflußvariablen. Letztlich bleibt nur ein signifikanter Einfluß des Profits und der Firmengröße sowie eine signifikant geringere Patenttätigkeit im Konsumsektor. Der LR-Wert des Likelihood-Quotienten-Tests zeigt für beide Spezifikationen eine Ablehnung der Nullhypothese an, daß alle spezifizierten Variablen mit Ausnahme des Absolutglieds keinen Einfluß haben. Dabei gibt FG die Anzahl der Freiheitsgrade des Prüfmaßes an. Wiederum ist der "hohe Erklärungsgehalt" des Poissonmodells auf die Nichtberücksichtigung der Heterogenität zurückzuführen.

4.3 Modelle zur Analyse der Verweildauer

4.3.1 Einleitung

Während in Abschnitt 4.2 die Anzahl der Ereignisse in einem bestimmten Zeitintervall betrachtet wurde, untersuchen wir nun die Verweildauer bzw. Wartezeit einzelner Untersuchungseinheiten in einem bestimmten Zustand. Diese Art der Analyse, die ursprünglich vor allem in der Qualitätskontrolle und in der Medizin-Statistik eine Rolle gespielt hat, hat inzwischen für die ökonometrische Forschung eine große Bedeutung erlangt, beispielsweise in der Analyse der Dauer der Arbeitslosigkeit[202]. Es ist wichtig, sich den unterschiedlichen Informationsgehalt von Zähldaten einerseits und der Verweildauer der Untersuchungseinheiten andererseits klarzumachen: Einer einzigen Zahl für die Anzahl der Arbeitslosigkeitsperioden eines Arbeitnehmers steht bei der Verweildaueranalyse die Dauer der einzelnen Arbeitslosigkeits-Perioden dieses Arbeitnehmers gegenüber. Dies bedeutet einen größeren Informationsgehalt im zweiten Fall !

Bevor wir den in der Verweildaueranalyse üblichen Ansatz der Spezifikation einer Hazardrate besprechen, wollen wir erst einmal die direkte Modellierung darstellen. Darunter verstehen wir den Ansatz, der dem der Abschnitte 2 und 3 entspricht: Wir suchen nach einer angemessenen Verteilung für die abhängige Variable und parametrisieren dann die Abhängigkeit von einer Einflußgröße[203]. Für stetige nichtnegative Merkmale wie die Verweildauer bieten sich Gammaverteilung, Lognormalverteilung und Weibullverteilung an. Wir stellen im folgenden die entsprechenden drei Modelle dar, die nicht nur in der Verweildaueranalyse, sondern für beliebige nichtnegative stetige Merkmale verwendbar sind[204]. Auf das Problem der Zensierung werden wir erst

---

[202]Siehe beispielsweise Steiner (1990).
[203]In Abschnitt 4.4.2 gehen wir ausführlicher auf die Problematik der sogenannten "zeitabhängigen" Einflußgrößen ein.
[204]Deshalb verwenden wir auch weiterhin das Symbol y für die abhängige Variable, während üblicherweise das Symbol t im speziellen Fall der Verweildaueranalyse benutzt wird.

172   4 ZEITABHÄNGIGE MODELLE

im Zusammenhang mit der Hazardraten-Formulierung in Abschnitt 4.4 eingehen.

4.3.2 Das Modell der Gammaverteilung

Wir gehen davon aus, daß die (nichtnegative) Zufallsvariable Y gammaverteilt ist mit $\alpha = \kappa$ und $\beta = \theta$ und somit Dichtefunktion

$$f(y) = \frac{\kappa^\theta}{\Gamma(\theta)} y^{\theta-1} e^{-\kappa y} \qquad (4-29)$$

sowie Erwartungswert $E(Y) = \theta/\kappa$ und Varianz $V(Y) = \theta/\kappa^2$ besitzt. Im Fall $\theta = 1$ ergibt sich die Exponentialverteilung.

Genau wie im Fall der Negativen Binomialverteilung stellt sich die Frage, welcher der beiden Parameter für den Zusammenhang mit der Einflußgröße x herangezogen werden soll. Wir beschränken uns hier auf den Fall, in dem das Verhältnis von Erwartungswert zu Varianz mit der Variablen x variiert[205], d.h. wir unterstellen die Beziehung

$$\kappa(x) = \exp(\alpha + \beta x) \quad . \qquad (4-30)$$

Daraus erhalten wir die Likelihoodfunktion

$$\mathcal{L} = \prod_{i=1}^{n} \frac{\exp(\alpha + \beta x_i)^\theta}{\Gamma(\theta)} y_i^{\theta-1} \exp\{-y_i \exp(\alpha + \beta x_i)\} \qquad (4-31)$$

und die Loglikelihoodfunktion

$$L = \sum_i \left[\theta(\alpha + \beta x_i) + (\theta - 1)\log(y_i) - y_i \exp(\alpha + \beta x_i) - \log(\Gamma(\theta)) \right] \quad .$$
$$(4-32)$$

Die ersten Ableitungen lauten wie folgt:

$$\frac{\partial L}{\partial \alpha} = n\theta - \sum_i y_i \exp(\alpha + \beta x_i) \qquad (4\text{-}33)$$

$$\frac{\partial L}{\partial \beta} = \theta \sum_i x_i - \sum_i x_i y_i \exp(\alpha + \beta x_i) \qquad (4\text{-}34)$$

$$\frac{\partial L}{\partial \theta} = n\alpha + \beta \sum_i x_i + \sum_i \log(y_i) - n\psi(\theta) \qquad (4\text{-}35)$$

---

[205]Nur dieser Fall läßt die Exponentialverteilung als Spezialfall zu !

4.3 Modelle zur Analyse der Verweildauer

Unter Verwendung von $\gamma = (\alpha, \beta)'$ können wir ferner für die zweiten Ableitungen schreiben:

$$\frac{\partial^2 L}{\partial \gamma \, \partial \gamma'} = -\sum_i y_i \exp(\alpha + \beta x_i) x_i x_i' \qquad (4\text{-}36)$$

$$\frac{\partial^2 L}{\partial \gamma \, \partial \theta} = \sum_i x_i \qquad (4\text{-}37)$$

$$\frac{\partial^2 L}{\partial \theta^2} = -n\,\psi_1(\theta) \qquad (4\text{-}38)$$

Wegen $E(Y) = \theta/\kappa = \theta/\exp(\alpha + \beta x)$ ergibt sich für den linken oberen Block der Informationsmatrix aus (4-36)

$$\theta \sum_i x_i x_i' \quad .$$

Mit diesem Ergebnis läßt sich die Informationsmatrix direkt hinschreiben:

$$\mathrm{I} = \begin{pmatrix} \theta \sum_i x_i x_i' & -\sum_i x_i \\ -\sum_i x_i' & n\,\psi_1(\theta) \end{pmatrix} \qquad (4-39)$$

Ferner kann man unter Verwendung der Ungleichung[206]

$$\psi_1(x) > 1/x \quad , \quad x > 0 \qquad (4-40)$$

zeigen, daß diese Informationsmatrix vollen Rang hat, d.h. positiv definit ist.[207] Weil der linke obere Block von (4-39) positiv definit ist, müssen wir nur zeigen, daß die Determinante von I positiv ist. Andererseits können wir für die Determinante schreiben:

$$\det(\mathrm{I}) = c \det\left(X'\left[A - \frac{1}{c} b\, b'\right] X\right). \qquad (4-41)$$

Dabei gilt $A = \theta\, I$[208], $b = (1, \ldots, 1)'$ und $c = n\,\psi_1(\theta)$. Ferner ist X die $(n \times 2)$-Regressormatrix mit einem Einsvektor als erste Spalte und den Beobachtungen für x in der zweiten Spalte. Falls der Ausdruck auf der rechten Seite in eckigen Klammern positiv definit ist und gleichzeitig $c > 0$ gilt, ist auch die Determinante in

---

[206] Siehe Ronning (1986), der eine noch schärfere Ungleichung angibt.

[207] Dieselbe Beweisidee wird in Ronning (1989) verwendet.

[208] I bezeichnet hier die Einheitsmatrix und nicht die Informationsmatrix.

(4-41) positiv. Letzteres ergibt sich unmittelbar aus der Eigenschaft der Trigamma-Funktion. Siehe Anhang B . Wir zeigen ferner, daß die Inverse[209]

$$\left[A - \frac{1}{c} b b'\right]^{-1} = A^{-1} + \frac{1}{c - b' A^{-1} b} A^{-1} b b' A^{-1}$$

positiv definit ist (und damit auch die Matrix selbst). Hinreichend dafür ist, daß

$$c - b' A^{-1} b = n \left(\psi_1(\theta) - \frac{1}{\theta}\right) > 0 \qquad (4-42)$$

gilt (warum ?). Unter Verwendung von (4-40) folgt die positive Definitheit von (4-39) unmittelbar[210]. Allerdings ist damit nichts bezüglich der Definitheit der Hesseschen Matrix ausgesagt.

4.3.3 Das Lognormalmodell

In der Analyse von Verweildauern spielt die logarithmische Normalverteilung keine große Rolle. Gründe dafür werden später genannt. Da die Verteilung jedoch als Modell für positive Merkmale ganz allgemein von großer Bedeutung ist, wollen wir ihre Spezifikation und Schätzung hier kurz darstellen.

Bekanntlich ist die Dichte der Lognormalverteilung durch

$$f(y) = \frac{1}{y \sigma \sqrt{2\pi}} \exp\left\{-\frac{1}{2\sigma^2} (\log(y) - \mu)^2\right\} \qquad (4-43)$$

gegeben[211] und für den Erwartungswert gilt:

$$E(Y) = \exp\left(\mu + \frac{\sigma^2}{2}\right) \qquad . \qquad (4-44)$$

---

[209]Siehe dazu Anhang D.

[210]Siehe auch Deprins und Simar (1985), die die Ungleichung (4-40) direkt beweisen. Diese Autoren korrigieren ein Resultat von Greene (1980), der die Gammaverteilung in der ökonometrischen Analyse von Produktionsfunktionen benutzte.

[211]Siehe Anhang A.2 . Diese Dichte läßt sich wie folgt ableiten: Es sei X normalverteilt mit Erwartungswert μ und Varianz σ^2, d.h. sie besitzt die Dichte

$$f(x) = \frac{1}{\sigma \sqrt{2\pi}} \exp\left\{-\frac{1}{2\sigma^2} (x - \mu)^2\right\} \qquad .$$

Wir betrachten nun die (nichtnegative) Zufallsvariable $Y = \exp(X)$, d.h. $X = \log(Y)$. Diese Dichte

4.3 Modelle zur Analyse der Verweildauer 175

Da der Parameter μ keinerlei Restriktionen unterliegt, parametrisieren wir die Abhängigkeit von x durch[212]

$$\mu(x) = \alpha + \beta x \qquad (4-45)$$

Dies führt zu der Likelihoodfunktion

$$\mathcal{L} = (\sigma^2 2\pi)^{-n/2} \left[\prod_i y_i^{-1}\right] \exp\left\{-\frac{1}{2\sigma^2} \sum_i (\log(y_i) - \mu)^2\right\} \quad . \qquad (4-46)$$

Daraus ergibt sich (Übungsaufgabe), daß die Maximum-Likelihood-Schätzer für α und β durch die Kleinstquadrateschätzer der Regression von x auf $\log(y)$ und die Schätzung für σ^2 durch

$$\hat{\sigma}^2 = \frac{1}{n} \sum_i \left(\log(y_i) - \hat{\alpha} - \hat{\beta} x_i\right)^2$$

gegeben sind, wobei $\hat{\alpha}$ und $\hat{\beta}$ die erwähnten Schätzer für die betreffenden Parameter sind.

4.3.4 Das Weibullmodell

Eine besondere Bedeutung bei der Analyse der Verweildauer hat die Weibullverteilung erlangt, deren logarithmisches Äquivalent, die Extremwertverteilung, in der Analyse qualitativer abhängiger Variablen eine Rolle spielt. Siehe Abschnitt 2.6 . Grund für die weite Verbreitung ist genau wie bei der Extremwertverteilung die explizite Form der (komplementären) Verteilungsfunktion und der Hazardrate, was in Abschnitt 4.4 näher erläutert werden wird.

Die Dichtefunktion der Weibullverteilung ist durch

$$f(y) = \kappa \theta y^{\theta-1} \exp\left(-\kappa y^\theta\right) \qquad (4-47)$$

---

ist gemäß dem sogenannten Transformationssatz (siehe z.B. Mood et al. (1974), S. 200)

$$g(y) = f(\log(y)) \frac{dx}{dy} \quad .$$

Wegen $dx/dy = d\log(y)/dy = 1/y$ erhalten wir $g(y)$ gemäß (4-43).

[212] Da der Erwartungswert von μ *und* σ abhängt, hätte man auch die Abhängigkeit vom anderen Parameter postulieren können.

gegeben und für ihren Erwartungswert gilt

$$E(Y) = \kappa^{-1/\theta}\, \Gamma\left(1 - \frac{1}{\theta}\right) \quad . \qquad (4-48)$$

Die Abhängigkeit von x modellieren wir durch[213]

$$\kappa(x) = \exp(\alpha + \beta\, x) \qquad (4-49)$$

und erhalten daraus die Likelihoodfunktion

$$\mathcal{L} = \theta^n \exp\left(n\,\alpha + \beta \sum_i x_i\right) \left[\prod_i y_i\right]^{\theta-1} \exp\left\{-\sum_i y_i^\theta \exp(\alpha + \beta\, x_i)\right\} \qquad (4-50)$$

sowie die Loglikelihoodfunktion

$$L = n \log(\theta) + n\,\alpha + \beta \sum_i x_i + (\theta - 1) \sum_i \log(y_i) - \sum_i y_i^\theta \exp(\alpha + \beta\, x_i) \quad (4-51)$$

Die ersten Ableitungen lauten unter Verwendung von $\gamma = (\alpha,\, \beta)'$

$$\frac{\partial L}{\partial \gamma} = \sum_i \boldsymbol{x}_i - \sum_i y_i^\theta \exp(\alpha + \beta\, x_i)\, \boldsymbol{x}_i \qquad (4\text{-}52)$$

$$\frac{\partial L}{\partial \theta} = \frac{n}{\theta} + \sum_i \log(y_i) - \sum_i y_i^\theta \log(y_i) \exp(\alpha + \beta\, x_i) \quad . \qquad (4\text{-}53)$$

Ferner ergibt sich für die zweiten Ableitungen

$$\frac{\partial^2 L}{\partial \gamma\, \partial \gamma'} = -\sum_i y_i^\theta \exp(\alpha + \beta\, x_i)\, \boldsymbol{x}_i\, \boldsymbol{x}_i' \qquad (4\text{-}54)$$

$$\frac{\partial^2 L}{\partial \gamma\, \partial \theta} = -\sum_i y_i^\theta \exp(\alpha + \beta\, x_i) \log(y_i)\, \boldsymbol{x}_i \qquad (4\text{-}55)$$

$$\frac{\partial^2 L}{\partial \theta^2} = -\frac{n}{\theta^2} - \sum_i y_i^\theta \exp(\alpha + \beta\, x_i) [\log(y_i)]^2 \qquad (4\text{-}56)$$

Unter Verwendung von $\boldsymbol{w}_i = \left(\boldsymbol{x}_i',\, \log(y_i)\right)'$ können wir dann die Hessesche Matrix wie folgt schreiben:

$$H = -\sum_i y_i^\theta \exp(\alpha + \beta\, x_i)\, \boldsymbol{w}_i\, \boldsymbol{w}_i' - \begin{pmatrix} 0 & 0 & 0 \\ 0 & 0 & 0 \\ 0 & 0 & n/\theta^2 \end{pmatrix} \qquad (4-57)$$

Die Matrix ist stets negativ definit, sofern mindestens zwei Vektoren $\boldsymbol{w}_i$ voneinander linear unabhängig sind.

---

[213]Diese Formulierung wird durch die resultierende einfache Form des entsprechenden Hazardratenmodells (siehe Abschnitt 4.4.3) motiviert. Lawless (1982, Kap. 6.4) verwendet eine etwas andere Parametrisierung. Der Zusammenhang mit unserer Formulierung ist durch $\kappa = \alpha^{-\delta}$ und $\theta = \delta$ gegeben.

4.3 Modelle zur Analyse der Verweildauer 177

4.3.5 Das Log-Weibullmodell

Wir haben in Abschnitt 4.3.3 (Lognormalmodell) ein Beispiel dafür kennengelernt, daß die Analyse von $Z = \log(Y)$ oftmals einfacher ist als die von Y selbst. Verwendet man für Z die Verteilung, die aus der Verteilung von Y resultiert, so ist klar, daß die Maximum - Likelihood - Schätzwerte für die Parameter in beiden Ansätzen identisch sein müssen (Übungsaufgabe). Andererseits ist es illustrativ, dies an einem konkreten Beispiel zu zeigen. Wir gehen deshalb vom Weibullmodell des vorangegangenen Unterabschnitts aus und betrachten nun die Zufallsvariable $Z = \log(Y)$, deren Dichtefunktion durch

$$\begin{aligned} g(z) &= \kappa\, \theta \exp(z)^{\theta-1} \exp(z) \exp\left\{-\kappa \exp(z)^{\theta}\right\} \\ &= \kappa\, \theta \exp(\theta z) \exp\left\{-\kappa \exp(\theta z)\right\} \\ &= \theta \exp\left\{\theta z + \log(\kappa)\right\} \exp\left\{-\exp(\theta z + \log(\kappa))\right\} \end{aligned} \qquad (4\text{-}58)$$

gegeben ist[214], d.h. Z ist extremwertverteilt. Unter Verwendung der Ergebnisse in Anhang A.7 lassen sich daraus Erwartungswert und Varianz der Verteilung bestimmen (Übungsaufgabe).

Wir verwenden nun wiederum (4-49), um die Abhängigkeit von der Einflußgröße x zu modellieren. Dann erhalten wir als Loglikelihoodfunktion des *Log - Weibull - Modells*[215]

$$L = n \log \theta + n \alpha + \beta \sum_i x_i + \theta \sum_i z_i - \sum_i \exp(\alpha + \beta x_i + \theta z_i) \qquad (4-59)$$

Unter Verwendung von $\gamma = (\alpha, \beta)'$ ergibt sich für die ersten Ableitungen

$$\frac{\partial L}{\partial \gamma} = \sum_i \boldsymbol{x}_i - \sum_i \exp(\alpha + \beta x_i + \theta z_i)\, \boldsymbol{x}_i \qquad (4\text{-}60)$$

$$\frac{\partial L}{\partial \theta} = \frac{n}{\theta} + \sum_i z_i - \sum_i \exp(\alpha + \beta x_i + \theta z_i)\, z_i \qquad (4\text{-}61)$$

---

[214]Dies folgt aus dem Transformationssatz für Zufallsvariable. Siehe z.B. Mood, Graybill und Boes (1974), S. 200. Siehe auch die Ausführungen zur Dichte (4-43) der logarithmischen Normalverteilung.
[215]Das Log - Weibull- Modell betrachtet den Logarithmus von y als abhängige Variable, während das Lognormalmodell in Abschnitt 4.3.3 die Variable y selbst verwendet. Man beachte diesen unterschiedlichen Sprachgebrauch in den beiden genannten Modellen.

sowie für die Hessesche Matrix

$$H = -\sum_i \exp(\alpha + \beta x_i + \theta z_i) \begin{pmatrix} x_i \\ z_i \end{pmatrix} \begin{pmatrix} x_i \\ z_i \end{pmatrix}' - \begin{pmatrix} 0 & 0 & 0 \\ 0 & 0 & 0 \\ 0 & 0 & n/\theta^2 \end{pmatrix} \qquad (4-62)$$

Ein Vergleich mit den Ergebnissen für das Weibullmodell aus Abschnit 4.3.4 zeigt die Identität der Ergebnisse für beide Formulierungen.

4.4 Hazardratenmodelle

Hazardratenmodelle stehen in engem Zusammenhang mit den in Abschnitt 4.3 behandelten Modellen. Formal gesprochen gehen sie statt von einer unbedingten von einer *bedingten* Verteilung aus, denn sie betrachten nicht die Verweildauer an sich, sondern die "restliche" Verweildauer unter der Bedingung, daß das Individuum bereits bis zu einem bestimmten Zeitpunkt gelebt hat bzw. in einem bestimmten Zustand war[216]. An die Stelle der Dichtefunktion tritt bei dieser Betrachtungsweise die *Hazardrate*. Wesentlich ist, daß sich Parametrisierung und Annahmen über die Verteilung gegenüber Abschnitt 4.3 nicht ändern! Insofern sind beide Ansätze äquivalent. Andererseits ist die bedingte Aussage aus Hazardratenmodellen oft einfacher zu interpretieren. Außerdem weist der Hazardratenansatz gewisse Vorteile auf, wenn man das Problem der "Zensierung" berücksichtigt. Ein wichtiger (formaler) Unterschied besteht auch darin, daß man die Hazardrate statt bestimmter Verteilungsparameter von der Einflußgröße x abhängig macht. Jedoch sind die Ergebnisse für die am häufigsten benutzte Weibullverteilung für beide Ansätze identisch[217].

---

[216]Eine genauere Formulierung wird in Abschnitt 4.4.1 gegeben. Siehe den Überblicksartikel von Kiefer (1988).

[217]Siehe Abschnitt 4.4.3 .

4.4 Hazardratenmodelle

4.4.1 Terminologie

Es sei Y die nichtnegative Zufallsvariable mit Dichtefunktion $f(y)$ und Verteilungsfunktion $F(y)$. Dabei soll Y das Merkmal "Verweildauer" beschreiben. Dann ist

$$S(y) = 1 - F(y) \qquad (4-63)$$

die komplementäre Verteilungsfunktion, die auch als *Überlebensfunktion* bezeichnet wird[218]. Ferner ist durch das Verhältnis von Dichtefunktion zu Überlebensfunktion die Hazardrate[219]

$$\lambda(y) = \frac{f(y)}{S(y)} \qquad (4-64)$$

der Zufallsvariablen Y gegeben. Man kann $\lambda(y)$ auch als Grenzwert der Wahrscheinlichkeit auffassen, daß die Verweildauer im Intervall $[y, y + \Delta y]$ endet, gegeben daß die Verweildauer mindestens die Länge y erreicht hat:

$$\lambda(y) = \lim_{\Delta y \to 0} \frac{1}{\Delta y} Pr\{y \leq Y < y + \Delta y \mid Y \geq y\} \quad . \qquad (4-65)$$

Diese Sichtweise wurde zuerst in der technischen Statistik, speziell in der Zuverlässigkeitsprüfung (z.B. Brenndauer von Glühlampen), benutzt. In der Wirtschaftsforschung ist diese Perspektive vor allem für die Analyse der Arbeitslosigkeit von Bedeutung: Wie groß ist die Wahrscheinlichkeit, *weiter* arbeitslos zu bleiben?[220]

Zwischen Hazardrate und Überlebensfunktion bestehen folgende wichtige Beziehungen (Übungsaufgabe):

$$\Lambda(y) = -\log(S(y)) \qquad (4\text{-}66)$$

$$S(y) = \exp(-\Lambda(y)) \qquad (4\text{-}67)$$

---

[218] Man spricht auch von der *Survivorfunktion*.

[219] hazard (englisch) = Wagnis, Risiko, Gefahr, Zufall. Teilweise wird auch der Kehrwert verwendet, der im Englischen unter dem Namen "Mill's ratio" bekannt ist. Siehe z.B. Pudney (1989, S. 303).

[220] Genauer: Wie groß ist die Wahrscheinlichkeit, daß die Dauer der Arbeitslosigkeit nicht $y + \Delta y$ überschreitet, gegeben ihre Dauer beträgt bereits y? Deshalb nennt man die Hazardrate oft auch *Abgangsrate*.

wobei $\Lambda(y) = \int_0^y \lambda(t)\,dt$ die *kumulierte* Hazardrate ist. Ferner gilt für die Dichtefunktion wegen (4-64)

$$f(y) = \lambda(y)\exp(-\Lambda(y)) \quad . \tag{4-68}$$

Mögliche Formen der Hazardrate skizziert die Abbildung 4/1: Verlauf A steht bei-

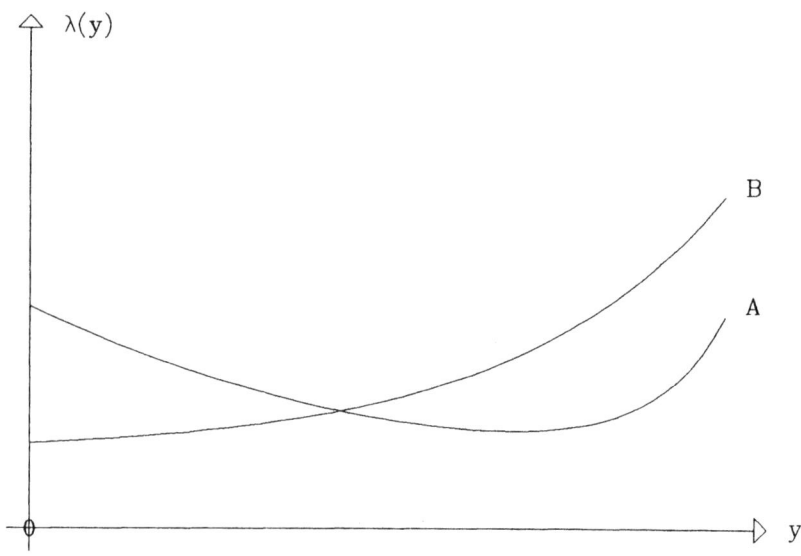

Abbildung 4/1: Typische Verläufe von Hazardraten

spielsweise für die Verweildauer in der Arbeitslosigkeit: Bei kurzer Arbeitslosigkeitsdauer ist die Wahrscheinlichkeit dafür, aus der Arbeitslosigkeit auszuscheiden, hoch. Mit zunehmender Dauer der Arbeitslosigkeit sinkt diese Wahrscheinlichkeit, um dann wieder – für sehr lange Dauer der Arbeitslosigkeit – anzusteigen. Der monotone Verlauf der durch B skizzierten Hazardrate beschreibt beispielsweise die Lebensdauer einer Glühbirne, deren Funktionsfähigkeit (Zuverlässigkeit) mit wachsender Lebensdauer monoton abnimmt. Tabelle 4.6 gibt Hazardrate und Überlebensfunktion für die Weibullverteilung und ihren Spezialfall ($\theta = 1$), die Exponentialverteilung, an. Beide Ergebnisse können unmittelbar anhand der Formeln im Anhang A verifiziert werden.

4.4 Hazardratenmodelle

Aus der Tabelle 4.2 ersieht man, daß die Exponentialverteilung eine konstante Hazardrate aufweist, während die Hazardrate der Weibullverteilung für $\beta > 0$ ($\beta < 0$) monoton steigt (fällt)[221].

Tabelle 4.6			
Ergebnisse für Weibull- und Exponentialverteilung			
Verteilung	Parameter	Überlebensfunktion	Hazardrate
Exponential	κ	$\exp(-\kappa y)$	κ
Weibull	κ, θ	$\exp(-\kappa y^\theta)$	$\kappa \theta y^{\theta-1}$

Für die Analyse der Verweildauer von Untersuchungseinheiten ist es typisch, daß diese zu einem bestimmten Zeitpunkt, beispielsweise t^*, durchgeführt wird. Dies bedeutet, daß (vor allem im Fall von Nicht-Experiments-Situationen) für einige Untersuchungseinheiten das Verweilen im betrachteten Zustand (z.B. Arbeitslosigkeit) noch nicht abgeschlossen ist. Wir sprechen dann von einer *Rechtszensierung* im Zeitpunkt t^*. Andererseits mag es auch vorkommen, daß man die Verweildauer erst nach einem bestimmten Zeitpunkt t_* beobachten kann. Dann spricht man von einer *Linkszensierung* zum Zeitpunkt t_*. Dieser Fall ist in den Wirtschafts- und Sozialwissenschaften allerdings weniger häufig anzutreffen und wird deshalb im folgenden - auch wegen der zusätzlichen methodischen Probleme[222] - vernachlässigt. Wir nehmen also an, daß für alle Individuen die Verweildauer in oder nach dem Zeitpunkt t_* begonnen hat und deshalb die maximale beobachtete Verweildauer $t^* - t_*$ ist. Im folgenden setzen wir zur Vereinfachung $t_* = 0$. Siehe Abbildung 4/2. Von den insgesamt $n = 5$ Beobachtungen sind die Verweildauern der Untersuchungseinheiten 4 und 5 zensiert, d.h. $y_4 = y_5 = t^*$. Man beachte die enge Verwandschaft mit dem Tobit-Modell (Kapitel 3), in dem allerdings die *Links*-Zensierung typisch ist. Deshalb ist es auch nicht überraschend, daß die ökonometrischen Methoden für Tobit-Modelle und Verweildauermodelle mit *Rechts*-Zensierung recht ähnlich sind[223]. Für die drei unzen-

---

[221] Die Form der Hazardraten für andere Verteilungen stellen z.B. Blossfeld u.a. (1986), S. 34 ff. dar. Beispielsweise weist die log-logistische Verteilung ein Maximum für $y > 0$ auf.

[222] Siehe beispielsweise Lawless (1982).

[223] Darauf weist Amemiya (1985), S. 360 und S. 433 hin.

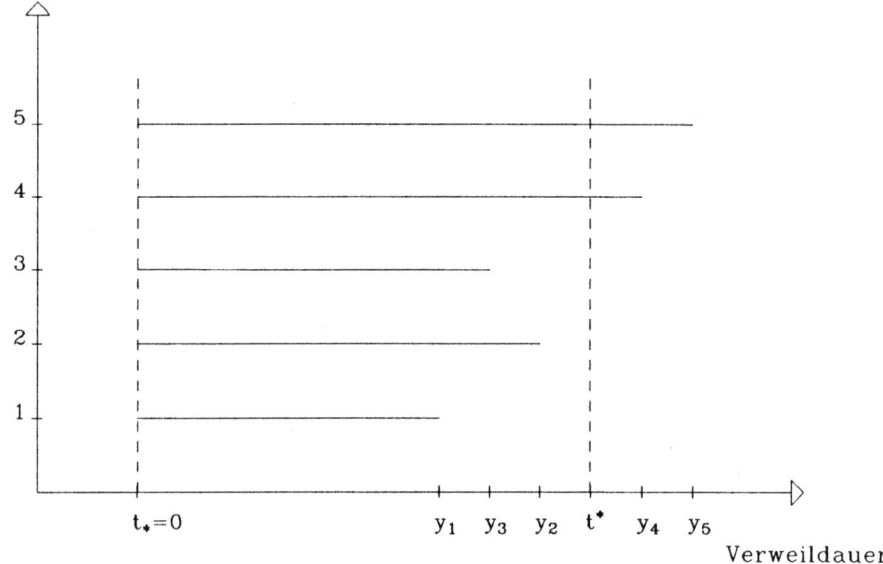

Abbildung 4/2: Zensierte und unzensierte Verweildauer-Beobachtungen

sierten Beobachtungen (y_1, y_2, y_3) unterstellen wir, daß sie durch die Dichtefunktion $f(y_i)$ generiert wurden. Für die zensierten Beobachtungen (y_4 und y_5) wissen wir, daß $Y > t^*$ gilt, d.h. wir betrachten in der Likelihoodfunktion die Wahrscheinlichkeiten $S(t^*) = P(Y > t^*)$. Für die $n = 5$ Beobachtungen in Abbildung 4/2 erhalten wir dann als Likelihoodfunktion

$$\mathcal{L} = \prod_{i=1}^{3} f(y_i) \prod_{i=4}^{5} S(t^*) \quad , \tag{4-69}$$

was mit der entsprechenden Formulierung im Tobit-Modell verglichen werden sollte. Siehe (3-5). Wir führen nun den (Nicht-) Zensierungsindikator

$$\delta_i = \begin{cases} 0 & \text{Beobachtung zensiert} \\ 1 & \text{Beobachtung nicht zensiert} \end{cases} \tag{4-70}$$

ein und schreiben dann für die Likelihoodfunktion unter Beachtung von (4-64)

4.4 Hazardratenmodelle

und (4-67)

$$\begin{aligned}\mathcal{L} &= \prod_{i=1}^{5} f(y_i)^{\delta_i} \, S(y_i)^{1-\delta_i} \\ &= \prod_{i} \lambda(y_i)^{\delta_i} \, S(y_i) \\ &= \prod_{i} \lambda(y_i)^{\delta_i} \, \exp(-\Lambda(y_i)) \quad , \end{aligned} \qquad (4\text{-}71)$$

d.h. wir haben die Likelihoodfunktion durch Hazardrate (und kumulierte Hazardrate bzw. Überlebensfunktion) ausgedrückt. Zu beachten ist, daß y_i hier sowohl zensierte als auch unzensierte Beobachtungen bezeichnet! Man vergleiche dazu nochmals Abbildung 4/2. Für die Exponentialverteilung und die Weibullverteilung ist dieser Ausdruck direkt darstellbar. Siehe Tabelle 4.6 . Deshalb ist die numerische Analyse der Schätzprozedur besonders einfach, während beispielsweise im Fall der Log-Normalverteilung (siehe Abschnitt 4.3.3) die entsprechende Likelihoodfunktion nur nach Berechnung von Integralen bestimmbar ist[224].

4.4.2 Das Modell der proportionalen Hazardrate

Wir wollen nun die Verweildauer wieder von der Einflußgröße x abhängig machen. Dabei tritt ein Problem auf, das wir in Abschnitt 4.3 vernachlässigt haben. Es geht um die "Zeitabhängigkeit" von Einflußvariablen. In Abschnitt 4.3 haben wir stets unterstellt, daß die Einflußvariable zwar für die verschiedenen Individuen unterschiedliche Werte annimmt, dagegen über die Zeit für die einzelnen Individuen *konstant* ist. Dies kann, muß aber nicht angemessen sein. Während beispielsweise das Geschlecht einer untersuchten Person typischerweise zeitkonstant bzw., genauer, lebensdauerkonstant ist, gilt dies für Ausbildung, Familienstand etc. nicht unbedingt[225]. In dieser einführenden Darstellung wollen wir uns auf den Fall zeit*konstanter* Einflußvariablen beschränken, d.h. x soll bezüglich der Lebensdauer y nicht variieren. Andererseits

---
[224]Statt dessen könnte man die numerisch einfacher zu handhabende und gleichzeitig sehr ähnliche Log-logistische Verteilung benutzen. Siehe Blossfeld u.a. (1986), S. 39 und S. 55 .
[225]Siehe die ausführliche Diskussion in Blossfeld u.a. (1986), Kap. 3.8 sowie Pudney (1989), S. 238 .

folgt aus dieser Annahme keineswegs, daß die Hazardrate über die Lebensdauer hin konstant sein muß. Beispielsweise zerlegt das Modell der *proportionalen*[226] *Hazardrate* von Cox (1972) dieses Maß in eine lebensdauer-abhängige "Grundhazardrate" $\lambda_o(y)$ und eine Komponente g, die mit der (lebensdauer-unabhängigen) Einflußvariablen x variiert. Dabei wird eine multiplikative Verknüpfung angenommen:

$$\lambda(y \mid x) = \lambda_o(y) g(\beta x) \qquad (4-72)$$

und für g wird wieder die Exponentialfunktion unterstellt:

$$g(\beta x) = \exp(\beta x) \quad . \qquad (4-73)$$

Dann kann man die Hazardrate auch wie folgt schreiben:

$$\lambda(y \mid x) = \exp\left(\log(\lambda_0(y)) + \beta x\right) \quad , \qquad (4-74)$$

d.h. $\log(\lambda_0(y))$ ist das "Absolutglied", das bisher mit dem Symbol α bezeichnet wurde. Dies führt bei insgesamt n Beobachtungen gemäß (4-67) und (4-68) zu folgender Likelihoodfunktion:

$$\mathcal{L} = \prod_{i=1}^{k} \lambda_0(y_i) \exp(\beta x_i) \exp\{-\exp(\beta x_i) \Lambda_0(y_i)\} \prod_{i=k+1}^{n} \exp\{-\exp(\beta x_i) \Lambda_0(y_i)\} \quad , \qquad (4-75)$$

wobei die Beobachtungen y_i derart geordnet sein sollen, daß die ersten k Beobachtungen unzensiert sind[227] und Λ_0 durch

$$\Lambda_0(y) = \int_0^y \lambda_0(t) \, dt$$

gegeben ist. Wir definieren nun die "Risikomenge"

$$R(y) = \{i \mid y_i \geq y\} \quad ,$$

---

[226] Zwei Hazardraten sind zueinander proportional, wenn ihr Verhältnis nicht von der Lebensdauer y abhängt. Siehe Lawless (1982), S. 189 .

[227] Für die Methode der partiellen Likelihood-Schätzung, wie sie von Cox (1972) vorgeschlagen wurde, müssen wir zusätzlich annehmen, daß alle unzensierten Beobachtungen unterschiedlich groß sind. Siehe das Folgende.

4.4 Hazardratenmodelle

die die Anzahl der Individuen angibt, deren Verweildauer unmittelbar vor y noch nicht beendet ist. Die Menge nimmt also mit steigendem y ab. Ferner erweitern wir die Likelihoodfunktion wie folgt:

$$
\begin{aligned}
\mathcal{L} &= \prod_{i=1}^{k} \frac{\exp\left(\beta\, x_i\right)}{\sum_{k \epsilon R(y_i)} \exp\left(\beta\, x_k\right)} \sum_{k \epsilon R(y_i)} \exp\left(\beta\, x_k\right) \lambda_0\left(y_i\right) \exp\left\{-\exp\left(\beta\, x_i\right) \Lambda_0\left(y_i\right)\right\} \times \\
&\quad \times \prod_{i=k+1}^{n} \exp\left\{-\exp\left(\beta\, x_i\right) \Lambda_0\left(y_i\right)\right\} \\
&= \prod_{i=1}^{k} \frac{\exp\left(\beta\, x_i\right)}{\sum_{k \epsilon R(y_i)} \exp\left(\beta\, x_k\right)} \prod_{i=1}^{k} \lambda_0\left(y_i\right) \sum_{k \epsilon R(y_i)} \exp\left(\beta\, x_k\right) \times \\
&\quad \times \prod_{j=1}^{n} \exp\left\{-\exp\left(\beta\, x_i\right) \Lambda_0\left(z_j\right)\right\} \quad ,
\end{aligned}
\tag{4-76}
$$

wobei $y_j = t^*$ für $j = k+1, \ldots, n$. Diese Likelihoodfunktion läßt sich als Produkt von zwei "partiellen" Likelihoodfunktionen auffassen, $\mathcal{L} = \mathcal{L}_1 \mathcal{L}_2$, wobei

$$
\mathcal{L}_1 = \prod_{i=1}^{k} \frac{\exp\left(\beta\, x_i\right)}{\sum_{k \epsilon R(y_i)} \exp\left(\beta\, x_k\right)}
$$

gilt. Diesen Ausdruck kann man auch als Produkt der bedingten Überlebenswahrscheinlichkeiten interpretieren. Maximierung von $\mathcal{L}_1$ bezüglich β ergibt einen "partiellen" Maximum-Likelihood-Schätzer, der konsistent und asymptotisch normalverteilt ist[228]. Die Ähnlichkeit zum multinomialen Logit-Modell macht die Schätzung numerisch gesehen relativ einfach (siehe die Übungsaufgaben).

4.4.3 Das Weibull-Hazardratenmodell

Der Ansatz von Cox im letzten Unterabschnitt wird als "semiparametrisch" bezeichnet, weil er die Grundhazardrate λ_0 unspezifiziert läßt. Wir wollen nun den Fall betrachten, daß die Hazaradrate "voll" parametrisiert ist. Dazu gehen wir von der Annahme aus, daß die Verweildauer weibullverteilt sei[229] mit den Parametern κ und

---

[228]Siehe Amemiya (1985), S. 450 .

[229]Für den Spezialfall $\theta = 1$ ergibt sich die Exponentialverteilung, die somit sowohl aus der Weibull- als auch aus der Gammaverteilung abgeleitet werden kann. Allerdings ergibt sich im zweiten Fall im allgemeinen kein expliziter Ausdruck für die Hazardrate.

θ. Ferner sei die Abhängigkeit von der Einflußgröße durch

$$\kappa(x) = \exp(\beta x) \qquad (4-77)$$

gegeben. Dann erhalten wir aus der Tabelle 4.6 für die Überlebensfunktion und Hazardrate

$$S(y \mid x) = \exp(-y^\theta \exp(\beta x)) \qquad (4\text{-}78)$$

$$\lambda(y \mid x) = \theta y^{\theta-1} \exp(\beta x) \qquad . \qquad (4\text{-}79)$$

Offensichtlich ist dieses Modell ein Spezialfall des Modells mit proportionaler Hazardrate, wobei die Grundhazardrate durch

$$\lambda_0(y) = \theta y^{\theta-1}$$

gegeben ist. Als Likelihoodfunktion erhalten wir

$$\mathcal{L} = \prod_{i=1}^{n} \left[\theta y_i^{\theta-1} \exp(\beta x_i)\right]^{\delta_i} \exp\{-y_i^\theta \exp(\beta x_i)\} \quad , \qquad (4-80)$$

und für die Loglikelihoodfunktion ergibt sich

$$L = \sum_i \left[\delta_i \log(\theta) + \delta_i(\theta-1)\log(y_i) + \delta_i \beta x_i - y_i^\theta \exp(\beta x_i)\right] \quad . \qquad (4-81)$$

Das Ergebnis ist für unzensierte Daten (alle $\delta_i = 1$) mit der Likelihoodfunktion in Abschnitt 4.3.4 identisch. Die Bestimmung der ersten und zweiten Ableitungen im Fall der Zensierung wird als Übungsaufgabe verlangt.

4.4.4 Ein Beispiel

Zur Illustration der Schätzung von Verweildauermodellen greifen wir auf eine Arbeit von Blossfeld, Hamerle und Mayer (1989) zurück.[230] Untersucht wird die *Verweildauer in einem bestimmten Beruf*. Als Datenbasis dient eine Lebensverlaufstudie des Max-Planck-Instituts in Berlin, in der 2171 männliche deutsche Personen aus den

---

[230]Den Verfassern sei für ihr Einverständnis gedankt, empirische Ergebnisse aus dieser Arbeit zitieren zu dürfen.

4.4 Hazardratenmodelle

Geburtsjahrgängen 1929-31, 1939-41 und 1949-51 befragt wurden. Zur Verfügung stehen Angaben über die Dauer, die eine Person in einem bestimmten Beruf verbracht hat. Soweit Personen in verschiedenen Berufen tätig waren, wurden die jeweiligen Verweildauern als eigenständige Beobachtungen interpretiert.[231] Rechtszensierungen traten bei denjenigen Personen auf, die zur Zeit der Befragung (noch) in einem bestimmten Beruf tätig waren. Als Einflußvariable wurden neben Dummyvariablen für die verschiedenen Jahrgangskohorten (KOHO1 für die mittlere, KOHO2 für die jüngste Kohorte), die Bildung (BLDG), der Familienstand (HEIRAT = 1 falls verheiratet, 0 sonst) sowie das Prestige (PREST) des jeweiligen Berufs berücksichtigt. Ferner wurden zwei Variable, die den Einfluß der bisherigen Berufstätigkeit ausdrücken, miteinbezogen: Neben der Anzahl der bis zur Befragung ausgeübten Berufe (BANZ) wurde auch die Berufserfahrung (BERF), gemessen durch die Dauer der Berufstätigkeit, berücksichtigt. Die Autoren betrachten das Modell der Exponentialverteilung[232]. Aus Tabelle 4.6 im Vergleich mit Anhang A.4 wissen wir, daß die Hazardrate für die Exponentialverteilung gleich κ, dem Kehrwert des Erwartungswertes, ist. Andererseits unterstellen wir in diesem Modell[233]

$$\kappa = \exp\left(\alpha + x_t'\beta\right) \qquad (4-82)$$

wobei x_t' der Vektor der Einflußvariablen und (α, β') der zu schätzende Parametervektor ist. Tabelle 4.7 gibt die Schätzergebnisse für diesen Parametervektor im Modell der Exponentialverteilung an. Die LR-Prüfmaße gehen von der Nullhypothese aus, daß die in x_t spezifizierten Variablen keinen Einfluß haben, d.h. $H_0 : \beta = 0$. Dabei bezeichnet FG die Anzahl der Freiheitsgrade.[234] Bei einer Irrtumswahrscheinlichkeit

---

[231]Wenn man eine Aussage über den Wechsel zu bzw. von einem bestimmten Beruf machen möchte, dann muß man zu Modellen mit mehreren Zuständen greifen, die im Englischen als "Competing Risk Models" bezeichnet werden. Siehe Blossfeld u.a. (1986), Abschnitt 3.4 .

[232]Abschnitt 1.3.3 beschreibt die ML-Schätzung für dieses Modells ohne Berücksichtigung zensierter Daten, Abschnitt 4.3.2 behandelt den allgemeineren Fall der Gammaverteilung und Abschnitt 4.4.1 gibt die Ergebnissse des Exponentialmodells für die Hazardratenformulierung an.

[233]Siehe Abschnitt 4.3.2 .

[234]Vergleiche dazu Abschnitt 1.3.4 .

von 5% ergeben sich die kritischen 12.59 bzw. 14.07. Demnach ist in beiden Fällen die genannte Nullhypothese abzulehnen.

Tabelle 4.7		
Schätzergebnisse für das Exponentialmodell		
Einflußvariable	Schätzwert für Modell	
	(A)	(B)
KONST	-4.338*	-4.283*
BILDG	0.013	0.025
PRES	-0.005*	-0.004*
BANZ	0.171*	0.173*
BERF	-0.009*	-0.007*
KOHO2	0.179*	0.159*
KOHO3	0.486*	0.415*
HEIRAT		-0.174*
LR	705.9	969.9
FG	6	7
Quelle: Blossfeld, Hamerle und Mayer (1989), S. 230.		

Die Schätzergebnisse lassen sich mittels (4-82) direkt als Beziehung zwischen der Hazardrate und den Einflußgrößen interpretieren. Aus Tabelle 4.7 ergibt sich, daß die Bildung und die Anzahl der bereits ausgeübten Berufe *positiv* und die Einflußvariablen Prestige und Berufserfahrung *negativ* auf die Rate des Berufswechsels einwirken, wobei allerdings die Bildung einen Schätzwert aufweist, der nicht signifikant von Null verschieden ist. Auch ist der Trend zum Berufswechsel im Laufe der Jahrzehnte angestiegen, was durch die positiven Koeffizienten für die beiden kohortenspezifischen Dummy-Variablen ausgedrückt wird. Modell (B) unterscheidet sich von Modell (A) durch die zusätzliche Berücksichtigung des Ehestands. Das negative Vorzeichen weist darauf hin, daß nach Heirat die Tendenz zum Berufswechsel sinkt.[235] Man kann die Schätzergebnisse auch bezüglich der erwarteten Verweildauer interpretieren, die, wie erwähnt, im Fall der Exponentialverteilung gleich dem Kehrwert der Hazardrate ist. Für die oben erwähnten Zusammenhänge bedeutet das eine Vertauschung der Vorzeichen: So wirkt sich beispielsweise die Anzahl bereits ausgeübter Berufe negativ und

---

[235] Diese Variable ist zeitabhängig. Die dabei zu berücksichtigenden Modifikationen der Schätzung sind in der genannten Arbeit beschrieben.

4.5 Panelanalyse und Heterogenität 189

das Prestige eines Berufs positiv auf die erwartete Verweildauer in einem bestimmten Beruf aus.

4.5 Panelanalyse und Heterogenität

4.5.1 Die Bedeutung von Paneldaten

Wenn für eine bestimmte Untersuchungseinheit in mehreren aufeinanderfolgenden Zeitpunkten Beobachtungen für dasselbe Merkmal vorliegen, dann spricht man von Paneldaten. In der Wirtschaftsforschung dominieren Befragungen, die sich ständig wiederholen (standardisiertes Befragungsprogramm). Neben den im Marketing üblichen Konsumenten- und Handelspanels[236] müssen hier vor allem die regelmäßigen Erhebungen des Ifo-Instituts, München, im Rahmen des "Konjunkturtests" (monatlich) und des "Investitionstests" (jährlich) genannt werden. Dagegen ist in der Sozialforschung die Anzahl der Erhebungen, die man dort auch als "Wellen" bezeichnet, eher gering. Gleichzeitig variiert das Befragungsprogramm teilweise von Erhebung zu Erhebung. Dies gilt zum Beispiel für das Sozioökonomische Panel[237]. Paneldaten haben gegenüber einer zeitlichen Folge von Querschnittsdaten den Vorteil, daß die dynamische Entwicklung korrekt beobachtet werden kann. So mag in mehreren aufeinanderfolgenden Erhebungen die Arbeitslosenquote jeweils 10% betragen. Dies Beobachtungsergebnis kann - in einem Extremfall - dadurch verursacht werden, daß in allen Erhebungen jeweils dieselben Personen arbeitslos sind. Das gleiche Ergebnis ist aber auch mit dem anderen Extremfall verträglich, daß in zehn aufeinanderfolgenden Monaten jeweils 10 nicht überlappende Teilmengen der beobachteten Gesamtheit ohne Beschäftigung sind. Im ersten Fall sind 10% der Gesamtheit dauernd beschäftigungslos, im zweiten Fall jede Teilmenge jeweils nur einen Monat. Erst wenn bei den einzelnen Untersuchungseinheiten, in diesem Fall den Erwerbstätigen,

---

[236]Siehe z.B. Rehorn (1978).
[237]Siehe Hanefeld (1987).

der Wechsel zwischen Beschäftigung und Arbeitslosigkeit beobachtet werden kann, bekommt man einen korrekten Eindruck von der "Betroffenheit" der einzelnen Personen. Diese Information vermitteln Paneldaten.

Im folgenden gehen wir davon aus, daß für eine abhängige Variable Y_{it} Beobachtungen vorliegen, die wir mit y_{it} bezeichnen. Dabei bezeichnet i die Untersuchungseinheit (Konsument, Firma etc.) und t den Erhebungszeitpunkt. Diese Daten können von stetigen Variablen, dichotomen bzw. polytomen Variablen, Zählvariablen oder auch gestutzten Variablen stammen. Daneben soll Information für K Einflußgrößen vorliegen, die im allgemeinen ebenfalls über die Zeitpunkte und die Untersuchungseinheiten variieren.[238] Die betreffenden Werte der Einflußvariablen bezeichnen wir mit x_{itk} und für den Vektor der Einflußgrößen schreiben wir

$$x'_{it} = (x_{it1}, x_{it2}, \ldots, x_{itK}) \quad .$$

Dabei soll dieser Vektor *kein* Einselement enthalten, sofern nichts anderes gesagt wird.

Oftmals lassen sich die individuenspezifischen Variablen, die typischerweise zeitkonstant sind, nicht erheben bzw. das Verhalten der Untersuchungseinheiten wird durch individuenspezifische Faktoren beeinflußt, die *nicht beobachtbar* sind. Man versucht, diese individuenspezifischen Effekte zu modellieren, um die "Heterogenität" zwischen den Individuen zu berücksichtigen. Dies soll im folgenden Abschnitt für das klassische lineare Regressionsmodell mit stetiger abhängiger Variable demonstriert werden. In weiteren Unterabschnitten beschäftigen wir uns dann mit entsprechenden Spezifikationen für qualitative und beschränkt abhängige Variable[239] sowie für Zähldaten.[240]

---

[238] Allerdings kann es auch sein, daß einzelne Merkmale zeitlich konstant sind. Man denke an die Schulbildung von (erwachsenen) Konsumenten und die Branchenzugehörigkeit von Firmen. Im folgenden werden wir diesen Fall nicht weiter berücksichtigen. Siehe aber die folgende Diskussion des Begriffs Heterogenität.

[239] Für diese beiden Modelltypen bietet Maddala (1987) einen guten Überblick für Panelmodelle. Die Darstellung in den betreffenden Abschnitten stützt sich teilweise auf diesen Artikel.

[240] Panelmodelle zur Analyse der Verweildauer sind weit komplexer und werden deshalb hier nicht behandelt. Siehe dazu beispielsweise Hamerle (1986).

4.5 Panelanalyse und Heterogenität

4.5.2 Lineare Modelle für Paneldaten

Ein lineares Modell für Paneldaten[241] ist durch

$$Y_{it} = x'_{it}\beta + u_{it}, \quad i = 1,\ldots,n, \ t = 1,\ldots,T \quad, \qquad (4-83)$$

gegeben, wobei $E(u_{it}) = 0$ und $Var(u_{it}) = \sigma^2$ für alle i und t gelten soll. Individuenspezifische Effekte kann man in diesem Ansatz dadurch berücksichtigen, daß man "Effekte" α_i hinzufügt.[242] Dann erhalten wir

$$Y_{it} = \alpha_i + x'_{it}\beta + u_{it}, \quad i = 1,\ldots,n, \ t = 1,\ldots,T \quad, \qquad (4-84)$$

wobei α_i ein unbekannter Parameter ist. Man spricht deshalb auch von einem linearen Modell mit *festen Effekten*. Man beachte, daß die Anzahl dieser Parameter mit dem Beobachtungsumfang n wächst, was beträchtliche Konsequenzen für die Schätzung hat, sofern T klein ist.

Allerdings kann man eine (konsistente[243]) Schätzung des Parametervektors β durch eine Umformulierung des Modells erhalten, die im Englischen als "differencing out"[244] bezeichnet wird. Dazu schreiben wir das Modell (4-84) in Matrixschreibweise:

$$y = D\alpha + X\beta + u \quad . \qquad (4-85)$$

Dabei sind y, X und D wie folgt definiert: [245]

$$y = \begin{pmatrix} y_1 \\ y_2 \\ \vdots \\ y_n \end{pmatrix} \quad \text{mit } y_i = \begin{pmatrix} Y_{i1} \\ Y_{i2} \\ \vdots \\ Y_{iT} \end{pmatrix}$$

---

[241] Die im folgenden betrachteten Modelle wurden Anfang der 70'er Jahre im Zusammenhang mit der "kombinierten Verwendung von Querschnitts- und Zeitreihendaten" entwickelt. Siehe z.B. Fomby u.a. (1984), Kap. 15 . Für neuere Entwicklungen siehe Hübler (1990).

[242] In der Regressormatrix werden diese Effekte zu Scheinvariablen (Dummy-Variablen). Siehe die Ausführungen zu Formel (4-85) weiter unten.

[243] Es wird die Konsistenz für großes T betrachtet. Siehe z.B. Chamberlain (1980) S. 225.

[244] Siehe Maddala (1987) S. 308.

[245] Siehe zum folgenden beispielsweise Fomby u.a. (1984) Kap. 15.3.1 oder Hübler (1990) Kap. 3.2.

$$X = \begin{pmatrix} X_1 \\ X_2 \\ \vdots \\ X_n \end{pmatrix} \quad \text{mit } X_i = \begin{pmatrix} x'_{i1} \\ x'_{i2} \\ \vdots \\ x'_{iT} \end{pmatrix}$$

$$D = I_n \otimes \iota \quad \text{mit } \iota = \begin{pmatrix} 1 \\ 1 \\ \vdots \\ 1 \end{pmatrix} \qquad (4\text{-}86)$$

Der Vektor u ist entsprechend y definiert. Der Vektor ι ist T-dimensional. Ferner enthält der Vektor α die T festen Effekte, d.h. $\alpha = (\alpha_1, \ldots, \alpha_T)'$. Man beachte, daß die Matrix X wegen der Vereinbarung im letzten Unterabschnitt bezüglich des Vektors x_{it} *keinen* Einsvektor enthält. Nach einer allgemeinen Formel[246] für die sogenannte "Teilschätzung" des Vektors β erhalten wir

$$\hat{\beta} = \left(X'(I_n \otimes (I_T - \frac{1}{T}\iota\iota'))X\right)^{-1} X'(I_n \otimes (I_T - \frac{1}{T}\iota\iota'))y \qquad (4-87)$$

Dabei wurde ausgenutzt, daß

$$\begin{aligned} I_{nT} - D(D'D)^{-1}D' &= I_n \otimes I_T - I_n \otimes \frac{1}{T}\iota\iota' \\ &= I_n \otimes (I_T - \frac{1}{T}\iota\iota') \end{aligned} \qquad (4\text{-}88)$$

gilt. Man nennt den Schätzer (4-87) in der englischen Literatur den "Within"-Schätzer.[247] Dieser Schätzer ist äquivalent mit dem Kleinquadrate-Schätzer des transformierten Modells[248]

$$[I_n \otimes (I_T - \frac{1}{T}\iota\iota')]y = [I_n \otimes (I_T - \frac{1}{T}\iota\iota')]X\beta + [I_n \otimes (I_T - \frac{1}{T}\iota\iota')]u \quad , \qquad (4-89)$$

---

[246]Für das lineare Modell

$$y = X\beta + u = X_1\beta_1 + X_2\beta_2 + u$$

ist die Kleinquadrate-Schätzung für den Teilvektor β_2 durch

$$\hat{\beta}_2 = (X'_2(I - X_1(X'_1X_1)^{-1}X'_1)X_2)^{-1}(X'_2(I - X_1(X'_1X_1)^{-1}X'_1)y$$

gegeben. Siehe z.B. Schönfeld (1969), Kap. 4.3.3.

[247]Siehe z.B. Hübler (1990), S. 69. Allgemeiner kann man auch vom Kleinquadrate-Schätzer eines Modells der Kovarianzanalyse sprechen. Siehe z.B. Schönfeld (1969), Kap. 3.6.

[248]Das Modell (4-85) wird von links mit der Matrix $I_{nT} - D(D'D)^{-1}D'$ multipliziert. Dabei ist $[I_{nT} - D(D'D)^{-1}D']D = 0$ zu beachten.

4.5 Panelanalyse und Heterogenität

oder – in ausführlicher Schreibweise[249] –

$$(y_{it} - \overline{y}_i) = (x_{it} - \overline{x}_i)'\beta + (u_{it} - \overline{u}_i) \quad . \qquad (4-90)$$

Dabei bezeichnet der Querstrich über den Variablen das arithmetrische Mittel bezüglich der T Beobachtungen für bestimmtes Individuum i. Für den Spezialfall von nur zwei Beobachtungsperioden, d.h. $T = 2$, läßt sich statt (4-90) auch schreiben:

$$(y_{i2} - y_{i1}) = (x_{i2} - x_{i1})'\beta + (u_{i2} - u_{i1}). \qquad (4-91)$$

Diese spezielle Form scheint Ausgangspunkt des oben erwähnten Begriffs "differencing out" zu sein.

Alternativ kann man *stochastische Effekte* unterstellen, indem man für die Störvariablen u_{it} in (4-83) folgende Struktur spezifiziert:

$$u_{it} = \alpha_i + \varepsilon_{it} \quad . \qquad (4-92)$$

Dabei gilt für die Zufallsvariablen α_i und ε_{it}: $E(\alpha_i) = E(u_{it}) = 0$, $Var(\alpha_i) = \sigma_\alpha^2$ und $Var(\varepsilon_{it}) = \sigma_\varepsilon^2$. Ferner sind alle α_i und ε_{it} miteinander unkorreliert, d.h. $E(\alpha_i \alpha_j) = 0$ und $E(\varepsilon_{it} \varepsilon_{js}) = 0$, falls $i \neq j$ oder $s \neq t$. Dann ergibt sich für die Gesamtvarianz von u_{it}:

$$\sigma^2 = \sigma_\alpha^2 + \sigma_\varepsilon^2 \quad . \qquad (4-93)$$

Man spricht deshalb auch von einem *Varianzkomponenten-Modell*. Als Kovarianz der Störvariablen u_{it} und u_{is} erhalten wir

$$Cov(u_{it}, u_{is}) = \sigma_\alpha^2, \qquad t \neq s \quad ,$$

d.h. die Beobachtungen für ein bestimmtes Individuum i sind über die Zeit hin korreliert. Für die Kovarianzmatrix des Vektors

$$u_i' = (u_{i1}, u_{i2}, \ldots, u_{iT})$$

---
[249]Siehe dazu auch Fomby (1984) S. 330.

erhalten wir deshalb die Matrix

$$E(u_i u_i') = \begin{pmatrix} \sigma^2 & \sigma_\alpha^2 & \cdots & \sigma_\alpha^2 \\ \sigma_\alpha^2 & \sigma^2 & \cdots & \sigma_\alpha^2 \\ \vdots & \vdots & \ddots & \vdots \\ \sigma_\alpha^2 & \sigma_\alpha^2 & \cdots & \sigma^2 \end{pmatrix}$$

$$= \sigma^2 \left[(1-\gamma) I + \gamma \iota \iota' \right] \quad , \tag{4-94}$$

wobei $\gamma = \sigma_\alpha^2/\sigma^2$, I die Einheitsmatrix und ι ein T-dimensionaler Vektor von Einsen ist.[250] Dagegen ist die Korrelation zwischen den Vektoren u_i und u_j Null, so daß sich für die Gesamt-Kovarianzmatrix eine blockdiagonale Matrix ergibt, deren Diagonalblöcke durch (4-94) gegeben sind. Mit Hilfe der Ergebnisse aus Anhang D.2, insbesondere (D-2), läßt sich der verallgemeinerte Kleinstquadrate-Schätzer für den Vektor β explizite hinschreiben.[251]

4.5.3 Ein Logit-Modell mit festen Effekten

In einem Konsumentenpanel werde untersucht, ob die einzelnen Haushalte ein Gut kaufen oder nicht, und wovon dies abhängt.[252] Als Beobachtungswerte für die abhängige Variable stehen uns also die y_{it} zur Verfügung, die entweder den Wert 1 oder 0 aufweisen. Zur Analyse des Einflusses des Vektors x_{it} können wir bei zusätzlicher Berücksichtigung von *festen* individuenspezifischen Effekten das folgende Logit-Modell verwenden:[253]

$$P(Y_{it} = 1) = \frac{1}{1 + \exp\left(-(\alpha_i + x_{it}'\beta)\right)} \quad . \tag{4-95}$$

---

[250]Die u_{it} sind also für beliebige Zeitpunkte t und s mit *konstantem* Korrelationskoeffizienten γ korreliert.

[251]Siehe z.B. Schönfeld (1969), S. 144-147.

[252]Wir beschränken uns in diesem und den folgenden Unterabschnitten auf den dichotomen Fall. Erweiterungen auf den Fall einer polytomen abhängigen Variablen sind möglich. Siehe Chamberlain (1980) S. 231.

[253]Im Fall eines multinomialen Modells, d.h. für polytome Variable Y_{it}, $Y_{it} \epsilon \{1, \ldots, r\}$ (siehe Abschnitt 2.1.3.) kann man die Effekte α auch sowohl über die Individuen als auch über die verschiedenen Kategorien variieren lassen. Siehe Chamberlain (1980) S. 231. Börsch-Supan und Pollakowski (1990) benutzen dieses Modell zur Schätzung der Nachfrage nach Wohnraum.

4.5 Panelanalyse und Heterogenität

Da β der eigentlich interessierende Parameter ist, suchen wir nach einer Möglichkeit, entsprechend der Differenzenbildung im linearen Modell eine Form zu finden, in der die α_i eliminiert sind. Denn die direkte Schätzung des Modells (4-95) führt bei kleinem T zu inkonsistenten Schätzern sowohl für die α_i als auch für den Vektor β.[254]

Wir präsentieren im folgenden eine Umformung des Modells, das die festen Effekte eliminiert; dies geschieht gewissermaßen wieder durch die Betrachtung von Differenzen bzw., genauer, durch die Betrachtung der Übergänge zwischen den beiden Zuständen der abhängigen Variablen. Wir beschränken uns dabei auf den Fall $T = 2$ und erläutern anschließend das Verfahren für beliebiges T. Für bestimmtes Individuum i gilt wegen der Unabhängigkeit der Y_{it}

$$P(Y_{i1} = 0, Y_{i2} = 0) = \frac{\exp(-(\alpha_i + x'_{i1}\beta))}{1 + \exp(-(\alpha_i + x'_{i1}\beta))} \frac{\exp(-(\alpha_i + x'_{i2}\beta))}{1 + \exp(-(\alpha_i + x'_{i2}\beta))}$$

$$P(Y_{i1} = 1, Y_{i2} = 0) = \frac{1}{1 + \exp(-(\alpha_i + x'_{i1}\beta))} \frac{\exp(-(\alpha_i + x'_{i2}\beta))}{1 + \exp(-(\alpha_i + x'_{i2}\beta))}$$

$$P(Y_{i1} = 0, Y_{i2} = 1) = \frac{\exp(-(\alpha_i + x'_{i1}\beta))}{1 + \exp(-(\alpha_i + x'_{i1}\beta))} \frac{1}{1 + \exp(-(\alpha_i + x'_{i2}\beta))}$$

$$P(Y_{i1} = 1, Y_{i2} = 1) = \frac{1}{1 + \exp(-(\alpha_i + x'_{i1}\beta))} \frac{1}{1 + \exp(-(\alpha_i + x'_{i2}\beta))} \quad (4\text{-}96)$$

Nun betrachten wir die bedingten Wahrscheinlichkeiten, gegeben $\{S = s\}$, wobei $S = Y_{i1} + Y_{i2}$ und $s \in \{0, 1, \ldots, T\}$, in unserem Fall also $s \in \{0, 1, 2\}$. Das Ereignis $\{S = 0\}$ bzw. $\{S = 2\}$ bedeutet, daß das Individuum in beiden Zeitpunkten in demselben Zustand verharrte. Für $\{S = 1\}$ hat es dagegen den Zustand gewechselt. Wegen der Unabhängigkeit der Y_{it} erhalten wir

$$P(S = 0) = P(Y_{i1} = 0, Y_{i2} = 0)$$

$$= \left[\frac{\exp(-(\alpha_i + x'_{i1}\beta))}{1 + \exp(-(\alpha_i + x'_{i1}\beta))}\right] \left[\frac{\exp(-(\alpha_i + x'_{i2}\beta))}{1 + \exp(-(\alpha_i + x'_{i2}\beta))}\right]$$

---

[254] Siehe z.B. Chamberlain (1984) S. 1275.

$$P(S=1) = P(\{Y_{i1}=0, Y_{i2}=1\} \vee \{Y_{i1}=1, Y_{i2}=0\})$$

$$= \left[\frac{\exp(-(\alpha_i + x'_{i1}\beta))}{1+\exp(-(\alpha_i + x'_{i1}\beta))}\right] \left[\frac{1}{1+\exp(-(\alpha_i + x'_{i2}\beta))}\right]$$

$$+ \left[\frac{1}{1+\exp(-(\alpha_i + x'_{i1}\beta))}\right] \left[\frac{\exp(-(\alpha_i + x'_{i2}\beta))}{1+\exp(-(\alpha_i + x'_{i2}\beta))}\right]$$

$$P(S=2) = P(Y_{i1}=1, Y_{i2}=1)$$

$$= \left[\frac{1}{1+\exp(-(\alpha_i + x'_{i1}\beta))}\right] \left[\frac{1}{1+\exp(-(\alpha_i + x'_{i2}\beta))}\right] \quad (4\text{-}97)$$

Demnach erhalten wir für die bedingten Wahrscheinlichkeiten

$$P(Y_{i1}=0, Y_{i2}=0 \mid S=0) = 1$$
$$P(Y_{i1}=1, Y_{i2}=0 \mid S=1) = \frac{1}{1+\exp((x'_{i2}-x'_{i1})\beta)}$$

$$P(Y_{i1}=0, Y_{i2}=1 \mid S=1) = \frac{1}{1+\exp(-(x'_{i2}-x'_{i1})\beta)}$$
$$P(Y_{i1}=1, Y_{i2}=1 \mid S=2) = 1 \quad (4\text{-}98)$$

Diese bedingten Wahrscheinlichkeiten enthalten also die Effekte α_i nicht mehr. Ferner zeigt (4-98), daß nur der Wert $s = 1$ für die Schätzung des Parametervektors β relevant ist, d.h. nur Personen, die den Zustand wechseln, werden in der Schätzung berücksichtigt. Die Teilmenge der betreffenden Beobachtungen bezeichnen wir mit W. Dann erhalten wir den geschätzten Parametervektor β aus der Maximierung der Likelihoodfunktion

$$\mathcal{L} = \prod_{i \in W} \pi_i^{y_i} (1-\pi_i)^{1-y_i} \quad , \quad (4-99)$$

wobei

$$\pi_i = \frac{1}{1+\exp(-(x'_{i2}-x'_{i1})\beta)} \quad (4-100)$$

und

$$y_i = \begin{cases} 1 & \text{falls } y_{i1}=0, y_{i2}=1 \\ 0 & \text{falls } y_{i1}=1, y_{i2}=0 \end{cases} \quad (4-101)$$

4.5 Panelanalyse und Heterogenität 197

Diese Likelihoodfunktion entspricht in ihrer Struktur der des binären Logit-Modells in Abschnitt 2.1.1 (siehe insbesondere (2-7)) und kann deshalb entsprechend geschätzt werden.

Für $T > 2$ müssen alle bedingten Wahrscheinlichkeiten für $1 \leq S \leq T - 1$ betrachtet werden.[255] Als unterschiedliche Beobachtungen sind jeweils die verschiedenen beobachteten Folgen von Nullen und Einsen für vorgegebenes s zu berücksichtigen. Für $T = 3$ sind beispielsweise für $s = 1$ die Folgen $(0,0,1)$, $(0,1,0)$ und $(0,0,1)$ sowie für $s = 2$ die Folgen $(0,1,1)$, $(1,0,1)$ und $(1,1,0)$ möglich. Die Formulierung der Wahrscheinlichkeiten wird also mit steigendem T immer komplexer. Gleichzeitig sinkt die Zahl der Fälle, in denen Untersuchungseinheiten während des gesamten Untersuchungszeitraums denselben Zustand aufweisen und deshalb bei der Schätzung unberücksichtigt bleiben.

Ein Mangel dieses Logit-Modells ist die unterstellte Unabhängigkeit der Beobachtungen über die Zeit. Im folgenden Unterabschnitt betrachten wir ein Probit-Modell, das zeitliche Korrelation zuläßt.

4.5.4 Ein Probit-Modell mit stochastischen Effekten

Wir nehmen an, daß im linearen Modell (4-83) an die Stelle der beobachteten stetigen abhängigen Variablen Y_{it} die latente Variable Y_{it}^* tritt, d.h.

$$Y_{it}^* = x_{it}'\beta + u_{it} \quad , \; i = 1,\ldots,n \, , \, t = 1,\ldots,T \; . \qquad (4-102)$$

Ferner soll für die Störvariablen u_{it} das Varianzkomponentenmodell (4-92) gelten, wobei wir jetzt zusätzlich Normalverteilung unterstellen, d.h.

$$\varepsilon_{it} \sim N(0, \sigma_\varepsilon^2) \quad , \quad \alpha_i \sim N(0, \sigma_\alpha^2) \; .$$

Dies impliziert, daß für festes t die Zufallsvariablen Y_{it}^* stochastisch unabhängig sind[256], dagegen sind sie für festes i über die Zeit hin korreliert mit Korrelations-

---

[255] Maddala (1987) illustriert den Fall $T = 3$.
[256] Bei Annahme der Normalverteilung sind Unabhängigkeit und Unkorreliertheit äquivalent.

koeffizient γ. Siehe dazu Unterabschnitt 4.5.2 . Diese Eigenschaft werden wir bei der Spezifikation der Likelihoodfunktion ausnutzen.

Für die beobachtete dichotome Zufallsvariable Y_{it} soll wieder das Schwellenwertmodell gelten, d.h.

$$Y_{it} = \begin{cases} 1 & \text{falls } Y_{it}^* > 0 \\ 0 & \text{falls } Y_{it}^* \leq 0 \end{cases} . \qquad (4-103)$$

Wir wollen nun die Likelihoodfunktion für dieses Modell formulieren. Als erstes bemerken wir, daß

$$Y_{it}^* \sim N\left(\alpha_i + x_{it}'\beta , \sigma_\varepsilon^2\right) \quad \text{für gegebenes } \alpha_i$$

gilt. Demnach erhalten wir als (bezüglich α_i bedingte) Wahrscheinlichkeit für die beobachtete dichotome Variable Y_{it}:

$$\begin{aligned} P\left(Y_{it} = 1 \mid \alpha_i\right) &= P\left(\left. \frac{Y_{it}^* - \alpha_i - x_{it}'\beta}{\sigma_\varepsilon} > \frac{-\alpha_i - x_{it}'\beta}{\sigma_\varepsilon} \right| \alpha_i\right) \\ &= \Phi\left(\frac{\alpha_i + x_{it}'\beta}{\sigma_\varepsilon}\right) \qquad (4\text{-}104) \end{aligned}$$

Ferner sind für *gegebenes* α_i die Zufallsvariablen Y_{it}^* voneinander unabhängig, weil die ε_{it} und damit auch die u_{it} voneinander unabhängig sind. Demnach können wir für beliebigen Beobachtungsbefund

$$y_{i1}, \ldots, y_{iT}$$

des Individuums i schreiben:

$$P(Y_{i1} = y_{i1}, \ldots, Y_{iT} = y_{iT} | \alpha_i) = \prod_{t=1}^{T} \Phi_{it}^{y_{it}} (1 - \Phi_{it})^{1-y_{it}} , \qquad (4-105)$$

wobei Φ_{it} die in (4-104) gegebene bedingte Wahrscheinlichkeit ist. Gemäß Annahme hat die Zufallsvariable α_i die Dichtefunktion

$$h(\alpha_i) = \frac{1}{\sigma_\alpha \sqrt{2\pi}} \exp\left(-\frac{\alpha_i^2}{2\sigma_\alpha^2}\right) .$$

4.5 Panelanalyse und Heterogenität

Multipliziert man (4-105) mit dieser Randdichte und integriert dann bezüglich α_i, erhält man

$$P(Y_{i1} = y_{i1}, \ldots, Y_{iT} = y_{iT}) = \int_{-\infty}^{\infty} \prod_{t=1}^{T} \Phi_{it}^{y_{it}} (1 - \Phi_{it})^{1-y_{it}} \, h(\alpha_i) \, d\alpha_i \;.$$

Schließlich nutzen wir die in Abschnitt 4.5.2 bemerkte (und oben nochmals erwähnte) Tatsache aus, daß die Zufallsvektoren

$$(Y_{i1}^*, Y_{i2}^*, \ldots, Y_{iT}^*)$$

für verschiedene Individuen i stochastisch voneinander unabhängig sind. Dies führt zu der folgenden Likelihoodfunktion:

$$\mathcal{L} = \prod_{i=1}^{n} \left\{ \int_{-\infty}^{\infty} \prod_{t=1}^{T} [\Phi_{it}]^{y_{it}} [1 - \Phi_{it}]^{1-y_{it}} \frac{1}{\sigma_\alpha \sqrt{2\pi}} \exp\left(-\frac{\alpha_i^2}{2\sigma_\alpha^2}\right) d\alpha_i \right\} \;. \quad (4-106)$$

Bei Verwendung der Normierung $\sigma_\epsilon = 1$ sind der Vektor β und die Varianz σ_α^2 durch Maximierung dieser Funktion zu bestimmen. Trotz der zeitlichen Korrelation ist dafür neben den eindimensionalen Verteilungsfunktionen der Normalverteilung "nur" das Integral bezüglich α_i zu berechnen.[257]

Das präsentierte Modell weist zwar zeitliche Korrelation auf, doch ist diese Korrelation über die Zeit hin konstant[258]. Da üblicherweise mit steigendem zeitlichen Abstand eine sinkende Korrelation unterstellt wird[259], ist die hier wie auch im linearen Panelmodell verwendete Spezifikation vor allem bei *großem* T unbefriedigend. Andererseits ergeben sich weit komplexere Ausdrücke für die Likelihoodfunktion, wenn die Annahme der konstanten zeitlichen Korrelation verlassen wird.[260] In der Literatur wird auch immer wieder darauf hingewiesen, daß die stochastischen Effekte α_i nicht notwendigerweise unabhängig von den Einflußvariablen im Vektor x_{it} verteilt sein müssen, wie dies in dem Varianzkomponentenmodell unterstellt wird. Im linearen Modell ergeben sich bei Verletzung dieser Annahme bekanntlich verzerrte und

---
[257]Das Modell wurde zuerst von Heckman und Willis (1976) benutzt. Butler und Moffitt (1982) geben effiziente numerische Algorithmen für dieses Modell an.

[258]Der Korrelationskoeffizient für beliebige Zeitpunkte ist γ - siehe Abschnitt 4.5.2 .

[259]Siehe z.B. Schönfeld (1969), Kap. 5.5 .

[260]Siehe Maddala (1987), S. 319 .

inkonsistente Schätzer.[261] Auch im Probit-Modell ergeben sich dann inkonsistente Schätzer.[262] Da dieses Problem in Modellen mit *festen* Effekten nicht auftaucht, sollte man, falls möglich, die Ergebnisse des im vorigen Unterabschnitt beschriebenen Logit-Modells zum Vergleich heranziehen.

4.5.5 Ein Tobit-Modell mit stochastischen Effekten

Angenommen, es wird in einem Konsumentenpanel der Konsum eines dauerhaften Konsumguts (Fernseher, Kühlschrank etc.) erhoben. Zur Analyse dieser Paneldaten benötigen wir ein entsprechendes Tobit-Modell. Für die latenten Variablen Y_{it}^* unterstellen wir wieder das lineare Modell (4-102) sowie das Varianzkomponentenmodell (4-92). Statt (4-103) gilt jetzt für die beobachtbaren Variablen Y_{it}:

$$Y_{it} = \begin{cases} Y_{it}^* & \text{falls} \quad Y_{it}^* > 0 \\ 0 & \text{falls} \quad Y_{it}^* \leq 0 \end{cases} \quad . \qquad (4-107)$$

Für die einzelnen Konsumenten liegen jeweils T Beobachtungen vor. Wir bezeichnen die Menge der Zeitpunkte, für die "Null-Konsum" bei Individuum i beobachtet wurde, mit N_i und die (dazu komplementäre) Menge der Zeitpunkte, in denen für i ein Kauf beobachtet wurde, mit K_i. Die Ausgaben für das dauerhafte Konsumgut bezeichnen wir mit y_{it}. Dann erhalten wir die folgende Likelihoodfunktion:[263]

$$\mathcal{L} = \prod_{i=1}^{n} \left\{ \int_{-\infty}^{\infty} \left[\prod_{t \in N_i} \Phi_{it} \prod_{t \in K_i} \varphi_{it} \; \frac{1}{\sigma_\alpha \sqrt{2\pi}} \exp\left(-\frac{\alpha_i^2}{2\sigma_\alpha^2}\right) \right] d\alpha_i \right\} \quad , \qquad (4-108)$$

Dabei sind φ_{it} und Φ_{it} die (bezüglich α_i bedingte) Dichte bzw. Verteilungsfunktion, d.h.

$$\varphi_{it} = \frac{1}{\sigma_\varepsilon \sqrt{2\pi}} \exp\left\{-\frac{1}{2\sigma_\varepsilon^2}(y_{it} - \alpha_i - x_{it}'\beta)^2\right\} \qquad (4-109)$$

---

[261]Siehe z.B. Fomby u.a. (1984), S. 413 .

[262]Siehe Maddala (1987), S. 322, und die dort genannte Literatur, in der auch ein Test bezüglich der Unabhängigkeit beschrieben wird.

[263]Die detaillierte Ableitung, die den Ausführungen für das Probit-Modell weitgehend entspricht, wird als Übungsaufgabe verlangt.

4.5   Panelanalyse und Heterogenität   201

und

$$\Phi_{it} = P\left(\frac{Y_{it}^* - \alpha_i - x_{it}'\beta}{\sigma_\varepsilon} \leq \frac{-\alpha_i - x_{it}'\beta}{\sigma_\varepsilon}\bigg|\alpha_i\right)$$

$$= \Phi\left(\frac{-(\alpha_i + x_{it}'\beta)}{\sigma_\varepsilon}\right) \tag{4-110}$$

Im Gegensatz zum Probit-Modell kann für dieses Modell neben β und σ_α^2 auch σ_ε^2 geschätzt werden. Dies folgt aus (4-109): Wegen der unterschiedlichen Werte für y_{it} bei den Käufern ist neben β und σ_α^2 auch σ_ε^2 identifiziert.

4.5.6   Panelmodelle für Zähldaten

Angenommen, ein Wirtschaftsforschungsinstitut beobachte die Innovationstätigkeit für ein Panel von n Firmen über T Jahre. y_{it} sei die Anzahl der Innovationen (Patente) der Firma i im Jahr t. Wenn wir für diese Variable die Poissonverteilung unterstellen, dann erhalten wir

$$P(Y_{it} = y_{it}) = \frac{e^{-\lambda}\lambda^{y_{it}}}{y_{it}!} \quad \text{mit} \quad \begin{cases} y_{it} = 0, 1, 2, \ldots \\ i = 1, \ldots, n \\ t = 1, \ldots, T \end{cases}. \tag{4-111}$$

Den Einfluß des Vektors x_{it} sowie der firmenspezifischen Effekte α_i modellieren wir entsprechend (4-13) durch

$$\lambda(x_{it}, \alpha_i) = \exp(\alpha_i + x_{it}'\beta) \tag{4-112}$$

und erhalten als Wahrscheinlichkeiten

$$P(Y_{it} = y_{it} \mid x_{it}, \alpha_i) = \frac{\exp(-\exp(\alpha_i + x_{it}'\beta))\exp(\alpha_i + x_{it}'\beta)^{y_{it}}}{y_{it}!}. \tag{4-113}$$

Wir werden nun zwei verschiedene stochastische Spezifikationen betrachten. Die erste, die wir als "Negativ-Binomial-Panelmodell" bezeichnen, geht davon aus, daß die Y_{it} über die Zeit hin stochastisch voneinander unabhängig sind. Dagegen unterstellt die zweite Spezifikation, die wir als "Poissonmodell mit stochastischen Effekten" bezeichnen, daß die Y_{it} nur *für gegebenes* α_i stochastisch voneinander unabhängig sind.

Dies erzeugt eine *zeitliche Korrelation*, die allerdings genau wie in den vorangegangenen Unterabschnitten für beliebige Zeitpunkte konstant ist.

In beiden Fällen nehmen wir an, daß α_i eine Zufallsvariable, d.h. ein stochastischer Effekt ist, und unterstellen, daß $\varepsilon_i = \exp(\alpha_i)$ gemäß (4-11) gamma-verteilt ist mit Erwartungswert 1. Im ersten Fall berechnen wir die (bezüglich α_i *unbedingten*) *Rand*-Wahrscheinlichkeiten durch Anwendung der Mischverteilung[264] auf die bedingten Wahrscheinlichkeiten (4-113). Die aus (4-10) und (4-12) resultierenden Wahrscheinlichkeiten folgen der Negativen Binomialverteilung:

$$P(Y_{it} = y_{it} \mid x_{it}) = \frac{\Gamma(\theta + y_{it})}{\Gamma(\theta)\, y_{it}!} \left(\frac{\theta}{\bar{\lambda}_{it} + \theta}\right)^{\theta} \left(\frac{\bar{\lambda}_{it}}{\bar{\lambda}_{it} + \theta}\right)^{y_{it}}, \qquad (4-114)$$

wobei

$$\bar{\lambda}_{it} = \exp(x'_{it}\beta) \qquad (4-115)$$

der Erwartungswert von Y_{it} ist. Siehe Anhang A.11. Die Schätzung des Parametervektors β erfolgt dann durch Maximierung der Likelihoodfunktion

$$\begin{aligned}\mathcal{L} &= \prod_{t=1}^{T} \prod_{i=1}^{n} P(Y_{it} = y_{it} \mid x_{it}) \\ &= \prod_{t=1}^{T} \prod_{i=1}^{n} \frac{\Gamma(\theta + y_{it})}{\Gamma(\theta)\, y_{it}!} \left(\frac{\theta}{\bar{\lambda}_{it} + \theta}\right)^{\theta} \left(\frac{\bar{\lambda}_{it}}{\bar{\lambda}_{it} + \theta}\right)^{y_{it}}.\end{aligned} \qquad (4\text{-}116)$$

Wir bezeichnen (4-116) als Likelihoodfunktion des *Negativ-Binomial-Panelmodells*[265].

In der zweiten Spezifikation unterstellen wir nun, daß die Zufallsvariablen

$$Y_{i1},\, Y_{i2},\, \ldots,\, Y_{iT}$$

für gegebenes α_i voneinander unabhängig sind. Aus (4-113) ergibt sich dann

$$P(Y_{i1} = y_{i1},\, \ldots,\, Y_{iT} = y_{iT} \mid \alpha_i,\, x_{it})$$

$$= \prod_{t=1}^{T} \frac{\exp(-\exp(\alpha_i + x'_{it}\beta))\, \exp(\alpha_i + x'_{it}\beta)^{y_{it}}}{y_{it}!}$$

---

[264] Siehe Abschnitt 4.2.2.

[265] Siehe auch Hausman u.a. (1984), S. 922.

4.5 Panelanalyse und Heterogenität

$$= \left[\prod_{t=1}^{T} \frac{\bar{\lambda}_{it}^{y_{it}}}{y_{it}!}\right] \exp\left(-\exp\left(\alpha_i \sum_t \lambda_{it}\right)\right) \exp\left(\alpha_i \sum_t y_{it}\right) \quad (4\text{-}117)$$

Wenn wir $\exp(\alpha_i)$ durch ε_i ersetzen, dann können wir diese Wahrscheinlichkeit auch wie folgt schreiben:

$$P(Y_{i1} = y_{i1}, \ldots, Y_{iT} = y_{iT} \mid \alpha_i, x_{it}) = \left[\prod_{t=1}^{T} \frac{\bar{\lambda}_{it}^{y_{it}}}{y_{it}!}\right] \exp\left(-\varepsilon_i \sum_t \lambda_{it}\right) \varepsilon_i^{\sum_t y_{it}}$$
$$(4-118)$$

Wenn wir auf diese gemeinsame, bezüglich α_i bedingte Wahrscheinlichkeit die Mischverteilung (4-10) anwenden, dann ergibt sich (Beweis als Übungsaufgabe) folgende gemeinsame, bezüglich α_i unbedingte Wahrscheinlichkeit:

$$P(Y_{i1} = y_{i1}, \ldots, Y_{iT} = y_{iT})$$
$$= \left[\prod_{t=1}^{T} \frac{\bar{\lambda}_{it}^{y_{it}}}{y_{it}!}\right] \frac{\Gamma(\theta + \sum_t y_{it})}{\Gamma(\theta)} \left(\frac{\theta}{\theta + \sum_t \bar{\lambda}_{it}}\right)^\theta \left(\frac{1}{\theta + \sum_t \bar{\lambda}_{it}}\right)^{\sum_t y_{it}} \quad (4\text{-}119)$$

Daraus ergibt sich die Likelihoodfunktion als Produkt der Wahrscheinlichkeiten (4-119) über alle Individuen, d.h.

$$\mathcal{L} = \prod_{i=1}^{n} \left\{\left[\prod_{t=1}^{T} \frac{\bar{\lambda}_{it}^{y_{it}}}{y_{it}!}\right] \frac{\Gamma(\theta + \sum_t y_{it})}{\Gamma(\theta)} \left(\frac{\theta}{\theta + \sum_t \bar{\lambda}_{it}}\right)^\theta \left(\frac{1}{\theta + \sum_t \bar{\lambda}_{it}}\right)^{\sum_t y_{it}}\right\}$$
$$(4-120)$$

Wir bezeichnen (4-120) als die Likelihoodfunktion des *Poissonmodells mit stochastischen Effekten*.[266] Im Gegensatz zu (4-116) läßt sich diese Likelihoodfunktion nicht bezüglich der Zeitpunkte faktorisieren. Dies weist auf die zeitliche Korrelation für die einzelnen Individuen hin.

4.5.7 Ein Spezifikationstest auf Heterogenität

Im Probit- und Tobit-Modell (Abschnitte 4.5.4 und 4.5.5) läßt sich die Frage, ob Heterogenität berücksichtigt werden muß, durch Überprüfung der Nullhypothese

$$\sigma_\alpha^2 = 0 \quad (4-121)$$

---
[266]Siehe auch Hausman u.a. (1984), S. 916/917.

testen. Dabei empfiehlt es sich, den Lagrange-Multiplikatoren-Test (Score-Test) zu verwenden, der in diesem Fall die Schätzung des Standard-Probit-Modells bzw. des Standard-Tobit-Modells verlangt. Für die Konstruktion der Teststatistik sind allerdings zumindest erste Ableitungen der Likelihoodfunktionen (4-106) und (4-108) zu bestimmen.

Im Fall des Poissonmodells mit stochastischen Effekten (Abschnitt 4.5.6) wurde von Hamerle (1990) ein Test auf Heterogenität vorgeschlagen.[267] Die Prüfstatistik lautet

$$U = \frac{1}{2} \sum_{i=1}^{n} \left[\left(\sum_{t} (Y_{it} - \hat{\lambda}_{it}) \right)^2 - \sum_{t} \hat{\lambda}_{it} \right] , \qquad (4-122)$$

wobei $\hat{\lambda}_{it} = \exp(x'_{it} \hat{\beta})$ und $\hat{\beta}$ der ML-Schätzer des Poissonmodells *ohne* Berücksichtigung individuenspezifischer Effekte ist.[268] Als Varianz der Prüfstatistik verwendet man

$$\sigma_U^2 = \frac{1}{4} \sum_{i=1}^{n} (S_i - \overline{S})^2 , \qquad (4-123)$$

wobei

$$S_i = \left(\sum_{t} (Y_{it} - \hat{\lambda}_{it}) \right)^2 - \sum_{t} \hat{\lambda}_{it} \qquad (4-124)$$

und $\overline{S} = \sum_i S_i / n$ gilt. Unter der Nullhypothese "Keine Heterogenität ($\sigma_\alpha^2 = 0$)" ist U/σ_u asymptotisch standardnormalverteilt. Da σ_α^2 ein nichtnegativer Parameter ist, sollte ein *einseitiger* Test benutzt werden.

4.6 Dynamische Modelle und Zustandsabhängigkeit

4.6.1 Allgemeine Bemerkungen

Im gesamten Buch wurde bisher die Spezifikation von "verzögerten abhängigen" Variablen als Einflußgrößen vernachlässigt. In der "klassischen" Ökonometrie will man

---

[267]Auch dieser Test basiert auf dem Konstruktionsprinzip des Lagrange-Multiplikatoren-Tests.
[268]Die Likelihoodfunktion für dieses Modell ergibt sich aus dem Produkt der Wahrscheinlichkeiten in (4-111) über alle t und i.

4.6 Dynamische Modelle und Zustandsabhängigkeit

damit Anpassungsvorgänge modellieren. So hängt beispielsweise der Konsum in der Periode t teilweise auch vom Konsum der Vorperiode $t-1$ ab. Die neuere Zeitreihenanalyse und vor allem die Theorie kointegrierter Prozesse hat der Modellierung von dynamischen ökonometrischen Modellen mit *stetigen* abhängigen Variablen in den letzten Jahren fruchtbare Anstöße gegeben.[269] Dagegen ist für qualitative und begrenzt abhängige Variable die Analyse dynamischer Modelle noch Gegenstand intensiver Grundlagenforschung. Denn neben dem Ziel einer adäquaten Spezifikation steht in den mikroökonometrischen Modellen stets die Forderung nach der Handhabbarkeit dieser Modelle, der vor allem durch numerische Restriktionen Grenzen gesetzt sind. Als Illustration verweisen wir nochmals auf das in Abschnitt 4.5 behandelte Varianzkomponentenmodell, dessen Schätzung im linearen Modell seit Jahrzehnten eine Standard-Übungsaufgabe der einführenden Ökonometrie ist und dessen Programmierung, beispielsweise mit GAUSS, heute unproblematisch ist. Dagegen ist es erst in den letzten fünf Jahren gelungen, zufriedenstellende Algorithmen für die entsprechenden Probit- und Tobit-Modelle zu entwickeln. Siehe dazu die Abschnitte 4.5.4 und 4.5.5 . Wir werden deshalb nur die wichtigsten Aspekte der Modellierung von dynamischen mikroökonometrischen Modellen am Beispiel eines dynamischen Probit-Modells erläutern. Zuvor sollen jedoch einige wichtige Begriffe am linearen Modell für stetige abhängige Variable illustriert werden.[270]

4.6.2 Autokorrelation und Zustandsabhängigkeit

Wir betrachten nochmals das lineare Modell (4-83) für Paneldaten, allerdings ersetzen wir jetzt den Vektor x_{it} durch die verzögerte abhängige Variable $Y_{i,t-1}$ sowie durch die Variablen x_{it} und $x_{i,t-1}$. Dann lautet das Modell wie folgt:

$$Y_{it} = \gamma Y_{i,t-1} + \beta_1 x_{it} + \beta_2 x_{i,t-1} + u_{it}, \quad i=1,\ldots,n, \; t=1,\ldots,T \quad . \qquad (4-125)$$

---

[269]Siehe z.B.Wolters (1990).

[270]Die folgenden beiden Unterabschnitte orientieren sich weitgehend an Maddala (1987).

Diesem Modell stellen wir ein lineares Modell gegenüber, in dem nur die Einflußvariable x_{it} eine Rolle spielt und in dem zusätzlich die Störterme autokorreliert sind:

$$Y_{it} = \delta\, x_{it} + \varepsilon_{it}$$
$$\varepsilon_{it} = \varrho\, \varepsilon_{i,t-1} + u_{it} \quad , i = 1,\ldots,n\, ,\, t = 1,\ldots,T \quad . \qquad (4\text{-}126)$$

Wenn wir von Y_{it}

$$\varrho\, Y_{i,t-1} = \varrho\, \delta\, x_{i,t-1} + \varrho\, \varepsilon_{i,t-1}$$

abziehen, erhalten wir

$$Y_{it} = \varrho\, Y_{i,t-1} + \delta\, x_{it} - \varrho\, \delta\, x_{i,t-1} + u_{it} \quad . \qquad (4-127)$$

Also läßt sich auch (4-126) als Modell mit einer verzögerten abhängigen Variablen als Einflußgröße schreiben. Man bezeichnet die direkte Modellierung der verzögerten abhängigen Variablen in (4-125) als *Zustandsabhängigkeit*[271], während man (4-126) bzw. (4-127) als *Autokorrelationsmodell* bezeichnet. Auch dieses zweite Modell weist Zustandsabhängigkeit in Form der verzögerten abhängigen Variablen auf. Die beiden Modelle sind äquivalent, wenn die Restriktion

$$\beta_2 + \gamma\, \beta_1 = 0 \qquad (4-128)$$

gilt.[272] Schätzt man das Modell (4-125) und kann die Nullhypothese der Restriktion (4-128), die ein Autokorrelationsmodell impliziert, verwerfen, dann spricht man auch von *wahrer* Zustandsabhängigkeit. Denn im Modell (4-125) ist der Einfluß der verzögerten abhängigen Variablen *direkt* modelliert, während dieser Einfluß im Modell (4-126) durch die Autokorrelation der Residuen "erzeugt" wird.

Bei der Schätzung von dynamischen Modellen sind insbesondere für kleines T auch die Annahmen über die sogenannten "Anfangswerte" im Zeitpunkt $t = 0$ zu

---

[271] englisch: state dependence.
[272] Aus dem Vergleich der Koeffizienten in (4-125) und (4-127) ergibt sich $\gamma = \varrho$, $\beta_1 = \delta$, $\beta_2 = -\varrho\delta$. Einsetzen der beiden ersten Gleichungen in die dritte ergibt die genannte Restriktion.

4.6 Dynamische Modelle und Zustandsabhängigkeit 207

beachten.[273] Ganz grob läßt sich sagen, daß die Annahme *fester* Anfangswerte restriktiver ist als die Annahme *stochastischer Anfangsbedingungen*. Der folgende Unterabschnitt illustriert dies am Beispiel des Probit-Modells.

4.6.3 Ein dynamisches Probit-Modell

Wir haben bereits in den Abschnitten 2.8 und 3.5 im Zusammenhang mit simultanen Probit- und Tobit-Modellen darauf hingewiesen, daß man sowohl die latente Variable Y_{it}^* als auch die beobachtbare Variable Y_{it} als Einflußgröße spezifizieren kann. Dies gilt natürlich auch für die verzögerten abhängigen Variablen. So kann man das Modell

$$Y_{it}^* = \gamma Y_{i,t-1}^* + x_{it}'\beta + u_{it}, \quad i = 1,\ldots,n, \ t = 1,\ldots,T \qquad (4-129)$$

mit der verzögerten *latenten* Variable als Einflußgröße betrachten. Maddala (1987, S. 332) nennt dieses Modell das *verzögerte Indexmodell*. Es läßt sich aber auch die *beobachtete* Variable $Y_{i,t-1}$ verwenden. Dies führt zu dem Modell

$$Y_{it}^* = \gamma Y_{i,t-1} + x_{it}'\beta + u_{it}, \quad i = 1,\ldots,n, \ t = 1,\ldots,T \quad , \qquad (4-130)$$

wobei Y_{it} eine dichotome Variable[274] ist, die durch (4-103) mit der latenten Variablen Y_{it}^* verbunden ist, die ihrerseits durch (4-130) bestimmt wird.

Im folgenden soll für die zweite Spezifikation die Schätzung der Parameter kurz beschrieben werden. Dabei gehen wir wieder davon aus, daß die u_{it} unabhängig und identisch normalverteilt sind mit konstanter Varianz $\sigma^2 = 1$.[275] Es wird also keine Heterogenität berücksichtigt. Dann erhalten wir für die Wahrscheinlichkeit der dichotomen Variablen

$$\begin{aligned} & P(Y_{it} = 1 \mid Y_{i,t-1} = y_{i,t-1}, x_{it}) \\ = \ & P(Y_{it}^* - \gamma y_{i,t-1} - x_{it}'\beta > -\gamma y_{i,t-1} - x_{it}'\beta \mid x_{it}, y_{i,t-1}) \\ = \ & \Phi(\gamma y_{i,t-1} + x_{it}'\beta) \quad . \end{aligned} \qquad (4\text{-}131)$$

---

[273] Siehe z.B. Schönfeld (1971), S. 34 .

[274] Statt dessen könnte man auch eine gestutzte Variable betrachten.

[275] Diese Restriktion entspricht der Normierung im Probit-Modell für Querschnittsdaten.

Insbesondere erhalten wir für den Zeitpunkt $t = 1$:

$$P(Y_{i1} = 1 \mid Y_{i0} = y_{i0}, x_{i0}) = \Phi(\gamma y_{i,0} + x'_{i1}\beta) \quad . \qquad (4-132)$$

Allerdings ist der Wert von y_{i0} unbekannt. Wir könnten dies vernachlässigen und die unbekannten Parameter γ und β aus der Likelihoodfunktion

$$\mathcal{L} = \prod_{t=2}^{T} \prod_{i=1}^{n} \Phi_{it}^{y_{it}} (1 - \Phi_{it})^{1-y_{it}} \quad , \qquad (4-133)$$

schätzen, wobei Φ_{it} die in (4-131) gegebene Wahrscheinlichkeit ist. Besser ist es jedoch, y_{i0} als Realisation der Zufallsvariablen Y_{i0} aufzufassen, d.h. von stochastischen Anfangsbedingungen auszugehen. Sofern keine Informationen über den datenerzeugenden Prozeß für Y_{i0} vorliegen, empfiehlt es sich[276], die Wahrscheinlichkeit für $\{Y_{i0} = y_{i0}\}$ als

$$P(Y_{i0} = 1) = \Phi(z'_{i0}\delta) \qquad (4-134)$$

zu spezifizieren, wobei z_{i0} ein H-dimensionale Vektor von Einflußvariablen und δ ein H-dimensionaler zu schätzender Parametervektor ist. Wir betrachten statt (4-133) nun die Likelihoodfunktion

$$\mathcal{L} = \prod_{i=1}^{n} \left\{ \Phi_{i0}^{y_{i0}} (1 - \Phi_{i0})^{1-y_{i0}} \prod_{t=2}^{T} \Phi_{it}^{y_{it}} (1 - \Phi_{it})^{1-y_{it}} \right\} \quad , \qquad (4-135)$$

wobei Φ_{i0} durch (4-134) gegeben ist. Für großes n ergibt sich eine (konsistente) Schätzung für den Parametervektor β durch simultane Maximierung der Likelihoodfunktion bezüglich β und δ.[277]

Wir haben im Abschnitt 4.5 gesehen, daß die individuenspezifischen Effekte zu Autokorrelation der Residuen führen. Ferner haben wir in Unterabschnitt 4.6.2 gesehen, daß autokorrelierte Residuen ebenfalls zu Zustandsabhängigkeit führen. Es ist deshalb wichtig, in einem dynamischen Panelmodel auch die individuenspezifischen Effekte zu berücksichtigen und durch Tests zu überprüfen, ob "wahre" Zustandsabhängigkeit oder nur einfach Autokorrelation vorliegt. Ein relativ einfaches

---

[276]Heckman (1981, S. 188) macht diesen Vorschlag im Rahmen eines etwas allgemeineren Modells, in dem auch Heterogenität berücksichtigt wird. Siehe auch Amemiya (1985) S. 352.

[277]Heckman (1981), S. 189 .

4.6 Dynamische Modelle und Zustandsabhängigkeit

Verfahren besteht darin, *verzögerte* Werte der *exogenen* Variablen in die Probitspezifikation aufzunehmen. Wenn die betreffenden Koeffizienten signifikant von Null verschieden sind, so spricht das für (wahre) Zustandsabhängigkeit.[278]

---

[278]Siehe dazu Maddala (1987). Siehe auch Abschnitt 4.6.2 .

4.7 Übungsaufgaben

Abschnitt 4.2

4.7.1 Aufgabe 1

X sei poissonverteilt mit Parameter λ, wobei X die Zahl der Ereignisse pro Tag messen soll. Zeigen Sie, daß sich wiederum eine Poissonverteilung ergibt, wenn man die Zahl der Ereignisse pro *Woche* mißt.

4.7.2 Aufgabe 2

Beweisen Sie (4-5)

a) im Fall der geometrischen Verteilung,

b) im Fall der Poissonverteilung.

4.7.3 Aufgabe 3

Formulieren Sie die Likelihoodfunktion für das Modell der Negativen Binomialverteilung unter der Spezifikation (4-20). Bestimmen Sie die ersten und zweiten Ableitungen der Loglikelihoodfunktion.

4.7.4 Aufgabe 4

Spezifizieren Sie die Likelihoodfunktion für das Modell der Negativen Binomialverteilung unter der Spezifikation (4-19) mit der zusätzlichen Restriktion $\theta = 1$. Bestimmen Sie die ersten und zweiten Ableitungen der Loglikelihoodfunktion und zeigen Sie deren Konkavität.

4.7 Übungsaufgaben

Abschnitt 4.3

4.7.5 Aufgabe 5

Bestimmen Sie die Maximum-Likelihood-Schätzer für α, β und σ^2 im Modell der logarithmischen Normalverteilung.

4.7.6 Aufgabe 6

Gegeben sei eine Zufallsvariable Y, deren Verteilung durch den Parametervektor θ bestimmt ist. Es sei $\hat{\theta}$ die ML-Schätzung auf Basis der Stichprobeninformation $(y_1, \ldots, y_n)$. Zeigen Sie, daß sich der identische ML-Schätzwert ergibt, wenn die Zufallsvariable $Z = \log(Y)$ mit der Stichprobeninformation $(z_1, \ldots, z_n)$ betrachtet wird, wobei für Z die durch Y implizierte Verteilung unterstellt wird.

4.7.7 Aufgabe 7

Bestimmen Sie Erwartungswert und Varianz der extremwertverteilten Zufallsvariablen Z aus deren Dichtefunktion (4-58).

Abschnitt 4.4

4.7.8 Aufgabe 8

Verifizieren Sie den in (4-66) und (4-67) genannten Zusammenhang zwischen Überlebensfunktion und kumulierter Hazardrate.

4.7.9 Aufgabe 9

Skizzieren Sie die Schätzung des Parameters β im Modell der proportionalen Hazardrate von Cox.

4.7.10 Aufgabe 10

Geben Sie erste und zweite Ableitungen für die Loglikelihoodfunktion im Weibull-Hazardratenmodell im Fall der Zensierung an.

Abschnitt 4.5

4.7.11 Aufgabe 11

Leiten Sie die Likelihoodfunktion (4-108) für das Tobit-Modell im Fall von Paneldaten ab. Orientieren Sie sich dabei an den Ausführungen für das Probit-Modell in Abschnitt 4.5.4 .

4.7.12 Aufgabe 12

Verifizieren Sie die Formel (4-119) für das Poissonmodell mit stochastischen Effekten. Benutzen Sie dabei die Ergebnisse aus Abschnitt 4.2.2 bezüglich der Mischung von Poissonverteilungen.

A Einige wichtige Verteilungen

Im folgenden bezeichnet f die Dichtefunktion, F die Verteilungfunktion, E den Erwartungswert und V die Varianz der Zufallsvariablen X.

A.1 Normalverteilung

$$f(x) = \frac{1}{\sigma\sqrt{2\pi}} \exp\left\{-\frac{1}{2}\left(\frac{x-\mu}{\sigma}\right)^2\right\} \quad , \sigma > 0, \; -\infty < x < \infty$$

$$E(X) = \mu$$

$$V(X) = \sigma^2$$

Bemerkung: Für die Dichte und Verteilungsfunktion der Standardnormalverteilung benutzt man üblicherweise folgende Symbolik:

$$\varphi(z) = \frac{1}{\sqrt{2\pi}} \exp\left(-\frac{z^2}{2}\right)$$

$$\Phi(z) = \int_{-\infty}^{z} \varphi(t)\,dt$$

A.2 Lognormalverteilung

$$f(x) = \frac{1}{x\sigma\sqrt{2\pi}} \exp\left\{-\frac{1}{2\sigma^2}(\ln(x)-\mu)^2\right\} \quad , 0 < x < \infty$$

$$E(X) = \exp(\mu + \sigma^2/2)$$

$$V(X) = \exp(2\mu + \sigma^2)\left[\exp(\sigma^2) - 1\right]$$

Bemerkung: Falls X lognormalverteilt ist, ist $Y = \ln(X)$ normalverteilt mit $E(Y) = \mu$ und $V(Y) = \sigma^2$.

A.3 Gammaverteilung

$$f(x) = \frac{\alpha^\beta}{\Gamma(\beta)} x^{\beta-1} e^{-\alpha x} \quad, \quad \alpha > 0, \beta > 0, 0 < x < \infty$$
$$E(X) = \frac{\beta}{\alpha}$$
$$V(X) = \frac{\beta}{\alpha^2}$$

A.4 Exponentialverteilung

$$f(x) = \alpha e^{-\alpha x} \quad 0 < x < \infty$$
$$F(x) = 1 - e^{-\alpha x}$$
$$E(X) = \frac{1}{\alpha}$$
$$V(X) = \frac{1}{\alpha^2}$$

Bemerkung: Spezialfall der Gamma- bzw. der Weibullverteilung mit $\beta = 1$.

A.5 Logistische Verteilung

$$f(x) = \frac{1}{\beta} \frac{\exp\left(-\frac{x-\alpha}{\beta}\right)}{\left[1 + \exp\left(-\frac{x-\alpha}{\beta}\right)\right]^2} \quad -\infty < x < \infty$$
$$F(x) = \frac{1}{1 + \exp\left(-\frac{x-\alpha}{\beta}\right)}$$
$$E(X) = \alpha$$
$$V(X) = \frac{\beta^2 \pi^2}{3}$$

Bemerkung: $f(x) = \frac{1}{\beta} F(x)(1 - F(x))$.

A.6 Weibull-Verteilung

$$f(x) = \alpha\beta x^{\beta-1} \exp(-\alpha x^\beta) \quad , \quad \alpha > 0, \beta > 0, 0 < x < \infty$$
$$F(x) = 1 - \exp(-\alpha x^\beta)$$
$$E(X) = \alpha^{-1/\beta} \Gamma\left(1 + \frac{1}{\beta}\right)$$
$$V(X) = \alpha^{-2/\beta} \left[\Gamma\left(1 + \frac{2}{\beta}\right) - \Gamma^2\left(1 + \frac{1}{\beta}\right)\right]$$

A.7 Extremwertverteilung

$$f(x) = \frac{1}{\beta} \exp\left(-\frac{(x-\alpha)}{\beta}\right) \exp\left(-\exp\left(-\frac{(x-\alpha)}{\beta}\right)\right) \quad , \quad -\infty < x < \infty$$
$$F(x) = \exp\left(-\exp\left(-\frac{(x-\alpha)}{\beta}\right)\right)$$
$$E(X) = \alpha + \beta\gamma \, , \, \gamma = 0.577216 \quad \text{(Euler-Konstante)}$$
$$V(X) = \frac{\beta^2 \pi^2}{6}$$

Bemerkung: Im Gegensatz zur logistischen und Normal-Verteilung ist diese Verteilung asymmetrisch. Sie spielt in der "Discrete-Choice"-Analyse eine wichtige Rolle. Wenn X weibull-verteilt ist, dann ist $Y = \ln(X)$ extremwertverteilt. Deshalb nennt man diese Verteilung auch Log-Weibull-Verteilung.

A.8 Multinomialverteilung

$$P(X = j) = p_j \, , \quad p_j > 0 \, , \quad j = 1, \ldots, k \, , \quad \sum_1^k p_j = 1$$
$$P(Y_1 = n_1, \ldots, Y_k = n_k \mid \sum_1^k Y_j = n) = n! \prod_1^k \frac{p_i^{n_i}}{n_i!} \, , \quad \sum_1^k n_i = n$$
$$E(Y_j) = n p_j$$
$$V(Y_j) = n p_j (1 - p_j)$$
$$\mathrm{Cov}(Y_i, Y_j) = -n p_i p_j \, , \, i \neq j$$

Dabei ist n (= Stichprobenumfang bzw. Anzahl der Versuche) eine fest vorgegebene Zahl.

A.9 Binomialverteilung

$$P(X = 1) = p \quad \text{Bernoulli-Prozeß}$$
$$P(Y = m \mid 0 \geq Y \geq n) = \frac{n!}{m!(n-m)!} p^m (1-p)^{n-m}$$
$$E(Y) = np$$
$$V(Y) = np(1-p)$$

Bemerkung: Spezialfall der Multinomialverteilung mit $k = 2$.

A.10 Poisson-Verteilung

$$P(X = i) = \frac{e^{-\lambda} \lambda^i}{i!} \quad, i = 0, 1, 2, \ldots$$
$$E(X) = \lambda$$
$$V(X) = \lambda$$

A.11 Negative Binomialverteilung

$$P(X = i) = \frac{\Gamma(\theta + i)}{\Gamma(\theta) i!} p^\theta (1-p)^i \quad, \; i = 0, 1, 2, \ldots \;,$$
$$\theta > 0 \;, \quad 0 < p < 1$$
$$E(X) = \theta \frac{1-p}{p}$$
$$V(X) = \theta \frac{1-p}{p^2}$$

Bemerkung: Man verwendet auch die alternativen Parametrisierungen $p = \kappa/(1+\kappa)$ oder $p = \theta/(\theta + \kappa)$, $\kappa > 0$. Im letzteren Fall erhalten wir $E(X) = \kappa$ und $V(X) =$

$\kappa\,(1+\kappa/\theta)$, während sich für den ersten Fall $E(X) = \theta/\kappa$ und $V(X) = (\theta/\kappa)(1+1/\kappa)$ ergibt.

A.12 Geometrische Verteilung

$$\begin{aligned} P(X = i) &= p(1-p)^i \quad, i = 0, 1, 2, \ldots \\ E(X) &= \frac{1-p}{p} \\ V(X) &= \frac{1-p}{p^2} \end{aligned}$$

Bemerkung: Spezialfall der Negativen Binomialverteilung mit $\theta = 1$.

A.13 Zweidimensionale Normalverteilung

Zwei Zufallsvariablen X_1 und X_2 sind gemeinsam normalverteilt mit $E(X_1) = \mu_1$, $E(X_2) = \mu_2$ und $V(X_1) = \sigma_1^2$, $V(X_2) = \sigma_2^2$ sowie dem Korrelationsparameter ϱ, wenn sie folgende gemeinsame Dichtefunktion besitzen:

$$\begin{aligned} f(x_1, x_2) &= \frac{1}{2\pi\sigma_1\sigma_2\sqrt{1-\varrho^2}} \exp\left\{-\frac{1}{2(1-\varrho^2)}\left(\frac{x_1-\mu_1}{\sigma_1}\right)^2 \right. \\ &\quad \left. - 2\varrho\left(\frac{x_1-\mu_1}{\sigma_1}\right)\left(\frac{x_2-\mu_2}{\sigma_2}\right) + \left(\frac{x_2-\mu_2}{\sigma_2}\right)^2\right\} \; . \end{aligned}$$

Dafür läßt sich auch schreiben

$$f(x_1, x_2) = f_1(x_1)\left[\frac{1}{\sqrt{2\pi}\sigma_2\sqrt{1-\varrho^2}} \exp\left\{-\frac{1}{2}\frac{x_2 - \left(\mu_2 + \varrho\frac{\sigma_2}{\sigma_1}(x_1-\mu_1)\right)}{\sigma_2}\right\}\right]$$

$$= f_1(x_1)\, f(x_2|x_1) \quad ,$$

wobei $f_1(x_1)$ die marginale Dichte der Normalverteilung für X_1 ist und $f(x_2|x_1)$ die bedingte Dichte von X_2 gegeben x_1 bezeichnet. Demnach ist X_2 gegeben x_1 ebenfalls normalverteilt, und zwar mit

$$\begin{aligned} E(X_2|x_1) &= \mu_2 + \varrho\,(\sigma_2/\sigma_1)(x_1 - \mu_1) \\ V(X_2|x_1) &= \sigma_2^2\,(1-\varrho^2) \quad . \end{aligned}$$

Für den bedingten Erwartungswert können wir auch schreiben

$$E(X_2|x_1) = \alpha + \beta\,x\quad,$$

wobei $\alpha = \mu_2 - \varrho\,(\sigma_2/\sigma_1)\,\mu_1$ und $\beta = \varrho\,(\sigma_2/\sigma_1)$ gilt. Dies ist der Erwartungswert des linearen Regressionsmodells. Siehe (1-1).

Falls $\mu_1 = \mu_2 = 0$ und $\sigma_1 = \sigma_2 = 1$ gilt, sind X_1 und X_2 gemeinsam standardnormalverteilt mit Korrelationsparameter ϱ bzw. Kovarianzmatrix

$$\begin{pmatrix} 1 & \varrho \\ \varrho & 1 \end{pmatrix}\quad.$$

Eine einfache Methode zur Erzeugung dieser Verteilung benutzt folgende Ergebnissse: Gegeben sei die untere Dreiecksmatrix

$$T = \begin{pmatrix} a & 0 \\ b & c \end{pmatrix} \tag{A-1}$$

mit $a = 1$, $b = \varrho$ und $c = \sqrt{1-\varrho^2}$. Dann gilt

$$TT' = \begin{pmatrix} 1 & \varrho \\ \varrho & 1 \end{pmatrix}\quad.$$

Gegeben sei der standardnormalverteilte Zufallsvektor $X = (X_1\ X_2)'$ mit $\varrho = 0$, d.h. Kovarianzmatrix $\Sigma_{XX} = I$. Dann besitzt der Vektor

$$Y = TX = \begin{pmatrix} X_1 \\ \varrho\,X_1 + \sqrt{1-\varrho^2}\,X_2 \end{pmatrix}$$

die Kovarianzmatrix

$$\begin{aligned}\Sigma_{YY} &= T\,\Sigma_{XX}\,T' \\ &= TT'\quad.\end{aligned}$$

Bei Verwendung von T aus (A-1) ist der Vektor Y demnach standardnormalverteilt mit Korrelationsparameter ϱ.

Dieses Verfahren läßt sich auf beliebige Normalverteilungen mit mehr als zwei Zufallsvariablen verallgemeinern. Siehe z.B. Fishman (1979), S. 215-217.

B Einige Ergebnisse für die Gammafunktion

Die Gammafunktion[279] $\Gamma(x)$ wird hier wie folgt definiert:

$$\Gamma(x) = \int_0^\infty t^{x-1} e^{-t} \, dt \quad , x > 0$$

Abbildung B/1 zeigt die Funktion graphisch. Beachten Sie, daß die Funktion auch für *negative* Werte von x existiert, was für ihre Verwendung in der Statistik und Ökonometrie jedoch ohne Belang ist. Weil

$$\int_0^\infty t^x e^{-t} \, dt = -t^x e^{-t}\big|_0^\infty + x \int_0^\infty t^{x-1} e^{-t} \, dt$$
$$= x \int_0^\infty t^{x-1} e^{-t} \, dt$$

gilt, erhalten wir die Rekursionsformel

$$\Gamma(x+1) = x\,\Gamma(x).$$

Weil ferner $\Gamma(1) = \int_0^\infty e^{-t} \, dt = 1$, ergibt sich

$$\Gamma(n+1) = n(n-1)\ldots 3 \cdot 2 \cdot 1 = n! \quad ,$$

wenn n eine natürliche Zahl ist. Schließlich sei noch angemerkt, daß

$$\Gamma(0.5) = \sqrt{\pi}.$$

Falls die Gammafunktion in einer Verteilung auftaucht, haben erste und zweite Ableitungen der logarithmierten Gammafunktion eine Bedeutung (Beispiel: ML-Schätzung der Gamma-Verteilung). Man bezeichnet

$$\psi(x) = \frac{d \log \Gamma(x)}{dx}$$

als *Digamma-Funktion* und

$$\psi_1(x) = \frac{d^2 \log \Gamma(x)}{(dx)^2}$$

---

[279]Siehe Abramowitz und Stegun (1965), Kap. 6 .

als *Trigamma-Funktion*. Für letztere kann man auch schreiben

$$\psi_1(x) = \sum_{i=0}^{\infty} \frac{1}{(i+x)^2} \quad ,$$

was zeigt, daß stets $\psi_1(x) > 0$ gilt. Den Verlauf beider Funktionen zeigt Abbildung B/1 . Für $\Gamma(x)$, $\psi(x)$ und $\psi_1(x)$ gibt es Approximationen. Beispielsweise gilt für großes x die Stirling-sche Formel

$$\Gamma(x) \cong e^{-x} x^{x-\frac{1}{2}} (2\pi)^{\frac{1}{2}} \left[1 + \frac{1}{12x} + \frac{1}{288 x^2} - \frac{139}{51840 x^3} - \frac{571}{2488320 x^4}\right] \quad .$$

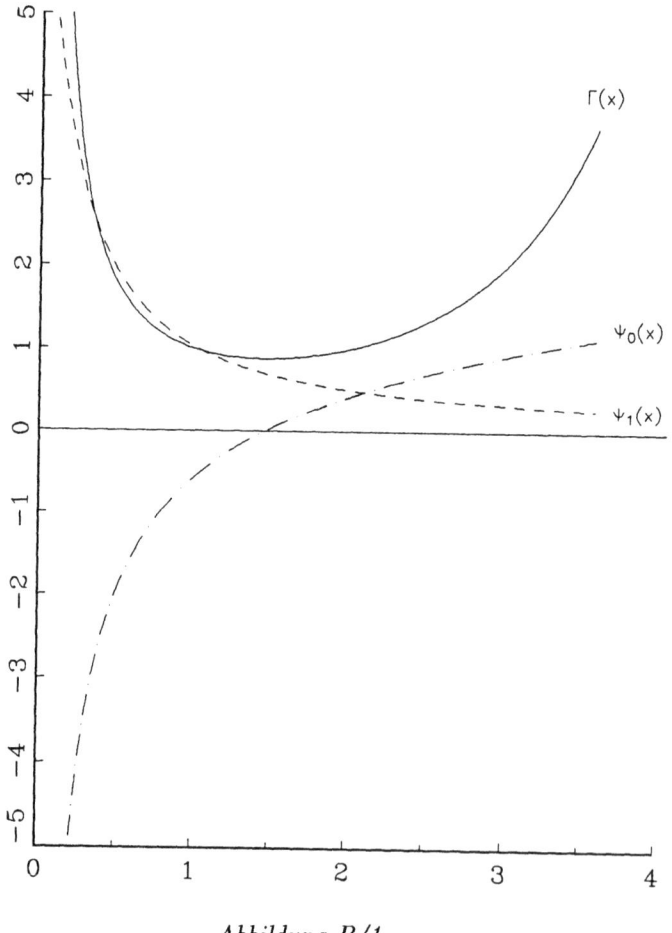

Abbildung B/1

C Newton-Raphson-Algorithmus

Es soll die skalare Funktion $f(x)$ bezüglich des k-dimensionalen Vektors x maximiert werden. Die Darstellung der Funktion als Taylor-Entwicklung zweiter Ordnung (an der Stelle $x = x^*$) ergibt

$$f(x) \cong f(x^*) + \nabla f(x^*)'(x - x^*) + \frac{1}{2}(x - x^*)' H(x^*)(x - x^*) \quad . \tag{C-1}$$

Dabei ist $\nabla f(x^*)$ der Gradientenvektor (an der Stelle x^*) und $H(x^*)$ die Hessesche Matrix an der Stelle x^*. Ableitung der rechten Seite und Nullsetzen ergibt

$$\nabla f(x^*) + H(x^*)(x - x^*) \stackrel{!}{=} 0 \quad .$$

Daraus erhalten wir, vorausgesetzt H ist in $x = x^*$ invertierbar,

$$x = x^* - H^{-1}(x^*) \nabla f(x^*) \quad .$$

Falls die Funktion f quadratisch ist, ist dies eine Identität. Andernfalls kann man - von einem beliebigen Punkt $x^{(0)}$ startend - $x^{(1)}$ wie folgt bestimmen:

$$x^{(1)} = x^{(0)} - H^{-1}(x^{(0)}) \nabla f(x^{(0)})$$

und allgemein

$$x^{(i)} = x^{(i-1)} - H^{-1}(x^{(i-1)}) \nabla f(x^{(i-1)}) \quad .$$

Einsetzen von $x^{(i)}$ in die rechte Seite von (C-1) ergibt (für $x^* = x^{(i-1)}$)

$$f(x^{(i-1)}) - \frac{1}{2} \nabla f(x^{(i-1)})' H(x^{(i-1)}) \nabla f(x^{(i-1)}) \quad .$$

Damit wächst dieser Ausdruck mit jedem i, *sofern* H für $x = x^{(i-1)}$ eine negativ definite Matrix ist. (Er wird zumindest nicht kleiner, sofern H negativ semidefinit ist.) Da andererseits die zu maximierende Funktion f nur approximativ durch die Taylor-Entwicklung dargestellt ist, wird dieses Verfahren im allgemeinen nur dann zu einem - möglicherweise lokalem - Maximum tendieren, wenn der Startwert nahe genug bei diesem Maximum liegt.

C.1 Beispiel 1 (eindimensional)

Gegeben sei die Funktion

$$f(x) = -(x^2 + e^{-x})$$

mit den beiden Ableitungen

$$\frac{df(x)}{dx} = -2x + e^{-x}$$
$$\frac{d^2 f(x)}{(dx)^2} = -2 - e^{-x} < 0$$

Diese Funktion hat ihr Maximum an der Stelle, an der x die Gleichung $2x = e^{-x}$ erfüllt. Eine explizite Lösung ist offensichtlich nicht möglich. Die Verwendung des (Newton-)Raphson-Algorithmus mit dem Startwert $x_0 = -10$ ergibt die Werte in Tabelle C.1. Die Funktion hat demnach ihr Maximum an der Stelle $x = 0.3517$.

\multicolumn{4}{c}{Tabelle C.1}
x	$f(x)$	$\dfrac{df(x)}{dx}$	$\dfrac{d^2 f(x)}{(dx)^2}$
−8.999	−8177.0	8114.0	−8098.0
−7.997	−3037.0	2989.0	−2975.0
−6.993	−1137.0	1102.0	−1090.0
−5.982	−431.8	408.0	−398.0
−4.956	−166.7	152.0	−144.1
−3.902	−64.7	57.28	−51.48
−2.789	−24.04	21.84	−18.26
−1.593	−7.456	8.104	−6.918
−0.4215	−1.702	2.367	−3.524
0.2502	−0.8412	0.2783	−2.779
0.3503	−0.8272	0.003777	−2.704
0.3517	−0.8272	$6.867E - 007$	−2.703
0.3517	−0.8272	$2.265E - 014$	−2.703
0.3517	−0.8272	0.0	−2.703

Abbildung C/1 zeigt die Funktion graphisch.

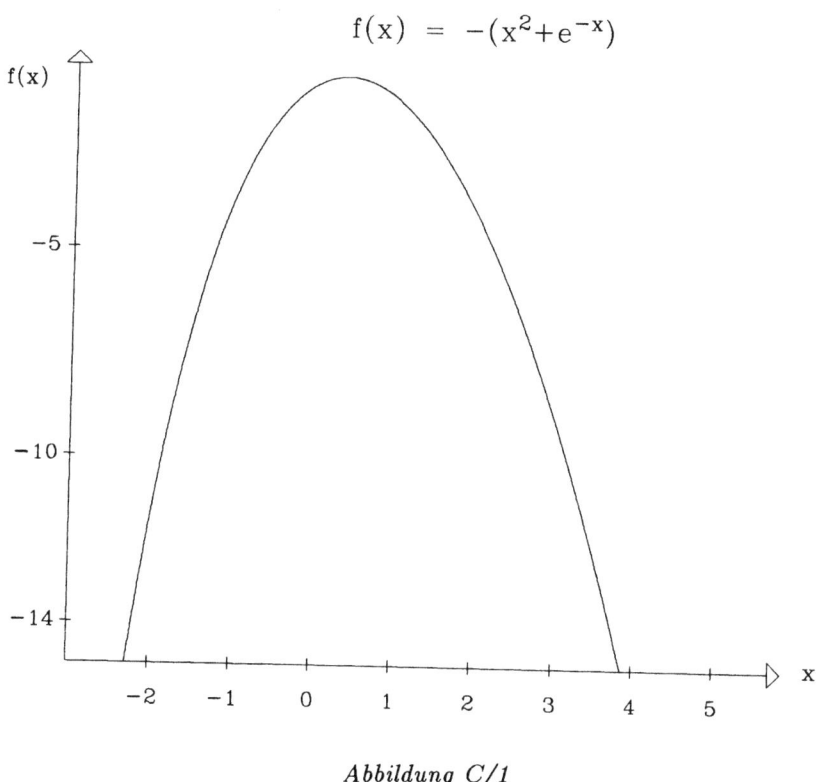

Abbildung C/1

C.2 Beispiel 2 (zweidimensional)

Gegeben sei die skalare Funktion

$$f(x_1,\ x_2) = -(x_1^2 + x_2^2 + e^{x_1-x_2})$$

mit den ersten Ableitungen

$$\frac{\partial f}{\partial x_1} = -2\,x_1 - e^{x_1-x_2}$$
$$\frac{\partial f}{\partial x_2} = -2\,x_2 + e^{x_1-x_2}$$

Tabelle C.2					
x_1	x_2	$f(x_1, x_2)$	$f_1(x)$	$f_2(x)$	$\det(H)$
2.494	-2.494	-159.0	151.6	-151.6	1618.0
1.98	-1.98	-60.33	56.45	-56.45	590.4
1.453	-1.453	-22.49	21.18	-21.18	214.0
0.9032	-0.9032	-7.72	7.895	-7.895	77.08
0.3463	-0.3463	-2.239	2.692	-2.692	28.35
-0.1024	0.1024	-0.8357	0.6099	-0.6099	12.0
-0.2705	0.2705	-0.7285	0.04126	-0.04126	7.259
-0.2835	0.2835	-0.728	0.0001963	-0.0001963	6.329
-0.2836	0.2836	-0.728	$4.447E-009$	$-4.447E-009$	6.269
-0.2836	0.2836	-0.728	0.0	0.0	6.269

sowie der Hesseschen Matrix

$$H = \begin{bmatrix} -2 - e^{x_1-x_2} & e^{x_1-x_2} \\ e^{x_1-x_2} & -2 - e^{x_1-x_2} \end{bmatrix}$$

die offensichtlich negativ definit ist. Die Berechnung des Maximums durch den Newton - Raphson - Algorithmus mit den Startwerten $x_{10} = 2$ und $x_{20} = -4$ führt zu den Iterationsergebnissen in Tabelle C.2. Die Funktion hat also ihr Maximum im Punkt $(x_1, x_2) = (-0.2836, 0.2836)$. Abbildung C/2 zeigt die Funktion graphisch.

C.2 Beispiel 2 (zweidimensional)

$$f(x) = -(x_1^2 + x_2^2 + \exp(x_1 - x_2))$$

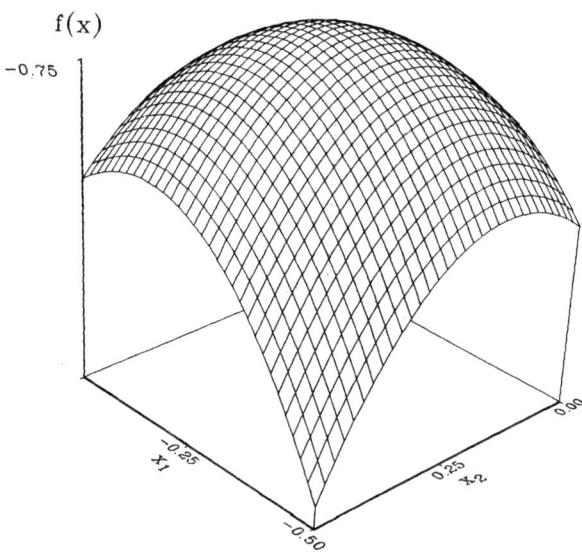

Abbildung C/2

D Zwei nützliche Resultate für Matrizen

D.1 Die Matrix $A + U B V$

Es sei A $(n \times n)$, U $(n \times r)$, B $(r \times r)$, V $(r \times n)$ und A und B seien regulär. Dann gilt

$$(A + U B V)^{-1} = A^{-1} - A^{-1} U B (B + B V A^{-1} U B)^{-1} B V A^{-1} \quad . \qquad (D-1)$$

Als Spezialfall ergibt sich

$$(A + u v')^{-1} = A^{-1} - \frac{1}{1 + v' A^{-1} u} A^{-1} u v' A^{-1} \qquad (D-2)$$

und

$$(I + u v')^{-1} = I - \frac{1}{1 + v' u} u v' \qquad (D-3)$$

wobei u und v $(n \times 1)$ Vektoren sind. Siehe Press (1972, S. 23). In einigen Fällen läßt sich die Determinante allgemein angeben: Es sei $D = (d_{ii})$ eine diagonale Matrix und α ein Skalar mit

$$\alpha \neq - \left[\sum_{i=1}^{n} \frac{u_i v_i}{d_{ii}} \right]^{-1} \quad .$$

Dann gilt

$$\det(D + \alpha u v') = \left[1 + \alpha \sum_{j=1}^{n} \frac{u_j v_j}{d_{jj}} \right] \prod_{i=1}^{n} d_{ii} \quad , \qquad (D-4)$$

(Graybill, 1983, S. 184). Daraus folgt

$$\det(I + u v') = 1 + v' u \quad . \qquad (D-5)$$

Allgemeiner gilt

$$\det(I_n + U V) = \det(I_r + V U) \quad . \qquad (D-6)$$

Siehe Press (1972, S. 20).

D.2 Eigenwerte von A + B

Es sei A eine symmetrische Matrix und B eine positiv semidefinite Matrix. Dann gilt für die Eigenwerte

$$\lambda_j(A+B) \geq \lambda_j(A) \quad , j=1,\ldots,n \quad , \qquad (D-7)$$

wobei λ_j die Eigenwerte angibt. Wenn B positiv definit ist, gilt die strenge Ungleichung (Marshall und Olkin, 1979, S. 510). Insbesondere ist damit die Matrix $(A+B)$ positiv semidefinit (positiv definit), wenn A diese Eigenschaft hat, d.h. $\lambda_{\min}(A) \geq 0$ bzw. $\lambda_{\min}(A) > 0$ gilt.

Literatur

Abramowitz,M. und Stegun,I.A. (1965). *Handbook of Mathematical Functions.* New York:Dover (eighth printing).

Aldrich,J.H. und Nelson,F.D. (1989). *Linear Probability, Logit, and Probit Models.* Beverly Hills: Sage University Press. 2. Auflage.

Amemiya,T. (1974). "Bivariate Probit Analysis: Minimum Chi-Square Methods". *Journal of the American Statistical Association 69*, 940-944.

Amemiya,T. (1981). "Qualitative Response Models: A Survey". *Journal of Economic Literature 19*, 483-536.

Amemiya,T. (1985). *Advanced Econometrics.* Oxford: Basil Blackwell.

Arminger,G. und Müller,F. (1990). *Lineare Modelle zur Analyse von Paneldaten.* Wiesbaden: Westdeutscher Verlag.

Ashford,J.R. und Sowden,R.R. (1970). "Multivariate Probit Analysis", *Biometrics 26*, 535-546.

Ben Akiva,M. und Lerman,S.R. (1985). *Discrete Choice Analysis.* Cambridge (Mass.): MIT Press.

Blossfeld,H.-P., Hamerle,A. und Mayer,K.U. (1986). *Ereignisanalyse. Statistische Theorie und Anwendung in den Wirtschafts- und Sozialwissenschaften.* Frankfurt: Campus.

Blossfeld,H.-P., Hamerle,A. und Mayer,K.U. (1989). "Hazardraten-Modelle in den Wirtschafts- und Sozialwissenschaften". *Allgemeines Statistisches Archiv 73*, 213-238.

Börsch-Supan,A. (1990). "On the Compatibility of Nested Logit Models with Utility Maximization". *Journal of Econometrics 43*, 373-388.

Börsch-Supan,A. und Pollakowski,H.O. (1990). "Estimating Housing Consumption Adjustments from Panel Data". *Journal of Urban Economics 27*, 131-150.

Börsch-Supan,A. und Hajivassiliou,V. (1990). "Smooth Unbiased Multivariate Probability Simulators for Maximum Likelihood Estimation of Limited Dependent Variable Models". Universität Mannheim: Manuskript, Mai 1990.

Butler,J.S. und Moffitt,R. (1982). "A Computationally Efficient Quadrature Procedure for the One-Factor Multinomial Probit Model". *Econometrica 50*, 761-764.

Calzolari,G. und Fiorentini,G. (1990). "Alternative Covariance Estimators of the Standard Tobit Model". Manuskript für den 6. Weltkongreß der Econometric Society, Barcelona, August 1990.

Cameron,A.C. und Trivedi,P.K. (1986). "Econometric Models Based on Count Data: Comparisons and Applications of Some Estimators and Tests". *Journal of Applied Econometrics 1*, 29-53.

Chamberlain,G. (1984). "Panel Data". In: Griliches,Z. und Intriligator,M.D. (1984). *Handbook of Econometrics, Band II*. Amsterdam: North-Holland, 1247-1318.

Chamberlain,G. (1980). "Analysis of Covariance with Qualitative Data". *Review of Economic Studies XLVII*, 225-238.

Christ,C.F. (1952). "A History of the Cowles Commission, 1932 - 1952". In: *Economic Theory and Measurement*. Chicago: Cowles Commission for Research in Economics, 3-67.

Cox,D.R. (1972). "Regression Models and Life Tables". *Journal of the Royal Statistical Society, Ser. B. 34*, 187-220 (einschließlich Diskussion).

Cramer,J.S. (1969). *Empirical Econometrics*. Amsterdam: North-Holland.

Cramer,J.S. (1986). *Econometric Applications of Maximum Likelihood Methods*. Cambridge: Cambridge University Press.

Davidson,R. und McKinnon,J.G. (1984). "Convenient Specification Tests for Logit and Probit Models". *Journal of Econometrics 25*, 241-262.

Dempster,A.P., Laird,N.M. und Rubin,D.B. (1977). "Maximum Likelihood from Incomplete Data via the EM Algorithm". *Journal of the Royal Statistical Society Series B 39*, 1-38 (mit Diskussion).

Deprins,D. und Simar,L. (1985). "A Note on the Asymptotic Relative Efficiency of m.l.e. in a Linear Model with Gamma Disturbances". *Journal of Econometrics 27*, 383-386.

Dhrymes,P.J. (1978). *Introductory Econometrics*. New York: Springer Verlag.

Dhrymes,P.J. (1986). "Limited Dependent Variables". In: Z. Griliches und M.D. Intriligator (Herausgeber). *Handbook of Econometrics, Band III*. Amsterdam: North-Holland, 1567-1631.

Diebold,F.X. (1988). *Empirical Modeling of Exchange Rate Dynamics*. Berlin: Springer Verlag.

Engel,J. (1984). "Models for Response Data Showing Extra-Poisson Variation". *Statistica Neerlandica 38*, 159-167.

Fair,R.C. und Jaffee,D.M. (1972). "Methods of Estimation for Markets in Disequilibrium", *Econometrica 40*, 497-514.

Fichtenholz,G.M. (1978). *Differential- und Integralrechnung II*. Berlin: VEB Deutscher Verlag der Wissenschaften. 7.Auflage.

Fishe,R.P.H und Lahiri,K. (1981). "On the Estimation of Inflationary Expectations from Qualitative Responses". *Journal of Econometrics 16*, 89-102.

Fishman,G.G. (1979). *Concepts and Methods in Discrete Event Digital Simulation.* New York: Wiley.

Fomby,T.B., Hill,R.C. und Johnson,S.R. (1984). *Advanced Econometric Methods.* New York: Springer Verlag.

Franz,W. (1991). *Arbeitsmarktökonomik.* Berlin: Springer Verlag.

Goldberger,A.S. (1964). *Econometric Theory.* New York: Wiley.

Goldberger,A.S. (1981). "Linear Regression After Selection". *Journal of Econometrics 15*, 357-366.

Gollnick,H. (1968). *Einführung in die Ökonometrie.* Stuttgart: Verlag Eugen Ulmer.

Gourieroux,C., Laffont, J.J. und Monfort,A. (1980). "Coherency Conditions in Simultaneous Linear Equations Models with Endogenous Switching Regimes". *Econometrica 48*, 675-695.

Graybill,F.A. (1969). *Introduction to Matrices with Applications in Statistics.* Belmont (California): Wadsworth Publishing Company.

Graybill,F.A. (1983). *Matrices with Applications in Statistics.* Belmont (California): Wadsworth Publishing Company. 2. Auflage.

Greene,W.H. (1980). "Maximum Likelihood Estimation of Econometric Frontier Functions". *Journal of Econometrics 13*, 27-56.

Greene,W.H. (1981). "On the Asymptotic Bias of the Ordinary Least Squares Estimator of the Tobit Model". *Econometrica 49*, 505-513.

Greene,W.H. (1990a). *Econometric Analysis.* New York: Macmillan.

Greene,W.H. (1990b). "Multiple Roots of the Tobit Log-Likelihood". *Journal of Econometrics 46*, 365-380.

Griliches,Z. und Intriligator,M.D. (1983,1984,1986). *Handbook of Econometrics.* 3 Bände. Amsterdam: North-Holland.

Hamdan,M.A. (1970). "The Equivalence of Tetrachoric and Maximum Likelihood Estimates of ϱ in 2×2 Tables". *Biometrika 57*, 212-215.

Hamerle,A. (1986). "Regression Analysis of Discrete Event History or Failure Time Data". *Statistische Hefte 27*, 207-225.

Hamerle,A. (1990). "On a Simple Test for Neglected Heterogeneity in Panel Studies". *Biometrics 46*, 193-199.

Hanefeld,U. (1987). *Das Sozio-ökonomische Panel. Grundlagen und Konzeption.* Frankfurt: Campus.

Hausman,J.A. und Wise,D.A. (1976). "The Evaluation of Results from Truncated Samples: The New Jersey Income Maintenance Experiment". *Annals of Economic and Social Measurement 5*, 421-445.

Hausman,J.A. und Wise,D.A. (1977). "Social Experimentation, Truncated Distributions and Efficient Estimation". *Econometrica 45*, 319-339.

Hausman,J.A. und Wise,D.A. (1978). "A Conditional Probit Model for Qualitative Choice: Discrete Decisions Recognizing Interdependence and Heterogeneous Preferences". *Econometrica 46*, 403-426.

Hausman,J.A. und Wise,D.A. (1981). "Stratification on Endogenous Variables and Estimation: The Gary Income Maintenance Experiment". In: C.F. Manski und D. McFadden (Herausgeber). *Structural Analysis of Discrete Data with Econometric Applications.* Cambridge (Mass.): MIT Press, 365-391.

Hausman,J.A., Hall,B. und Griliches,Z. (1984). "Econometric Models for Count Data with an Application to the Patents - R & D Relationship". *Econometrica 52*, 909-938.

Heckman,J.J. (1976). "The Common Structure of Statistical Models of Truncation, Sample Selection and Limited Dependent Variables and a Simple Estimator for Such Models". *Annals of Economic and Social Measurement 5*, 475-492.

Heckman,J.J. (1978). "Dummy Endogenous Variables in Simultaneous Equation Systems". *Econometrica 46*, 931-959.

Heckman,J.J. (1981). "The Incidental Parameters Problem and the Problem of Initial Conditions in Estimating a Discrete Time-Discrete Data Stochastic Process". In: C.F. Manski und D. McFadden (Herausgeber). *Structural Analysis of Discrete Data With Econometric Applications.* Cambridge (Mass.): The MIT Press, 179-195.

Heckman,J.J. und Willis,R. (1976). "Estimation of a Stochastic Model of Reproduction: An Econometric Approach". In: N. Terleckyj (Herausgeber). *Household Production and Consumption.* New York: National Bureau of Economic Research.

Hensher,D.A. (1986). "Sequential and Full Information Maximum Likelihood Estimation of a Nested Logit Model". *The Review of Economics and Statistics 68*, 657-667.

Hsiao,C. (1986). *Analysis of Panel Data.* Cambridge: Cambridge University Press.

Hübler,O. (1989). "Individual Overtime Functions with Double Correction". *Economics Letters 29*, 87-90.

Hübler,O. (1990). "Lineare Paneldatenmodelle mit alternativer Störgrößenstruktur". In: G.Nakhaeizadeh und K.H. Vollmer (Herausgeber). *Neuere Entwicklungen in der Angewandten Ökonometrie*. Heidelberg: Physica Verlag, 65-99.

Johnson,N.L. und Kotz,S. (1970). *Distributions in Statistics. Continuous Univariate Distributions-1*. Boston: Houghton Mifflin.

Johnson,N.L. und Kotz,S. (1972). *Distributions in Statistics: Continuous Multivariate Distributions*. New York: Wiley.

Johnston,J. (1963, 1984). *Econometric Methods*. Tokio: McGraw-Hill, International Student Edition. 3. Auflage: 1984.

Judge,G.G., Hill,R.C., Griffiths,W.E., Lütkepohl,H. und Lee,T.-C. (1982, 1988). *The Theory and Practice of Econometrics*. New York: Wiley. 2. Auflage: 1988.

Kiefer,N. (1988). "Economic Duration Data and Hazard Functions". *Journal of Economic Literature 26*, 646-679.

Klein,L. (1953). *A Textbook of Econometrics*. Evanston: Row,Peterson and Company.

König,H., Nerlove,M. und Oudiz,G. (1982). "Die Analyse mikroökonomischer Konjunkturtest-Daten mit log-linearen Wahrscheinlichkeitsmodellen: Eine Einführung". *Ifo-Studien 28*, 155-191.

Krämer,W. und Sonnenberger,H. (1986). *The Linear Regression Model under Test*. Wien: Physica-Verlag.

Küsters,U. (1987). *Hierarchische Mittelwert- und Kovarianzstrukturmodelle mit nichtmetrischen endogenen Variablen*. Heidelberg: Physika Verlag. Arbeiten zur angewandten Statistik, Band 31.

Küsters,U. (1990). "A Note on Sequential ML Estimates and Their Asymptotic Covariances". *Statistische Hefte 31*, 131-145.

Kukuk,M. (1990). "Estimating Linear Models Using Polychoric Correlation". Universität Konstanz: Diskussionsbeiträge Nr. 119/s.

Lawless,J.F. (1982). *Statistical Models and Methods for Lifetime Data*. New York: Wiley.

Lawless,J.F. (1987a). "Regression Methods for Poisson Process Data". *Journal of the American Statistical Association 82*, 808-815.

Lawless,J.F. (1987b). "Negative Binomial and Mixed Poisson Regression". *The Canadian Journal of Statistics 15*, 209-225.

Maddala,G.S. (1983). *Limited-dependent and Qualitative Variables.* Cambridge: Cambridge University Press.

Maddala,G.S. (1987). "Limited Dependent Variable Models Using Panel Data". *Journal of Human Resources 22*, 307-338.

Maddala,G.S., Fishe,R.P.H. und Lahiri,K. (1982). "A Time Series Analysis of Popular Expectations Data". In: A. Zellner (Herausgeber). *Economic Applications of Time Series Analysis.* Washington DC: American Statistical Association, 278-286.

Maddala,G.S. und Lee,L.F. (1976). "Recursive Models with Qualitative Endogenous Variables". *Annals of Economic and Social Measurement 5*, 525-545.

Malinvaud,E. (1966). *Statistical Methods of Econometrics.* Amsterdam: North-Holland.

Malinvaud,E. (1988). "Econometric Methodology at the Cowles Commission: Rise and Maturity". *Econometric Theory 4*, 187-209.

Manski,C. (1975). "Maximum Score Estimation of the Stochastic Utility Model of Choice". *Journal of Econometrics 35*, 205-228.

Manski,C. (1985). "Semiparametric Analysis of Discrete Response: Asymptotic Properties of the Maximum Score Estimator". *Journal of Econometrics 27*, 303-333.

Manski,C.F. und McFadden,D. (1981). *Structural Analysis of Discrete Data with Econometric Applications.* Cambridge (Mass.): MIT Press.

Marshall,A.W. und Olkin,I. (1979). *Inequalities. Theory of Majorization and Its Applications.* New York: Academic Press.

Mayntz,R., Holm,K. und Hübner,P. (1971). *Einführung in die Methoden der empirischen Soziologie.* Opladen: Westdeutscher Verlag, 2. Auflage.

McFadden,D. (1974). "The Measurement of Urban Travel Demand". *Journal of Public Economics 3*, 303-328.

McFadden,D. (1981). "Econometric Models of Probabilistic Choice". In: C.F. Manski und D. McFadden (Herausgeber). *Structural Analysis of Discrete Data with Econometric Applications.* Cambridge (Mass.): MIT Press, 198-272.

McFadden,D. (1989). "A Method of Simulated Moments for Estimation of Multinomial Probits without Numerical Integration". *Econometrica 57*, 995-1026.

McKelvey,R. und Zavoina,W. (1975). "A Statistical Model for the Analysis of Ordinal Level Dependent Variables". *Journal of Mathematical Sociology 4*, 103-120.

Mood,A.M., Graybill,F.A. und Boes,D.C. (1974). *Introduction to the Theory of Statistics*. Tokio: McGraw-Hill (International Student Edition), 3. Auflage.

Nelson,F.D. (1977). "Censored Regression Models with Unobserved, Stochastic Censoring Thresholds". *Journal of Econometrics 6*, 309-327.

Nerlove,M. und Press,S.J. (1973). "Univariate and Multivariate Log-Linear and Logistic Models". RAND Corporation Paper R-1306EDA/NIH.

Olson,R.J. (1978). "Note on the Uniqueness of the Maximum Likelihood Estimator in the Tobit Model". *Econometrica 46*, 1211-1215.

Olsson,U. (1979). "Maximum Likelihood Estimation of the Polychoric Correlation Coefficient". *Psychometrika* 44, 443-460.

Paul,S.R. und Plackett,R.L. (1978). "Inference Sensitivity for Poisson Mixtures". *Biometrika 65*, 591-602.

Pindyck,R.S. und Rubinfeld,D. (1981). *Econometric Models and Economic Forecasts*. New York: McGraw-Hill,2. Auflage.

Plackett,R.L. (1954). "A Reduction Formula for Normal Multivariate Integrals". *Biometrika 41*, 351-360.

Pohlmeier,W. (1989). *Simultane Probit- und Tobit-Modelle. Theorie und Anwendungen auf Fragen der Innovationsökonomik*. Berlin: Springer-Verlag.

Powell,J.L. (1984). "Least Absolute Deviations Estimation for the Censored Regression Model". *Journal of Econometrics 25*, 303-325.

Pratt,J.W. (1981). "Concavity of the Log-Likelihood", *Journal of the American Statistical Association 76*, 103-106.

Press,S.J. (1972). *Applied Multivariate Analysis*. New York: Holt, Rinehart and Winston.

Pudney,S. (1989). *Modelling Individual Choice. The Econometrics of Corners, Kinks and Holes*. Oxford: Basil Blackwell.

Rehorn,J. (1978). "Über die Genauigkeit von Umfragen und Panels". *Markenartikel 40*, 585-596.

Ronning,G. (1981). "Ökonometrische Analyse von Tendenzdaten aus Panelerhebungen". *Zeitschrift für Wirtschafts- und Sozialwissenschaften 101*, 181-209.

Ronning,G. (1986). "On the Curvature of the Trigamma Function". *Journal of Computational and Applied Mathematics 15*, 397-399.

Ronning,G. (1988m). " Möglichkeiten und Grenzen der ökonometrischen Nachfrageanalyse". *Wirtschaftswissenschaftliches Studium 17*, 65-72.

Ronning,G. (1988e). "Estimation of Discrete Choice Models Including Socio-Economic Explanatory Variables". Diskussionspapier II/42, Universität Konstanz, Oktober 1987.

Ronning,G. (1989). "Linear and Nonlinear Dirichlet Share Equation Models". Manuskript, Universität Konstanz, November 1989.

Ronning,G. (1989m). "A Microeconometric Study of Travelling Behaviour". In: Otto Opitz u.a. (Herausgeber). *Conceptual and Numerical Analysis of Data. Proceedings of the 13th Conference of the Gesellschaft für Klassifikation e.V.*. Berlin: Springer Verlag, 432-440.

Ronning,G. (1989s). *Statistische Methoden der empirischen Wirtschaftsforschung*, Manuskript, November 1989.

Ronning,G. (1990). "The Informational Content of Responses from Business Surveys". In: J.-P. Florens, M. Ivaldi, J.J. Laffont und F. Laisney (Herausgeber). *Microeconometrics. Surveys and Applications*. Oxford: Basil Blackwell, 123-144.

Ronning,G. (1990a). "Binary Probit, Tobit and Hazard Rate. A Didactical Note in Microeconometrics". *Statistische Hefte 31*, 291-294.

Ronning,G. und Kukuk,M. (1990). "Econometric Models Based on Polychoric Correlation. A New Approach to the Analysis of Business Test Data". *Methods of Operations Research 60*, 653-669.

Rosett,R.N. (1959). "A Statistical Model of Friction in Economics". *Econometrica 27*, 263-267.

Schader,M. und Schmid,F. (1988). "Maximum-Likelihood Schätzung aus gruppierten Daten - eine Übersicht". *OR Spektrum 10*, 1-12.

Schmidt,P. (1981). "Constraints on the Parameters in Simultaneous Tobit and Probit Models". In: C.F. Manski und D. McFadden (Herausgeber). *Structural Analysis of Discrete Data with Econometric Applications*. Cambridge (Mass.): MIT Press, 422-434.

Schmidt,P. und Strauss,R.P. (1975). "Estimation of Models with Jointly Dependent Qualitative Variables: A Simultaneous Logit Approach". *Econometrica 43*, 745-755.

Schneeweiß,H. (1971). *Ökonometrie*. Würzburg: Physica-Verlag. Vierte Auflage: 1990.

Schönfeld,P. (1969, 1971). *Methoden der Ökonometrie Band I und Band II*. Berlin und München: Vahlen.

Schönfeld,P. (1982). "Comments on 'A Time Series Analysis of Popular Expectations Data' by G.S. Maddala, R.P.H. Fishe and K. Lahiri". In: A. Zellner (Herausgeber): *Economic Applications of Time Series Analysis.* Washington: American Statistical Association, 289-290.

Schwalbach,J. und Zimmermann,K.F. (1990). "A Poisson Model of Patenting and Firm Structure in Germany". In: Z. Acs und D. Audretsch (Herausgeber). *Innovation and Technological Change.* (Erscheint demnächst).

Sickles,R.C. und Schmidt,P. (1978). "Simultaneous Equation Models with Truncated Dependent Variables: A Simultaneous Tobit Model". *Journal of Economics and Business 31*, 11-21.

Smyth,G.K. (1989). "Generalized Linear Models with Varying Dispersion". *Journal of the Royal Statistical Society, Series B 51*, 47-60.

Steiner,V. (1990). "Long-Term Unemployment, Heterogeneity, and State Dependence: New Microeconometric Evidence on Unemployment Persistence". *Empirica 17*, 41-59.

Stenger,H. (1986). *Stichproben.* Heidelberg: Physica-Verlag.

Theil,H. (1971). *Principles of Econometrics.* Amsterdam: North-Holland.

Tobin,J. (1958). "Estimation of Relationships for Limited Dependent Variables". *Econometrica 26*, 24-36.

Veall,M. und Zimmermann,K.F. (1990a). "Pseudo-R^2's in the Ordinal Probit Model". Universität München: Manuskript, April 1990. (Erscheint in: *Journal of Mathematical Sociology.*)

Veall,M. und Zimmermann,K.F. (1990b). "Evaluating Pseudo-R^2's for Binary Probit Models". Universität München: Manuskript, Mai 1990.

Veall,M. und Zimmermann,K.F. (1990c). "Goodness of Fit Measures in the Tobit Model". Universität München: Manuskript, Juli 1990.

White,H. (1980). "A Heteroskedasticity Consistent Covariance Matrix Estimator and a Direct Test for Heteroskedasticity". *Econometrica 48*, 817-838.

White,H. (1984). *Asymptotic Theory for Econometricians.* Orlando: Academic Press.

Wolters,J. (1990). "Zur ökonometrischen Modellierung kurz- und langfristiger Abhängigkeiten, dargestellt am Beispiel der Zinsstruktur". In: G.Nakhaeizadeh und K.H. Vollmer (Herausgeber). *Neuere Entwicklungen in der Angewandten Ökonometrie.* Heidelberg: Physica Verlag, 155-176.

Wu,C.F.J. (1983). "Of the Convergence Properties of the EM Algorithm". *Annals of Statistics 11*, 95-103.

Yatchew,A. und Griliches,Z. (1985). "Specification Error In Probit Models". *The Review of Economics and Statistics 67*, 134-139.

Handbücher für Programmsysteme

GAUSS.
   Applications Manual. Version 2.01. Copyright Aptech Systems, Inc. . Documentation Version 082290.

GLAMOUR.
   Fahrmeir,L., Frost,H., Hennevogel,W., Kaufmann,H., Kranert,T. und Tutz,G. (1990). *User's Guide for GLAMOUR.* Version V 2.0. Institut für Statistik und Wirtschaftsgeschichte, Universität Regensburg.

LIMDEP.
   Greene,W.H. (1990). *Limdep.* New York: Econometric Software, Inc. . März 1989, revidiert Januar 1990.

Sachregister

Abgangsrate 179
Aggregat vii
Aggregationsproblem 3
Ähnlichkeit von Alternativen 77
Ähnlichkeitsparameter 86
Anspruchslohn 4, 9, 151
Arbeitsangebotsfunktion 152
Arbeitsmarktforschung 7
ARCH-Modell 6
Assoziation 90
asymptotische Varianz 17, 20
Autokorrelation 205, 208

Bernoulli
    Experiment 160
    Prozeß 5, 7, 216
Bestimmtheitsmaß 62, 63, 66, 138
BHHH-Methode 23
Binomialverteilung 5, 216
bivariate Normalverteilung 95, 217
    Simulation 48
bivariate Extremwertverteilung 73, 80
    Korrelation 73
bivariates Probit-Modell 95, 100

Choice based sampling 147
Cholesky-Zerlegung 116
Competing Risk-Modelle 187
Cowles-Commission 1
Cramer-Rao-Schranke 18

dauerhaftes Konsumgut 128, 200
dichotome Variable 4, 9, 90, 110, 190
dichotome Zufallsvariable 3, 7
Digamma-Funktion 167, 172, 219
Discrete Choice-Modell 11, 38, 51, 70, 119
diskrete Alternativen 70
Dummy-Variable 34, 89, 108, 191
dynamisches Modell 204
dynamisches Probit-Modell 207

Effekt
    fester 191, 194
    individuenspezifischer 190, 191, 194, 201, 208
    stochastischer 193, 197, 199ff
Ein-Gleichungs-Modell 4
Einflußvariable, qualitative 34
    individuenspezifische 71
    kategorienspezifische 77, 81f
    sozioökonomische 71
    zeitabhängige 183
    zeitkonstante 183, 190
EM-Algorithmus 133, 136, 156
    Konvergenzeigenschaften 136
empirische Sozialforschung 157, 189
endogene Variable 102
erwartete Verweildauer 188
exogene Variable 102
Exponentialverteilung 5, 7, 19, 160, 172, 183, 185, 214
extremwertverteilter Nutzen 73
Extremwertverteilung 72, 75, 175, 211, 215
    bivariate 73, 80

Friktionsmodell 121, 142

Güte der Anpassung 15
Gütemaß 29, 34, 38, 61, 138
    von Aldrich und Nelson 65
    von Dhrymes 139
    von McFadden 63
    von McKelvey und Zavoina 66, 139
Gammafunktion 219
    logarithmierte 219
Gammaverteilung 159f, 171f, 185, 202, 214
    Modell der 172
    Schätzung der 219
Gary Income Maintenance Experiment 147

genistetes Logit-Modell 77f, 85f
　　zweistufige Schätzung 78
Geometrische Verteilung 160, 210, 217
geordnete Kategorien 4, 55f, 60, 65, 72,
　　95, 105, 107, 118
gestutzte Verteilung 11f, 27
　　Momente der 13
gestutzte Variable 153, 190, 207
Gleichverteilung 19
Grundhazardrate 184f
Gumbelverteilung 73

Haupteffekt 93
Hazardrate 7, 131, 158, 171, 178, 183,
　　186
　　der Exponentialverteilung 180
　　der Normalverteilung 129
　　der Weibullverteilung 180
　　kumulierte 180, 211
　　und Probit-Modell 129
　　und Tobit-Modell 129
　　Modell der proportionalen 212
Hazardratenmodell 176, 178
Hessesche Matrix 18
Heterogenität 157, 160f, 167, 189f, 203,
　　207f
　　der Präferenzen 71
　　unberücksichtigte 169f
Heterogenitätskomponente 162
Heteroskedastie 6, 16, 37, 67, 131, 140
Hypothese 23
　　der Nutzenmaximierung 70, 75, 86
Hypothesentest 15, 33, 38, 42, 47

Identifikation 103, 106
　　Rangbedingung 103
　　Ordnungsbedingung 103
Identifikationsproblem 101f
IIA-Phänomen 76
independent probit 54
Indifferenzintervall 143
　　Breite des 146
　　symmetrisches 143f, 156
Individualdaten 2
individuell variierende Variable 71

individuenspezifischer Effekt 190f, 194,
　　201, 208
Informationsmatrix 18, 21, 60, 167, 173
Interaktion 71, 90, 92, 94
Investitionstest 142, 157, 189

Jensensche Ungleichung 135

Kategorien
　　geordnete 4, 55f, 60, 65, 72, 95, 105,
　　107, 118
　　ungeordnete 4, 44, 70, 88, 105, 118
Kategorienspezifische Variable 71, 77,
　　81, 84
Kaufkraftparität 81, 84
Kleinstquadrate-Methode 62, 131f, 147
Kleinstquadrate-Schätzung 66, 128, 155,
　　175
　　gewichtete 149
　　Teilschätzung 192
　　verallgemeinerte 194
Kohärenzbedingung 106
Konfidenzintervall 19, 21
Konjunkturtest 157, 189
Konjunkturtestvariable 87
Konsistenz 15
Konsistenzbedingung 106ff, 153
Kontingenztabelle 35, 38
kontrolliertes Experiment 36
Konvergenz des EM-Schätzers 156
Korrelation 73, 77, 86, 97
　　Korrelation, zeitliche 193, 197, 199,
　　202f
Korrelationskoeffizient 100, 120
Korrelationsstruktur 54
Kovarianzanalyse 192
Kroneckerprodukt 41
kumulierte Hazardrate 180

Lagrange-Multiplikatoren-Test 24, 68f,
　　140, 142, 204
latente Variable 5, 8, 29, 37f, 44, 51, 55,
　　60, 70f, 95, 108, 114, 143, 148,
　　151, 153, 197, 207
latentes Modell 65, 69, 139
Lebensverlaufstudie 186

Likelihood-Quotient 65
Likelihood-Quotienten-Test 25, 33, 38, 69, 169
Lineare Hypothese 5
lineares Modell 89
links-zensierte Verweildauer 11
Linkszensierung 181
Log-logistische Verteilung 183
Log-Weibullmodell 177
Log-Weibull-Verteilung 215
Logarithmische Normalverteilung 5, 143
logarithmierte Gammafunktion 219
Logistische Verteilung 8, 10, 29, 49, 55, 59, 78, 214
logistische Spezifikation 89, 92
Logit-Modell 3, 8, 55, 70, 78, 89, 94, 194
    binäres 8, 29, 37, 48, 64, 118, 197
    genistetes 77f, 85f
    multinomiales 38, 75, 78, 115, 185
    ordinales 56
    sequentielle Schätzung 85
    simultanes 14, 104, 120
Logit-Transformation 36, 42, 105
Logits 36
Loglikelihoodfunktion 19
    global konkav 33, 41, 47, 59, 61, 126f, 133, 155, 164, 176, 210
loglinear 89
Loglineares Wahrscheinlichkeitsmodell 88, 119
Lognormalmodell 174, 211
Lognormalverteilung 171, 174, 183, 213

Marketing 157, 189
Maximierung des Zufalls-Nutzen 11
Maximum-Likelihood
    -Prinzip 16
    -Schätzung viii, 17
        Konsistenz 17
        Effizienz 18
Mill's ratio 129, 131, 179
Minimum-Chiquadrat-Methode 100
Mischung 160f, 212
Mischverteilung 161, 202f

mittlere Wartezeit 7
ML-Schätzung
    asymptotische Normalität 17, 18
    asymptotische Varianz 17
Modell
    der endogenen Schichtung 121, 146
    der Negativen Binomialverteilung 164, 167
    der Exponentialverteilung 187
Multinomialverteilung 5, 215
multivariate Normalverteilung 117
multivariates Modell 14, 87
multivariates Probit-Modell, zweistufige Schätzung 99
multivariates Tobit-Modell 133

Negative Binomialverteilung 158f, 161, 202, 216
    Modell der 210
    Parametrisierung 164
Newton-Raphson-Algorithmus viii, 21ff, 33, 47f, 221
    Konvergenz 43
Nichtexistenz des ML-Schätzers 43, 64, 81, 116, 144
nominale Variable 4
Normalverteilung 5, 8, 10, 49, 72, 124, 129, 143, 197, 213
    bivariate 28, 48, 95, 217
    multivariate 117
    Logarithmische 143
Normierung 30, 39, 42, 44, 52, 55, 65, 67, 81, 87, 96ff, 125, 146, 199, 207
Nullkonsum 121, 200
Nutzen, extremwertverteilter 73
Nutzenindex 10, 51
    stochastischer 10

ordered logit 56
ordered probit 60
ordinale Variable 4
ordinales Logit-Modell 56
ordinales Probit-Modell 60
Ordnungsbedingung 103

SACHREGISTER

Panel 12
   Handels- 189
   Konsumenten- 189, 194, 200
   Wellen eines 189
Panelanalyse 157, 189
Paneldaten 3, 157, 189
Panelmodell 190
   differencing out 191, 193
   dynamisches 208
   für Zähldaten 201
   lineares 199, 205
   Logit- 194
   Negativ-Binomial- 201f
   Poisson- 201
   Probit- 197
   Tobit- 200, 212
   Poisson- 201
   "Within"-Schätzer 192
Parameterrestriktion 39, 56, 96, 106, 109, 115, 120, 206
   als Nullhypothese 23
Parametrisierung
   des Tobit-Modells 127
   Negative Binomialverteilung 162, 164
partielle Likelihoodfunktion 185
Pascalverteilung 159
Patent 167, 201
Patent 201
Placketts Reduktionsformel 97
Poissonverteilung 158f, 201, 210, 216
   Mischung von 160
Poissonmodell 163, 167
Poissonmodell, graphischer Test im 164
   mit stochastischen Effekten 201ff, 212
Poissonprozeß 159
Polychorische Korrelation 97
polytome Variable 4, 55, 60, 90, 190, 194
Probit-Analyse 132
Probit-Modell 3, 8, 44, 60, 70, 116, 197, 200f
   binäres 8, 9, 44, 48, 63
   bivariates 95, 100, 120

   dynamisches 207
   multinomiales 38, 51, 72
   multivariates 95
   ordinales 60, 65, 139
   simultanes 14, 105, 107
Prognose 15, 149
proportionale Hazardrate, Modell der 183

qualitative Einflußvariable 34
Qualitätskontrolle 171
Querschnittsdaten 3, 157, 189, 191, 207

Random utility maximisation (RUM) 11
Rangbedingung 103
Rangstatistik 52
rechts-zensierte Verweildauer 11
Rechtszensierung 181
reduzierte Form 101, 153
Regimezustand 112
   exogener Wechsel des 112
   endogener Wechsel des 112
Regressionsmodell, lineares vii, 5, 16, 21, 36f, 62, 65, 71, 131, 138, 149, 156, 190, 218
Reiseanalyse 84
rekursives Modell 109
Risikomenge 184

Saturiertes Modell 90, 92
Schätzmethoden 15
   robuste 15
   nichtparametrische 16
Schichtenauswahl, disproportionale 149
Schichtungsmerkmal 147
Schwellenwert 56, 111, 155
   Schätzung des 99
Schwellenwertmodell 60, 95, 120, 198
Score-Funktion 22
Scoring-Methode 22, 47, 60
Selbst-Selektion 112
Selektivitäts-Bias 131, 152
semiparametrischer Ansatz 185
sequentielle Schätzung 85
Signifikanztest 19, 21

Simulation 48, 54, 63, 66, 139
    der bivariaten Normalverteilung 218
    der Normalverteilung 48
simultanes Modell 14, 100
simultanes Probit-Modell 207
simultanes Tobit-Modell 207
sozioökonomische Variable 71, 83f
Sozioökonomisches Panel 157, 189
Spezifikationstest 15, 29, 62
    auf ausgeschlossene Variable 67
    auf Heterogenität 203
    auf Heteroskedastie 69, 140
    Logit-Modell 67
    Probit-Modell 67
Standardnormalverteilung 27, 213
Standardextremwertverteilung 73
Standard-Probit-Modell 204
Standard-Tobit-Modell 121, 124, 152, 204
Stichprobe, zensierte 11, 147
Stirling-sche Formel 220
stochastischer Nutzenindex 10
strukturelle Form 101, 104
Stutzung 121
Survivorfunktion 179
Switching Regression-Modell 110
Symmetriebedingung 107

threshold 56
Tobit-Modell 3, 8, 121, 181, 200
    EM-Algorithmus 136, 156
    gestutztes 12, 147f
    Standard- 126
    Gütemaße 138
    Informationsmatrix 141
    Kleinstquadrate-Schätzung 128, 155
    multivariates 151
    simultanes 14, 106, 153
    Spezifikationstest 140
    Standard- 155
    zensiertes 12, 126
    zweistufige Schätzung 130f
Trigamma-Funktion 167, 173f, 220
Trivariate Extremwertverteilung 77

Überlebensfunktion 179, 186, 211
Überlebenswahrscheinlichkeit 185
Unabhängigkeit von irrelevanten Alternativen 76
Unbeschränktheit der Likelihoodfunktion 144
ungeordnete Kategorien 4, 29, 44, 70, 88, 105, 118
Ungleichgewichtsmodell 110, 112
Ungleichheits-Relation 118
Univariates Modell 14

Variable
    ausgeschlossene 67
    begrenzt abhängige 121
    dichotome 4, 9, 90, 110
    endogene 102
    exogene 102
    gestutzte 153, 207
    individuell variierende 71
    kategorienspezifische 71, 77, 81, 84
    latente 5, 8, 29, 37f, 44, 51, 55, 60, 70f, 95, 108, 114, 143, 148, 151, 153, 197, 207
    nominale 4
    ordinale 4
    polytome 4, 55, 60, 90, 194
    sozioökonomische 71, 83f
    verzögerte abhängige 204, 207
    zensierte 110
Varianzanalyse 89f
Varianzkomponentenmodell 193, 197ff, 205
Verallgemeinertes lineares Modell 6
verallgemeinerte Kleinstquadrate-Schätzung 194
Verteilung
    Binomial- 5, 216
    Exponential- 5, 7, 19, 160, 172, 185, 213
    Extremwert- 72, 75, 175, 211, 215
        bivariat- 80
    Gamma- 159f, 171f, 185, 202, 214
    Geometrische 160, 167, 210, 217
    gestutzte 11f, 27

Gumbel- 73
Logarithmische Normal- 5
Logistische 8, 10, 29, 49, 55, 59, 78, 214
Log-logistische 183
Lognormal- 171, 174, 213
Log-Weibull- 215
Multinomial- 5, 215
Negative Binomial- 158ff, 210, 216
Normal- 5, 8, 10, 213
   bivariat 217
Pascal- 159
Poisson- 158f, 201, 210, 216
Standardextremwert- 73
Standardnormal- 27, 213
Weibull- 171, 175, 214f
Verweildauer 3, 7, 11, 157, 171, 178, 183
   erwartete 188
   links-zensierte 11
   rechts-zensierte 11
Verweildaueranalyse, Modell zur 171
Verweildauermodell 181
verzögertes Indexmodell 207
Vierfeldertafel 34, 64

Wahrscheinlichkeitselastizität 43
Wahrscheinlichkeitsmodell, bedingtes 94
Wald-Test 24, 68
Wartezeit 6, 11, 19, 157, 171
   mittlere 7
   erwartete 7
Weibullmodell 175
Weibullverteilung 171, 175, 183, 214f
Weibull-Hazardratenmodell 185, 212

Zähldaten 3, 157, 161, 163, 171, 201
   Modell für 158
Zählvariable 190
zeitabhängige Einflußvariable 171, 183
zeitabhängige Modelle 157
Zeitabhängigkeit 183
zeitkonstante Einflußvariable 183, 190
Zeitreihenanalyse 3, 205
Zeitreihendaten 191

zensierte Daten 123, 141
zensierte Stichprobe 11
zensierte Variable 110
Zensierung 11, 121, 171
Zufalls-Nutzen, Maximierung des 11
Zustandsabhängigkeit 157, 204f, 208
   wahre 206, 208
zweistufige Schätzung 78, 99, 130ff, 152

B. Felderer, S. Homburg

Makroökonomik und neue Makroökonomik

5., verb. Aufl. 1991. IX, 455 S.
97 Abb. (Springer-Lehrbuch)
Brosch. DM 36,–
ISBN 3-540-53415-6

Aus einer Besprechung:
„...die Autoren bieten eine längst überfällige, übersichtliche Einführung in die verschiedenen makroökonomischen Schulen, die sich in den vergangenen 200 Jahren entwickelt haben und früher oder später jedem Studenten im VWL-Studium begegnen... eine willkommene Orientierungshilfe im "Dickicht" der widerstreitenden Makroschulen... ein komplexes Standardwerk, das über das gesamte Studium hinweg einen guten Wegbegleiter abgibt."

WISU 7/87

J. Schumann

Grundzüge der mikroökonomischen Theorie

5., rev. u. erw. Aufl. 1987. XVI, 444 S. 192 Abb. (Heidelberger Taschenbücher, Bd. 92)
Brosch. DM 29,80 ISBN 3-540-17985-2

Dieses im deutschen Sprachgebiet weit verbreitete und auch ins Spanische übersetzte Buch ist für das wirtschaftswissenschaftliche Grund- und Hauptstudium gedacht. Es vermittelt solide Kenntnisse der mikroökonomischen Theorie und schafft Verständnis für das Funktionieren einer Marktwirtschaft.

A. Pfingsten

Mikroökonomik

Eine Einführung

1989. XIV, 240 S. 56 Abb.
Brosch. DM 29,80 ISBN 3-540-50971-2

Dieses Lehrbuch der Mikroökonomik vermittelt einen Einblick in grundlegende Fragestellungen, Methoden und Modelle mikroökonomischer Theorie. Nach kurzen Abschnitten über die Stellung der Mikroökonomik in den Wirtschaftswissenschaften, Grundprobleme des Wirtschaftens und wirtschaftswissenschaftliche Modellbildung folgen mehrere ausführliche Kapitel zur Haushaltstheorie, zur Gleichgewichts- und Wohlfahrtstheorie, sowie zur Produktionstheorie. Elastizitäten und ein kurzer Abstecher in die Preistheorie bilden den Abschluß.

U. Meyer, J. Diekmann

Arbeitsbuch zu den Grundzügen der mikroökonomischen Theorie

3., verb. Aufl. 1988. X, 250 S.
132 Abb. Brosch. DM 27,50
ISBN 3-540-50046-4

Springer-Verlag
Berlin
Heidelberg
New York
London
Paris
Tokyo
Hong Kong
Barcelona

A. Stobbe

Volkswirtschaftliches Rechnungswesen

7., rev. Aufl. 1989. XV, 409 S. 27 Abb.
(Heidelberger Taschenbücher, Bd. 14)
Brosch. DM 32,- ISBN 3-540-51151-2

Aus den Besprechungen: „Der Versuch, den Leser vom einfachsten wirtschaftlichen Grundbegriff aus über die einzel- und gesamtwirtschaftliche Vermögensrechnung die makroökonomischen Probleme des Geldwesens zur Kreislaufanalyse und zur eigentlichen volkswirtschaftlichen Gesamtrechnung bis zu den verwickelten Zahlungsbilanzfragen zu führen, ist ausgezeichnet gelungen. Zum begrifflichen Verständnis der großen wirtschaftspolitischen Zeitfragen gibt es jedenfalls kaum einen besseren Helfer."
Der Volkswirt

U. Westphal

Makroökonomik

Theorie, Empirie und Politikanalyse

1988. XIV, 530 S. 129 Abb. 50 Tab. Brosch.
DM 69,- ISBN 3-540-18837-1

In diesem Lehrbuch wird eine Makro-Theorie entwickelt, die an der Empirie und den wirtschaftspolitischen Problemen der Bundesrepublik Deutschland orientiert ist. Entsprechend dem "state of the art" integriert diese Theorie Nachfrage- und Angebotsseite; sie umfaßt verschiedene Ungleichgewichtsregime, die Preis-Lohn-Dynamik, Stock-flow-Zusammenhänge, Prozesse der Erwartungsbildung sowie eine konsistente portfoliotheoretische Modellierung des finanziellen Sektors offener Volkswirtschaften.

A. Stobbe

Volkswirtschaftslehre II

Mikroökonomik

1983. XV, 600 S. 100 Abb. 12 Tab.
(Heidelberger Taschenbücher, Bd. 227)
Brosch. DM 39,80 ISBN 3-540-12446-2

Inhaltsübersicht: Einleitung: Methodische Grundlagen. - Theorie des privaten Haushalts. - Theorie der Produktionsunternehmung. - Grundlagen der Markttheorie. - Marktstrukturen, Marktverhalten und Marktergebnisse. - Markt und Staat. - Anhang I: Allgemeine Literatur zur Mikroökonomik. - Anhang II: Fachausdrücke aus der Mikroökonomik. - Personen- und Institutionenverzeichnis. - Sachverzeichnis.

A. Stobbe

Volkswirtschaftslehre III

Makroökonomik

2., völlig überarb. Aufl. 1987. XIV, 394 S.
(Heidelberger Taschenbücher, Bd. 158)
Brosch. DM 34,80 ISBN 3-540-18172-5

Dieses Lehrbuch der Makroökonomik, eine vollständig revidierte und in weiten Teilen neu geschriebene Fassung der "Gesamtwirtschaftlichen Theorie" von 1975, wendet sich an Studienanfänger und mittlere Semester der Wirtschafts- und Sozialwissenschaften.

If you have any concerns about our products,
you can contact us on
ProductSafety@springernature.com

In case Publisher is established outside the EU,
the EU authorized representative is:
**Springer Nature Customer Service Center GmbH
Europaplatz 3, 69115 Heidelberg, Germany**

Printed by Libri Plureos GmbH
in Hamburg, Germany